亜細亜熱帯怪談

髙田胤臣◉著
丸山ゴンザレス◉監修

晶文社

เรื่องผีไทยและผีของเอเชียตะวันออกเฉียงใต้

ブックデザイン　勝浦悠介

はじめに

いまや東南アジアの中心ともいえるタイは経済的にも一般的な市民生活においても欧米や日本と同じくらいの水準になっているものの、いまだに東南アジア的な未知の雰囲気を残している。これはまさに「心霊」が生活や人々の考え方に密接に関係しているからではないかと、長くタイに住んでいて感じるようになった。東南アジアでは、いつだって怪談が身近にあるのだ。

そんなタイに合わせてさまざまな事柄を幽霊や霊魂に結びつけるのが通常のことになっていた僕は、まさか東南アジアの怪談が「おもしろいもの」だと、以前は思いもしなかった。

近年は誰もが気軽に海外旅行をする時代になった。ネットや出版物で、外国の隅々にまでおよぶ情報が手に入るようになり、たとえば「ダークツーリズム」といった、いわゆる負の遺産を巡ることを主題にした旅行ルートが提案されるなど、個人の嗜好に合ったテーマで旅をする日本人も出てきている。

言われてみれば、そんななかでタイや東南アジアの心霊スポットを巡る「ゴースト・ツーリズム」もこれからは興味を持たれるのではないかと気がつかされた。

それを教えてくれたのが、テレビなどでも活躍中、辺境の地や世界各国の社会の裏を紹介する丸山ゴンザレス氏だ。彼は僕の友人であり、ライターという仕事に対して辛辣なアドバイスをいつもくれるジャーナリスト兼編集者である。彼が訪タイした際に、ある有名心霊スポットに案内したことがきっかけだった。「スペイン館で泣き叫ぶ少女」という実話怪談で有名な、タイの心霊好きで知らない人はいない場所だ。

このスポットは僕自身が想定していたより遥かに強く丸山氏に響いたようだ。丸山氏は日本に帰国するとすぐ、彼のネットワークにいる編集者に話を届けてくれ、僕にとっては思いもよらなかった本書の出版に至った。

結局のところ、本書が僕にとっては日常だった「心霊」が取り持ってくれた縁から生まれたものだと考えると、タイ人たちがあらゆることに霊を持ち出すことを改めて理解し、痛感した思いになる。むしろ霊は怖いものではなく、僕には感謝するべき存在になったとも言える。

まずは、その「スペイン館で泣き叫ぶ少女」を紹介したい。

何十年も昔に殺害された少女が今も佇む場所

スペイン館はすでに取り壊されてしまい、いまは影も形もない。頻発する霊現象に、家主は二〇年以上も前にその建物を放棄したという。遺っているのはその建物があった敷地を囲む塀だけだ。

ここにあった家に強盗が入り、運悪く残って留守番をしていたひとり娘が惨殺された。家が放棄されて二〇年以上ということは、実際に事件があったのはもっと前のことである。そのため、本当にそんな事件があったのかどうかすら、いまとなってはわからないのも事実だ。いずれにしても、そこがもし豪邸だったとしたら、地域的に悪目立ちしてしまったことで強盗の目に留まり、家主ら大人が外出している隙を見計らい、強盗が侵入して娘だけが殺されたのだろう。

殺人事件が起きてからは、少女の泣き声や、殺害される直前の断末魔の叫びが屋内から聞こえるようになったという。ときには館の門の前に佇《たたず》む少女の姿も目撃された。家主が放棄した以降もその怪現象は続き、ついには建物自体が解体されたが、今でもその空き地に少女が彷徨《さまよ》っているのだとか。

そもそも建物の名がスペイン館という点が謎だ。タイにはそんな建築様式は存在しない。おそらく豪奢な洋館だったのが由来だろう。あるいは手放した家主か最初の持ち主がスペイン人だったか。また、一説には住んでいたのは日本人だったという情報もある。しかし、いまや本当のところを詳しく知る人はいない。件《くだん》のスペイン館だけでなく、周囲のほとんどが一時期空き地になり、いまは再開発され新しい地主たちが住み始めているからだ。

僕が現場となったラムカムヘン通りソイ三二に初めて足を運んだのは二〇一四年一月二六日の未明だった。いまは徐々に人が増えてきているが、そのころは街灯がないどころか、舗装された道路すらなく、地図上にも道が表示されていなかった。うっそうと草木が生い茂り、空の方が明るくて、地上の暗さがより際立っていた。

建物はなくとも現場を見つけ出すことは容易だ。なぜなら、真っ暗な未舗装の道をゆっくり進んでいけば、闇を照らす車のライトの中に、のちに第3章で紹介する、心霊スポットのほとんどで見られるシマウマの置物が浮かび上がってきたからだ。

車から降りてみる。一歩、二歩と近づいていくたび、異世界に引き込まれてしまいそうな恐怖を感じた。それは少女の魂がそうさせるのか、それともたんに闇への恐怖が気持ちを支配しているのか。現場に近づきすぎると背後を誰かがすり抜け、車に乗り込んできてしまうかもしれない。そんな妄想が恐怖をより大きく膨らませる。車の周囲は昼間の余韻のような熱気があった。それなのに、シマウマたちの周辺だけはなぜかひんやりとした空気が漂っていた。

死体から始まった僕のタイ生活

数年後、改めて同行した丸山氏の様子を見るとスペイン館のシマウマになにか感じるものがあったようだ。心霊スポットや事件・事故で死者が出た現場になぜかシマウマの置物があることを教えると、案内後の車中では何度もタイに足を運んだことがあるにもかかわらず知らなかった習慣だったことに、彼は興奮を隠さなかった。僕にとってはよく見かけるものだったが、このときにタイの心霊スポットが日本人にとっても興味を抱かせる場所であるのだとわかった。

そんな僕であるが、タイが僕の人生に入り込んできたのは霊や心霊スポットではなく、死体だった。

一九九八年一月に人間の死体を見るためにバンコクに来たのが初めてのタイで、同時に初めての海外への旅だった。人は死んだらどうなるのか。当時の僕は、そんなことに興味があった。

まず僕が向かったのは法医学博物館と解剖学博物館だった。二〇一六年一〇月にプミポンアドゥンヤデート前国王(ラマ九世王)が崩御したシリラート病院という、チャオプラヤ河の西岸に建つタイ最古の病院敷地内にあり、日本人の間では死体博物館の通称で知られていた。九〇年代後半の当時は現在のように有料でもなければ管理もされておらず、本物の人体で作られた標本は倉庫に乱雑に置かれているだけだった。

僕はそれだけでは飽き足らず、同年一二月にインドまで足を運び、ガンジス河の畔《ほとり》で薪《まき》によって焼かれていく亡き人たちを眺めた。死後の魂の行方にではなく、死後の肉体の結末に僕は目を向けていたのだ。

その後、タイ語の語学留学を経て、二〇〇二年九月から現在に至るまでタイに暮らしている。住み始めてからも死体への情熱は変わらず、二〇〇四年一二月からは、タイに移住してきた華僑《かきょう》が一〇〇年以上も昔に創設した慈善団体・華僑報徳善堂のボランティア隊員に登録した。ここに所属していることで交通事故死、病死、他殺など、タイミングが合えばあらゆる死体に接することが可能だからだ。

華僑報徳善堂、通称・報徳堂《ポーテクトゥング》は移民だった華僑たちがタイに貢献することを目的に一九一〇年に設立された。当時の中国系移民はタイ国内での地位が低く、肉体労働者クラスの扱いだった。タイ政府は同化政策を進めていたものの、移民一世は国籍取得が済んだ華人ではなく、まだ未取得の移住者である華僑の扱いだった。そのため彼らは、なんとかタイの社会に溶け込もうと、タイ政府やタイ人が嫌がる仕事のひとつだった、貧困で行き倒れてしまった道端の死体を回収する仕事から始めた。その際、大峯祖師（タイ語ではタイホンコンと呼ぶ）をバンコクの中華街・ヤワラーの一角に祀《まつ》った。ヤワラーとはヤワラー通りのことだが、中華街の中心を走るため、バンコクの中華街全体をヤワラーとも呼ぶ。

大峯祖師は一〇三九年に生まれた中国の北宋の僧侶で、八一歳のときに広東省の災害で市民の救済に活躍した人物だ。タイの報徳堂はいま現在も、師の意思を継いでバンコクを中心に救急救命活動を担っている。

タイ政府は公共の救急車配備が現在も後手で、報徳堂やほかの華人が運営する慈善団体が救急活動を行う。団体に職員として所属している人だけでなく、タイでは仏教の教えから来世のために徳を積むことはごく常識的な行動で、数千人の一般市民が無給のボランティアとして報徳堂などの救急活動に参加している。

僕が初めて遭遇した他殺体は、郊外の空き地で強姦されたうえに焼き殺された一二歳の少女だった。死体発見は二〇〇四年一二月四日の深夜二時を過ぎたころで、闇の中、隊員たちが手にする懐中電灯に少女の焼死体が浮かび上がっていた。郊外だったので空気はひんやりとしていたが、焼かれた肉が腐敗した臭いが漂っていた。

こういった事件や事故に遭遇した体験をタイ人に話すと、みな「お化けは怖くないのか」と訊いてくる。活動の最中に、飲酒運転で人を撥《は》ねて半殺しにしておきながら被害者のせいにする運転手を目の当たりにすれば、怖いのは幽霊よりも生きている人間の方だと僕には思えていた。

幼少のころから、ときに「これは心霊現象か？」と思うような出来事はいくつも体験しているが、怖いと思ったことはあまりないし、報徳堂の活動で霊的な現象が起こることはなかった。あの日までは。

自宅までついてきてしまった事故死の若者

報徳堂のボランティアになって三年が経とうというころの話だ。当時所属していたラチャダーピセーク通りのボランティアチームと共に交通事故現場に急行した。二〇〇七年五月二〇日、深夜三時過ぎのちょっとだけ蒸し暑い夜のことである。

ボランティアの救急車はすべて彼らの自作で、すべてが彼らのポケットマネーである。救急救命の道具一式のほか、団体本部と繋がる無線や警察無線も装備されている。なにかが起これればいずれかの無線から現場近くにいる救急車に急行依頼が入るからだ。

現場はラチャダーピセーク通りの裏道、ワッタナータム通りのなかほどだった。この通りはナイトマーケット・鉄道市場（タラート・ロットファイ）がいまは有名だが、当時は若者が集まるパブ街として人気だった。酒と麻薬で混沌とするタイの若者向けの飲み屋街はパブやディスコが中心で、本来、法的には深夜二時に閉めなければならない。しかし、当時のこのエリアは早朝まで違法営業する店が多く、一晩中混雑していた。

七〇〇メートルほどにわたる、四車線もある一方通行は直線で見通しはいい。しかし、タイ人のなかには直線だとなにも考えずにアクセルを全開にする人もいて、カーブよりも事故が起こるのだ。この日、死亡した二六歳のタイ人男性が運転する四輪駆動車も速度超過だったことは間違いない。ハンドル操作を誤った車は、通り右側の横断歩道との段差にぶつかった。車は横向きに跳ね上がって左回転し、屋根から街路樹に激突する。シートベルトをしていなかった男性運転手は助手席に投げ出されて即死した。車体は激突の衝撃でくの字に折れ曲がり、われわれ救急隊は彼を運び出すために特殊工具で車両を切断しなければならなかった。ドレッドヘアの男性は、若者らしいセンスのTシャツ姿で運転席から助手席にかけて俯《うつぶ》せに横たわる、一見お洒落な死体と化していた。

助手席のひしゃげた窓枠からうつろな目が車外を見ている。

しかし、やっとのことで切断して開いた屋根から見えた身体の全貌は思っていたのとは違う状態だった。俯せに横たわっていると思っていたが、実際は仰向けで亡くなっていた。つまり、首の骨が折れ、顔が背中に一八〇度回転していたために、われわれには俯せに見えたわけだ。

ボランティアが数人がかりで遺体を車から運び出した。いつの間にか彼の目の前にいた僕は、だらりと下がるその頭部が地面に落ちるのではないかと思えて、頭を支えた。彼は歩道に用意された白い麻の布をかけられ、検死官を待つ。タイでは変死体現場は検死官として監察医が臨場し、検視を行ったうえで行政解剖か司法解剖の判断をする。その後、警察が現場検証を始める、という手順がある。しかし、監察医の人数は限られていて、特に夜勤として待機人数が少ない夜間は現場に到着するまでに数時間ほど待たされることもある。このときも二時間以上待つことになった。

そんな待ち時間に、気がついた。ときどき警察官や報徳堂の本部職員らが証拠写真撮影で布をめくるが、そのたびにうつろな死体の目が僕を見ているのだ。立つ場所を変えて仲間と雑談していても、こちらを見ている。関係者が死体を囲んでいる輪の外に移動してもその輪の足の隙間から、やはり彼が僕を見つめていた。僕はどこにいても、布がめくられるたびに彼と目が合う。検死官の許可がない限り誰も死体に直接触れられない。それにもかかわらず、僕が彼の右にいれば彼の顔も右を向き、左に行けば、ちゃんと左に首を向けて僕を見ている。

僕は死体からできる限り遠くに離れた。しかし、やっと到着した検死官が助手を要求したとき、自分でも気がつかないまま、なぜか僕は死体の横に立っていて、臨時の助手に任命された。検死官は常に助手と共に行動するが、臨場する助手がひとりだった場合、その者が記帳担当になり、死体を検死官の指示に合わせてひっくり返したり、動かしたりするのは報徳堂職員の役目になる。

検視が終わったのは朝六時ごろだ。周囲は明るくなり始めていた。明け方になればさすがに事件や事故はほとんど起こらなくなる。僕は自宅に帰った。シャワーを浴び、寝床につく。タイ人の妻や当時一歳だった娘は親戚の家に泊まりに行っており、家には僕ひとりだった。

うつらうつらしていると、ドアがノックされた。こんな早朝に誰だろうとドアスコープを覗くが、誰もいない。また寝ようとするとドアが叩かれる。僕はすぐにドアを開ける。やっぱり誰もいない。結局その日は自宅にいる間に何度もドアをノックされた。しかし、確認しに行くとドアの向こうには誰もいない。

僕はいよいよあの若者がついてきたのだと気がついた。

「なにもしてあげられない。帰れ」

そう声に出して呟いた。その言葉が届いたのか、ドアがノックされることはなくなった。

東南アジアの生活に霊が密接なのは仏教伝来以前から

そうした体験のない隊員がいる一方で、ほかのボランティア隊員のなかに死体を扱った現場直後に心霊体験をしたという人もたしかにいる。僕はアパートだったのでドアを叩かれる程度だったが、一軒家に住む隊員のなかには火災報知器を一晩中鳴らされたという人もいる。

バンコクに最も近いリゾート地として世界的にも有名なパタヤ・ビーチを擁するチョンブリー県では、救急活動の中心団体は報徳堂ではなく、サワン・ボリブーン・タンマサターンという組織が担う。この県の有名心霊スポットのひとつは、なんとその組織の本部建物でもある。隊員に憑いてしまう霊は少なくないのだ。

タイだけでなく、東南アジアは全般的に心霊の類《たぐ》いに対して日本人以上に恐怖心を抱く。特にタイは事件・事故で死者が出ると野次馬が現場を取り囲み、興味津々で死体を眺めてひそひそと話し合う。ともすれば死体好きともいえる気質があるのに幽霊などを信じてもいるので、ちょっとでもなにか心霊的な出来事が身辺に起これば、夜中にひとりでトイレにも行けないほどに怖がる性質も持ち合わせている。

これは東南アジアの国々の歴史をひもといていくと、ある共通点がみつかる。タイであれば、国民の九四パーセントを占める上座部仏教がタイに入ってくる以前にあった「精霊信仰(アニミズム)」が大きく関わってくる。東南アジアの国々も主流となる宗教が伝来する以前に精霊信仰があった。これが民族は違えど、東南アジア全体に共通する「怖がり」に繋がると僕は見ている。

仏教徒の多いタイ人の目は最終的には生まれ変わる先に向いていることもあってか、亡くなったあとの肉体にはあまり関心がないようでもある。だから、死体の写真がメディアを賑わせても、尊厳や遺族への配慮に誰も気が回らないし、タイ人仏教徒は墓を作らず、遺骨は荼毘に付されたあとは散骨するか、そのまま寺院に預けられてしまう。死体に興味があった僕とは真逆で、死後の魂の行方にタイ人は注目している。それは同時に霊魂などが存在していると信じている証拠であり、その魂が悪霊になることもあると思っているのだ。

タイの霊世界の基本は「ピー」

タイに上座部仏教が伝来したのは一三世紀に入ってからとされる。当初から政治にも利用されてきたこの宗教はタイ国民のほとんどが信仰しているので、タイの文化の根底と言ってもいい。しかし、伝来以前にタイにあったのは精霊信仰で、すべての事象や物体に精霊が宿っていると信じられている。長きにわたって使われた道具でも神になるという付喪神《つくもがみ》を信じた日本人のように、タイ人も物を大切にするのはこの精霊信仰が残っているためで、これがタイと日本の相性のよさの要因でもあるだろう。

ただ、タイ人の本性の奥底にある気性はときに荒くもなるので注意が必要だ。タイは別名を「微笑みの国」ともされるほど、タイ人の微笑は優しい。しかし、案外にその微笑には意味がなく、余計なトラブルを避けるタイ人の処世術のひとつでしかない。

というのは、タイ人は南国の人らしく楽観的な性格をベースにしているものの、ときにカッと頭に血が上ると、たちまち暴力や殺人に走ってしまう。タイ人はおおらかであり、人目を気にせず、自分に自信を持ち、人生の自由を謳歌している。そもそもタイ語における「タイ」には自由という意味もあるのだ。特にこの自由を侵害される際にはタイ人は全力で怒る。ある意味自尊心が非常に高いので、些細な冗談であっても馬鹿にされたと感じたら、感情の抑制が利かなくなるのだ。

タイ人というとタイ国籍取得者を指すが、狭義では小タイ族（タイ・レック）という民族を指す（大タイ族「タイ・ヤイ」もいるが、こちらはミャンマーなどのシャン族のこと）。一般的に日本人がイメージする肌が褐色のタイ人だ。しかし、タイは多民族国家で、北部には山岳少数民族、南部だとマレー系、中央部になれば中華系、カンボジア、ミャンマー、インドといった民族がいる。民族も違い、自由人で個性豊かなタイの民衆をまとめるための手段が宗教だったのだ。政府は仏教をうまく利用したが、それ以前は森羅万象に精霊が宿ることが言い伝えられ、それらが東南アジアの家族や村をまとめてきた。

タイ人はこの精霊を「ピー」と呼び、特にタイの精霊信仰のことを「ピー信仰」と訳す日本の学者もいる。

このピーは精霊だけでなく、霊や幽霊に関係したことも指すことがある。狭義ではお化け、あるいは悪霊、妖怪といった、幽霊や心霊として出現したものを指す。広義になると心霊現象全般のほか、神など霊的な事柄に関わるすべてをこのピーで片づけてしまう。

精霊にも種類がある。「クワン」は主に生きている人間に宿るもので、辞書によれば魂などの意味もあるし、吉や幸運といった意味合いもある。ただし、タイ人のなかにはクワンは霊的なものを指すとは考えていない人もいるし、どのようなものかあまり理解していない人も少なくないので、解釈は分かれるところだ。

たとえばタイ人は子どもの頭には精霊が宿ると考えているが、これがクワンとされる。そのため、これまでタイでは礼儀として子どもの頭を撫《な》でてはいけないとされてきた。しかし、近年はそのエチケットはあまり気にされなくなってきて、自分の、あるいは親族の子どもはともかく、他人の子どもの頭も遠慮なく撫でるようになっている。ピーと解釈しない人もいるうえ、実際に心霊現象などにあまり関わりがないことから、近年はクワンについての議論はあまりなく、その存在が薄れてきているようだ。

先に述べたとおり、一般的にタイ人は霊的なことはすべてピーの一言で片づけてしまうが、怪談好きなどはもう少し踏み込んだ言葉を用いる。よく耳にするのが「ウィンヤーン」だ。ウィンヤーンは肉体という器の中にある精神や魂で、簡単に言えば「霊魂」のことだ。幽体離脱で身体から抜け出ていくものがこれで、死んだばかりで肉体から出たウィンヤーンは形が定まらず、それが人魂《ひとだま》（あるいは火の玉）となって目撃される。肉体を離れてから時間が経つと人間の形などになるが、タイでは基本的にウィンヤーンは成仏する直前のものであり、人型になるころには天へと昇るため、この世に長く留まらないと考えられている。

もしウィンヤーンが長くこの世界に留まってしまった場合、その性質を長く保っていることは珍しく、一般的にはピー（この場合は幽霊などのこと）になる。ウィンヤーンが悪意――未練や恨み、嫉妬心などに満ちたピーに変化した場合、一般的には「ピー・ドゥ」、最近は「サンパウェーシー」とも呼ぶようになっている。単純に訳せば亡霊や怨霊、悪霊、地縛霊ということになる。

ピー・ドゥはピーと同じように、悪霊全般を指すなど、意味合いの幅は広い。ただ、ピーと同様、ウィンヤーンが人間の精神や魂が抜け出たものであるため、ピー・ドゥもまた生前は人間だったことが一般的な前提になる。一方、サンパウェーシーには動物霊も含まれることがある。

ただし、サンパウェーシーは生まれ変わるための器——生まれる直前の人間や動物の肉体や植物などの自然物を求め彷徨《さまよ》っている状態のもので、本来は悪霊という解釈・理解は間違っている。しかし、本書で取り上げている内容のほとんどが一般タイ人からの情報であるため、本章においても彼らが解釈するようにサンパウェーシーを悪霊と訳した。

科学では実証できない事象が「普通」なのがタイや東南アジア

それから根本的に理解しておくべきことは、タイの上座部仏教は、タイの精霊信仰に深く習合していることだ。タイと日本の仏教がまったく違うのは一目瞭然だが、近隣諸国の上座部仏教ともまた違う。それは、タイ人気質や元からあった精霊信仰と混じり合ってタイ独特の仏教や習慣ができあがったからである。

そのため、特にタイの古典怪談は仏教的なもの、精霊信仰的なもの、その両方を持ったものに分類される。長く語り継がれてきたものばかりなので、タイでは心霊スポットなどはわりと具体的に場所や地名が判明する。実話怪談のような、近年になって登場したスポットもひもといていけば住所まで判明することも少なくない。ある程度具体的に話を提示することで、初めてタイ人はその怪談を信じるのかもしれない。

はじめに

心霊話に否定的な人は、幽霊など存在しないと言い、肯定派は存在を信じる。僕自身はわりと肯定的に見ている。脳が、実際には見えていないものを誤認識しているとはよく言われることだが、味や匂いも人によって認識の度合いが違うのなら、霊の存在を信じるか否かもまた違って当然である。そんななかでは東南アジアの人たちは多くが肯定派のように見受けられる。

なにより、タイや東南アジアでは実生活のなかでも科学では説明できない事象がよく起こる。報道番組でも取り上げられるほどの心霊現象もあるし、日常生活では運もまたピーの仕業と解釈する。たとえば、タイにもロッタリーと呼ばれる宝くじがあり、日本より頻度が多いため、数千バーツ程度の少額当選者はよくいる。友人などが当選すると、よくタイ人は財布から紙幣を一枚取り出し、当選者の頭や肩に擦りつける。ピーやクワンの加護を受けようという行動だ。

こんなことが日常的に起こる。東南アジア内でも特にタイではピーがタイ人の気質や、タイ国内の習慣を形成していると言っても過言ではない。

国を越えると、文化的、習慣的な要因で互いが深く理解し合えないことは多々ある。しかし、怪談に国境はない。タイ人を知る、東南アジアをかいま見る、そして新たなアジアの一面を深く覗き込みたいと望むとき、怪談は有効な手段なのである。多くのタイ人は、霊を見たことがあるかないかに関係なく、怪談には興味津々で、否定的な意見はあまり出ない。だから、古典的な怪談や現代的な実話怪談を介することで、われわれ日本人はタイ人と繋がることも容易なのではないかと僕は考えている。

本書はそんなタイを中心に、東南アジアの文化や観光スポットを、怪談を切り口にして覗いてみようという試みである。

前置きが長くなったが、ここからタイを中心にした「亜細亜熱帯怪談」の世界へみなさんをご案内しよう。

亜細亜熱帯怪談　目次

2 国内で起こった本当の怪談

3／タイ現代怪談巡礼 …… 295

4／東南アジア各国編

本書に登場する精霊

ピー：精霊、幽霊。また心霊現象など心霊全般を指すこともある

クワン：精霊のなかで、生きている人間に宿るもの。魂↓吉、幸運の意味もある

ウィンヤーン：（人間の肉体の中にある）霊魂。身体から抜け出ると人魂になる。基本的にはすぐに成仏するが、この世に長く留まるとピーになる

ピー・ドゥ：悪霊、怨霊、亡霊、地縛霊。ウィンヤーンが未練や悪意に満ちたピーになったもの

サンパウェーシー：悪霊。ピー・ドゥと同じ意味だが、人間以外の動物霊も含む↓本来の意味はウィンヤーンが次の生まれ変わり先を求めている状態で悪霊であるとは限らない

ピー・ターイタンクロム：妊婦が胎児を腹に抱えたまま亡くなった際に現れる悪霊、幽霊

ピー・ターイ・ホーン：悪霊、怨霊、地縛霊などで、特に自然死以外で亡くなり発生したピー

ピー・ポープ：人に取り憑き、血や内臓を求め彷徨《さまよ》う、タイ東北地方の悪霊↓取り憑かれても、除霊によって元の人間に戻ることができる↓タイ北部にはピー・ガと呼ばれる悪霊もいて、性質はピー・ポープとほぼ同じ

プレート：仏教に由来した妖怪で、餓鬼のこと。ヤシの木のように背が高く、あばらが浮き出るほど細身で髪と首は長く、肌はどす黒い。手はヤシの葉のように広がり、口は針のように細いので奇声を発するしかできず、同時に食事を摂ることもできなくていつも腹を空かしている↓たくさんの種類があり、業《ごう》の果報により姿や性質が違う

ピー・クマントーン：あらゆる災難から守り、繁盛・繁栄を約束し、幸せをもたらすと言われている男児の精霊、守護霊。タイ版の座敷わらし。祭壇に祀り、招くことができる

ピー・トゥアイゲーウ：タイ版のコックリさん。実体や決まった霊を指すものではなく、近くに浮遊するピーが儀式に入り込む

ナーング・タキアン：タキアンという木に宿る女性の精霊、天使（テワダー）。宿る木を断りなく切ると災いをもたらす

ピー・バーン・ピー・ルアン：天使が宿ったままの材木で作った家に宿る守り神

メー・ヤーナーング・ルア：船を守る精霊、守り神

ナーング・ターニー：グルアイ・ターニーというバナナの木の一種に宿る美しい女性の精霊、天使。そっとしておけば害はない

ピー・サオ・トック・ナムマン：精霊が宿る柱。家屋などの柱に使った木の表面から樹液が油のように滴るようになった状態で、ピーが宿っていると建築物の関係者が不幸になるとされる

ピー・ジャクラ：日本で言う化け猫。呪術師によって使い魔として使役されることもある

ピー・グラスー：ピー・ガスーとも呼ばれる、カンボジア発祥の悪霊。日本で言う抜け首。女性に取り憑き、深夜になると首と身体が分離し、首に内臓をぶら下げながら浮遊する

1

語り継がれるタイの怪談

日本に『四谷怪談』や『牡丹《ぼたん》灯籠《どうろう》』といった日本人なら誰しも聞いたことがある典型的・古典的な怪談があるように、タイにも昔から語り継がれる怪談がある。現代的な実話怪談にも古い怪談に登場する霊や悪霊、妖怪の類《たぐ》いが出てくることもあり、タイ人の恐怖の根底を知る重要な情報にもなる。

心霊現象全般を表す「ピー」の概念を理解するには、タイ人が語り、現代にまで繋げてきた古典的な怪談を知ることが手っ取り早い。特に有名な話を読み解いていくことにより、ピーだけでなく、タイ人気質の根底にも繋がる考え方や怖がるものが見えてくるだろう。

亜細亜熱帯怪談マップ①

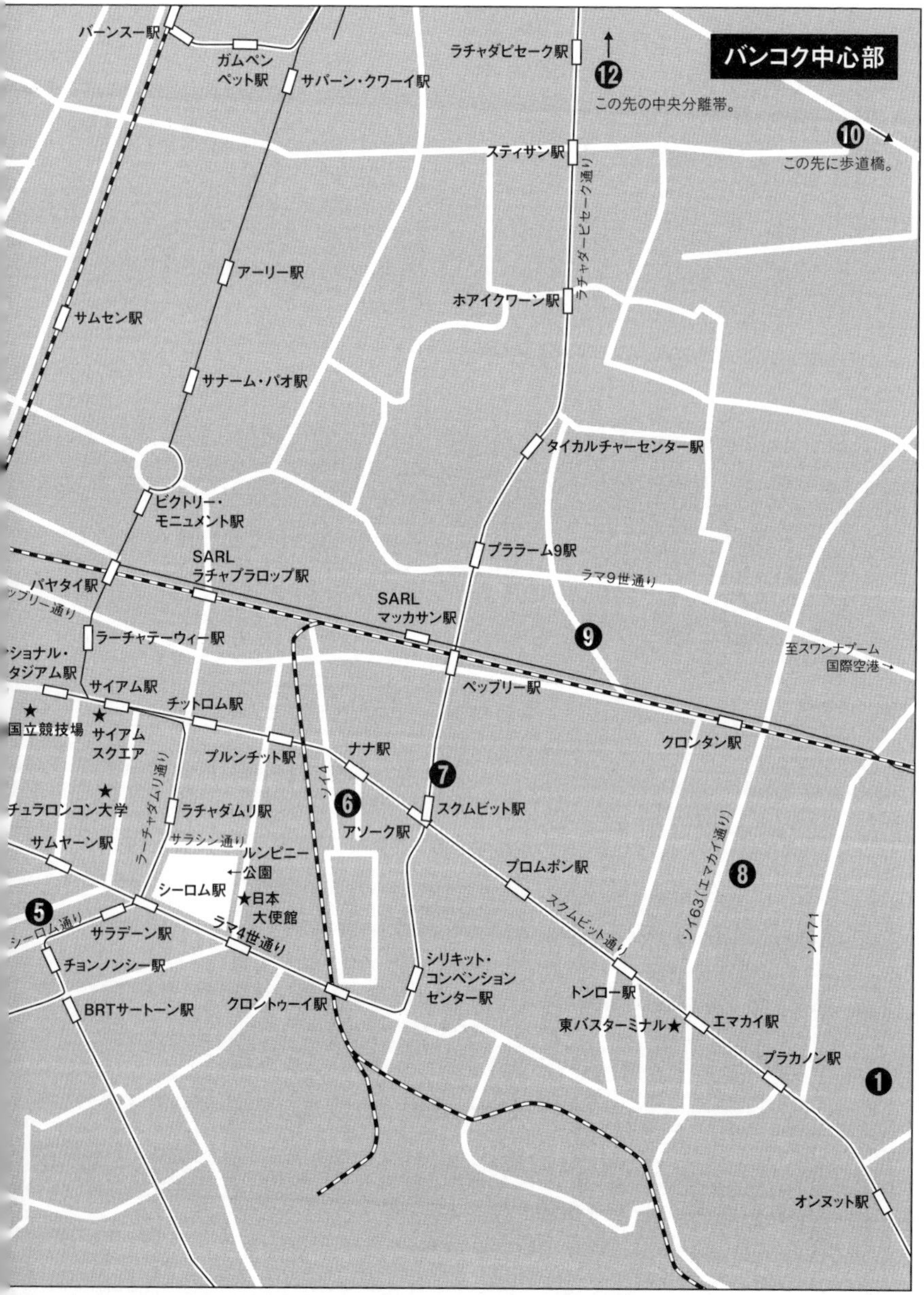
バンコク中心部
バーンスー駅
ガムペン
ペット駅
サパーン・クワーイ駅
ラチャダピセーク駅
⓬
この先の中央分離帯。
⓾
この先に歩道橋。
スティサン駅
ラチャダーピセーク通り
アーリー駅
サムセン駅
ホアイクワーン駅
サナーム・パオ駅
タイカルチャーセンター駅
ビクトリー・
モニュメント駅
SARL
ラチャプラロップ駅
プララーム9駅
ラマ9世通り
パヤタイ駅
ッブリー通り
SARL
マッカサン駅
ラーチャテーウィー駅
❾
至スワンナプーム
国際空港
ショナル・
タジアム駅
サイアム駅
ペッブリー駅
チットロム駅
★
国立競技場
★
サイアム
スクエア
クロンタン駅
プルンチット駅
ナナ駅
❼
ソイ4
❻
★
チュラロンコン大学
ラーチャダムリ通り
ラチャダムリ駅
スクムビット駅
アソーク駅
ソイ63(エマカイ通り)
❽
サムヤーン駅
サラシン通り
ルンピニー
←公園
プロムポン駅
シーロム駅
★日本
大使館
❺
スクムビット通り
シーロム通り
サラデーン駅
ラマ4世通り
ソイ71
チョンノンシー駅
シリキット・
コンベンション
センター駅
トンロー駅
BRTサートーン駅
クロントゥーイ駅
東バスターミナル★
エマカイ駅
プラカノン駅
❶
オンヌット駅

11
15
17
16
14
2
4
バンコク
19
13
Thailand
18

チャオプラヤ川
チットラダー宮殿★
シー・アユタヤ通り
旧市街
ピンクラオ通り
カオサン通り
★民主記念塔
マハチャイ通り
サムヨット駅
3
王宮★
ワット・マンコン駅
ホアランポーン駅（国鉄）
サナームチャイ駅
ジャルンクルン通り
イサラパープ駅
ヤワラー通り
ホアランポーン駅
最寄駅は
BTSタラートプルー駅。
20
中央郵便局★
スリウォン通り
ウォンウィエン・ヤイ駅
クルン・トンブリー駅
ウォンウィエン・ヤイ駅

1―メーナーク

タイ人で知らない人はいないほどに有名な古典怪談のひとつは『メーナーク・プラカノン』だ。「メーナーク」はナーク母さんといった意味合いで、親しみを込めた呼び方である。「ナーング・ナーク（ミセス・ナーク）」とも呼ばれ、タイ人は実在したピー・ドゥ（怨霊）、あるいはピー・ターイ・ホーン（悪霊）であると信じている。

この怪談は一八七〇年前後に実際に起こった事件として語り継がれてきた、タイ版『牡丹灯籠』といえるような、ちょっとした恋愛要素を盛り込んだ古典的怪談だ。

『牡丹灯籠』は新三郎がお露と出会い恋に落ちるが、お露は亡霊だったという怪談である。寺の和尚がやつれていく新三郎を助けるためにお札を与える。新三郎はお札を貼った家に籠もるが、期日最終日に家の周りをなすすべなく徘徊するお露を選んで、自らお札を剥がして出て行くという物語になる。

この『牡丹灯籠』と『メーナーク・プラカノン』には共通項が多い。

プラカノンというのはバンコクにある地名で、観光客がショッピングなどを楽しむ中心エリアから見ると都内の南東寄りにある地区を指す。この地域にある寺院「ワット・マハーブット」がいまもオンヌット通りソイ七にあり、そこにメーナークを祀《まつ》る祠《ほこら》もある。このメーナークの物語はいくつかバリエーションがあるが、最もスタンダードな構成は次のような内容だ。

夫とただ一緒にいたかっただけの無念が……

ナークはマークと結婚し、プラカノンで幸せな生活を送っていた。しかし、ナークが妊娠中に夫マークは兵役のためバンコクを離れることになる。マークは留守の間、親戚や友人に妻の面倒を頼んでおいたが、胎児が逆子だったことが原因でナークは出産時に苦しみながら亡くなってしまった。妊婦が子どもを腹の中に残したまま亡くなってしまうと、悪霊の一種「ピー・ターイタンクロム」になると信じられていて、それを恐れた親戚らはナークを地元の寺院であるワット・マハーブットに手厚く葬る。

しかし、呪術師がこっそりとナークの遺体を掘り起こし、呪術に使うために遺体から脂《あぶら》を採取しようとして失敗した。そのとき、ナークはピー・ターイタンクロムとして生き返ってしまう。その直後には埋葬された木の下でマークを想い泣いている姿が目撃されていただけだったが、次第に夫が滞在する駐屯地を訪れたり、生まれなかったはずの子どもと三人で団《だん》欒《らん》の一夜を過ごしたり、行動範囲が広がっていった。

その後、マークは兵役を終えてプラカノンの自宅に戻ることができ、妻子と共に幸せな日々を送った。親戚や友人らは、ナークがすでに亡くなっていることを何度も説明したが、彼は信じなかった。

そんなある日、マークは、ナークが調理中に床下の地面に落としたマナーウ（ライム）を人とは思えない長さにぬらりと伸びた腕で拾い上げるのを目撃してしまう。タイは高温多湿のため、昔の家屋は高床式が多かったので、二メートル近くもその手は伸びたのだ。ピー・ターイタンクロムは手足が自在に伸びるとされ、そのときにやっとマークは周囲の人々の言葉を理解した。

すぐさまマークはワット・マハーブットの僧侶に助けを求めた。寺院ではすぐに悪霊祓《ばら》いが始まったものの、ナークも寺院周辺を徘徊し、なかなかあきらめない。それどころか、夫を奪われた怒りからピー・ターイタンクロムの本性を現し、自分と夫の仲を邪魔しようとする者たちを次々に殺していく。

多くの僧侶が悪霊と化したナークの退治を試みるがいずれも失敗する。性質の悪くないピーは説得を受け入れてくれることがあるものの、悪霊と化したナークは耳を貸さず、さらに邪悪な気を高めていく。そうして、ナークの家の近隣住民たちはみな逃げ出す事態に陥る。最後に、別の寺院ワット・ラカンのトー住職がやってきて、ナークの墓の前でなんとかナークを説得し、彼女は成仏した。

上／メーナークの祠に金運祈願に来る場合は夜間がいいとされる
下／祠の周囲にもさまざまなメーナーク像が飾られる

上／ワット・マハーブットは日常生活にいまも密着した寺院でもある
下／寺院裏手の運河にナークを封じ込めた壺が捨てられたという説もある

1 語り継がれるタイの怪談

精霊信仰と仏教が融合した物語

『メーナーク・プラカノン』はこの怪談の題名で、ナーク自身は悪霊ピー・ターイタンクロムのひとりにあたる。タイでは自然死以外の死者は、ウィンヤーン（魂）がサンパウェーシー（悪霊）もしくはピー・ターイ・ホーン（悪霊、もしくは怨霊）になると考えられている。ターイ・ホーンは自然死以外の死を意味する。サンパウェーシーは多くが実体のない悪霊で、必ずしも元人間だったというわけではない一方、ピー・ターイ・ホーンはピー・ドゥの一種であることから、ほとんどのケースで人間の死が関係する。日本でも交通事故などの不慮の死で地縛霊になる話はよくあるが、それこそがピー・ターイ・ホーンだ。名称どおりピーの一種であるが、自然死以外のすべてを指すので種類の幅もかなり広くなる。

ピー・ターイ・ホーンのうち、腹の中の子どもも同時に亡くなる産褥《さんじょくし》死をすると、丸いものも亡くなった幽霊という意味のピー・ターイタンクロムになる。言うまでもないが、丸いとは妊婦の腹のことだ。

タイではいまでも呪術師が暗躍している。近年、タイの報道で呪術師が取り上げられるときは儀式で使用する大麻の不法所持が多いが、まれに死体を土葬している地域から盗み出したというニュースもある。特に胎児や嬰児《えいじ》の死体は彼らの格好のターゲットになってしまう。メーナークの物語では呪術用の脂《あぶら》を母ナークの身体から採取するために遺体が掘り出されるが、昨今は六六ページで後述するタイ版座敷わらし「クマントーン」に需要があるからだ。

メーナークの身体から脂を抽出しようと掘り起こした呪術師・除霊師をタイでは「モー・ピー」あるいは「モー・タム」と呼ぶ。モーは現代においては医者を指すが、特殊技能者といった意味もある。医学が発達していなかった時代には民間療法としてタイ・ハーブを使って治療をする「モー・ヤー」を始め、占い師である「モー・ドゥー」など、さまざまなモーがいた。

歌の世界には、日本の演歌に近い「ルークトゥン」のほかに、タイ東北地方固有の「モー・ラム」という音楽ジャンルがある。現在は一般的な歌謡曲と同じように恋愛や生活の苦労などを歌うが、かつては呪術的・シャーマン的な内容やピーを操るための呪文をラム（歌）で表現していたので、すなわち「呪術的な歌の特殊能力者」が変化して、モー・ラムという歌のジャンルになった。

このようにメーナークは精霊信仰の時代から怖れられているピー・ターイタンクロムのことで、彼女を呼び起こしてしまったモー・ピーもまた精霊信仰から派生している職業である。しかし、このメーナークの物語で夫マークが頼った先、それからメーナークを説得したのは仏教だ。『メーナーク・プラカノン』は精霊信仰のなかで語られていた悪霊に仏教要素を盛り込んで語り継がれているのだ。

愛される存在となった悪霊

この『メーナーク・プラカノン』を多くのタイ人は実話だと思っている。事件が起きたとされる時代が具体的に一八七〇年前後と言われ、同時に、登場する地名や寺、住職など、随所に実在する場所や人物が織り込まれているからだ。

メーナークの物語は一八九九年六月に発行された『サヤーム・プラペート』という書籍が初出とされる。この記事ではナークは実在し、姓がクンシーというプラカノン地区の長の娘となっているが、現在の物語構成とは違い、多産だった。妊娠中に亡くなったのは事実らしいが、残された彼女の子どもたちは父（実在したナークの夫）が再婚し、資産を継母に奪われると懸念したためにメーナークをでっち上げたと書かれているという。現在の構成とはまったく違う話だが、それが巡りに巡って、いまはもはや怪談、あるいは悪霊の話としてよりも、死してなお夫に寄り添いたかった妻の愛の物語として知れわたっている。

実際にワット・マハーブットはオンヌット通りソイ七にいまもある寺院だ。オンヌット通りはバンコク中心部から見ると東寄りの住宅街で、二〇一五年を過ぎてからは若い日本人移住者たちが比較的安価に住居を確保できる地域として注目している。観光客にはショッピングで人気のエリア各地をちょうどよく結んでいる高架電車・スカイトレイン（通称ＢＴＳ）のＢＴＳオンヌット駅もほど近い。

メーナークの祠には巨大な神木があるが、菩提樹であってタキアンではないと、祠の管理者が言った

ワット・マハーブットにはナークを祀《まつ》るサーン（廟《びょう》あるいは神社）もある。二〇一八年にこのサーンは改修されてきれいになり、連日たくさんの市民が訪れる。

精霊信仰がいまも強く、生活のそこかしこをピーと結びつけたがるタイ人の習性の根底には、畏怖の念も信仰心もあるだろう。タイ人にはピーの存在は恐怖や戒めとしてだけでなく、ときには守り神としても認識される。だから、メーナークが悪霊でありながら愛情深い側面も強く意識されるのは、タイ人らしい解釈なのだと僕は思う。そんな感情があって、タイ人には人気があることから、ピー・ターイタンクロムではなく、親しみを込めてメーナークと、彼女自身の名前で呼ばれているのだ。

これだけ人気なので、メーナークの物語は映画化、舞台化もされている。それも何度も、だ。特に映画においては一九九九年七月に制作された『ナーング・ナーク』は興行収入が一億五〇〇〇万バーツ（日本円で五億二〇〇〇万円ほど）を記録する大ヒット作となった。さらに、二〇一三年三月に公開された『ピー・マーク：プラカノン（邦題「愛しのゴースト」）』はこれまでとは趣向が違い、夫マークの立場から見たメーナークのストーリー構成だ。こちらはおよそ五億七〇〇〇万バーツ（日本円で約二〇億円）もの興行利益を生み出す、タイ映画史上空前のメガヒットとなった。コメディタッチでありながら、夫妻の悲しい結末に涙する映画になっており、やはりメーナークが悪霊だとは言い切りたくないタイ人の感情が見えてくる。

しかし、これほど愛の物語として認知されていながら、どういうわけかワット・マハーブットのメーナークが祀られるサーン（祠）は、メーナークの鎮魂、あるいは恋愛成就の祈願として訪れる人は少なく、宝くじの神として崇めている人が大半だ。この境内で働く人々に話を聞くと、むしろ「悲恋のピーだから、恋愛関係は実るどころか失恋に導かれるので祈ってはいけない」と言う。

金運の女神として崇められる理由は諸説あるが、ひとつは、夫婦仲がうまくいくことはすなわち金銭的余裕がある、ということから連想されているというものだ。

もうひとつは、メーナークは夫に徴兵に行ってほしくなかったと解釈できることに由来する説がある。タイには徴兵制があるが、対象者（男性のみ）は毎年四月にくじ引き選考になる。そのため、徴兵に当たらないようサーンへ祈りに来る人が多かったことから転じて、同じくじへのご利益なら宝くじ、と変遷したという。事実、タイの宝くじの抽選日である毎月一日と一六日の前夜から明け方まで、人々がこのサーンに殺到する。日光が金運を奪うとされ、日が沈んでからがメーナークへの祈願のタイミングなのだ。

さらにもうひとつ説があり、メーナークが埋葬されたという墓地のタキアンの木（フタバガキ科の樹木）の皮を、彼女の加護を得たかった人が剥がしたところ、そこに数字が浮かび上がり、その数字どおりに宝くじを買ったら大当たりしたため、メーナークが宝くじの神になったという。いずれにしても、もはや精霊信仰も仏教も関係なくなっているのがメーナークのいまの姿である。

それでもタイ人はメーナークが実在したと信じている。『メーナーク・プラカノン』は、タイの精霊信仰に仏教が混じった物語の構造だけでなく、悪霊譚ではなく愛情話としての親しまれ方も、その後のエピソードも含めたすべてがタイ人らしいものなのだ。

2 ポープ

タイは全土的に精霊信仰が強かったことから、ほとんどのタイの古典怪談に地方性はないと言っていいだろう。ただし、ほんの一部には地方性のある怪談も存在する。なかでも有名なのは、現代でもタイ東北地方で怖れられる悪霊の「ピー・ポープ」にまつわる話だ（タイ北部に伝わる「ピー・ガ」と呼ばれる悪霊もいて、性質や行動がピー・ポープとほぼ同じものもいる）。

タイの古典的な怪談に登場するピー（霊）は本来なら目に見えない存在だが、人に取り憑くことでこの世に姿を現すことがしばしばある。そのなかでも特にピー・ポープの出現率が高く、二一世紀を迎えてだいぶ年数を経たこのご時世にもかかわらず、ピー・ポープによって東北の農村が大パニックに陥ることがあるほどだ。

前項で紹介したメーナークはすなわちピー・ターイタンクロムという怨霊であり、産褥死という明確な原因が存在する。そして、出産が関わるということは女性に限定された悪霊でもある。物語は日本の『牡丹灯籠』の構成に似ていて、メーナークそのものは日本の妖怪「産女《うぶめ》」とほぼ同じであるともいえる。

一方、ピー・ポープは年齢だけでなく、性別にも関係なく人に取り憑いていく。そもそもウィンヤーン（死んだばかりの人の魂）とは関係なく、いわば辺りを浮遊していたサンパウエーシー（悪霊）のようなものが、突然外側から人間に憑く。そのため、誰でもピー・ポープになってしまう可能性がある。その点では、古典怪談のなかでも特にタイ人が怖がる悪霊である。

映画も作り続けられるほど興味を引く存在

ピー・ポープは農村に暮らす人間に憑依し、生肉や肝臓などを好み、生きた動物や人間、場合によってはそれらの死肉に食らいつくとされている。

これもメーナークと同様にタイでは有名な怪談なので、国内で何度も映画化されてきた。ピー・ポープを扱った最初の映画とされる『バーン・ピー・ポープ（ピー・ポープの家）』を皮切りにピー・ポープは次々にスクリーンに登場している。最初の映画が公開されたのは一九八九年で、現在に至るまで、少なくとも三〇作以上のピー・ポープ映画が制作されている。

『バーン・ピー・ポープ』は徹底的に恐怖を描いた、いわゆるホラー・スプラッターものではなく、どちらかというとコメディー寄りのB級映画といってもいい。ストーリーを簡単に紹介すると、東北部の農村でピー・ポープに取り憑かれた老婆が次々と村の男を襲っていくといった内容で、呪術師がピー・ポープを祓《はら》おうとするのを、ちょうどそこに現れた医師が非科学的な儀式だと妨害する。そして、老婆のピー・ポープは村人を襲い続け、ラストではピー・ポープが老婆から村の娘に乗り換えることを思わせる様子で映画が終わる。

一作目に登場する医師はハンサムな男で、ピー・ポープが取り憑いた老婆の娘は美人だ。映画開始直後から、このふたりが惹かれ合うのだろうとすぐにわかる。呪術師は呪文でピーを祓うわけではなく、棒でびしばしと叩き回す。村の若者に至っては逃げ足が速く、老婆のピー・ポープでは到底追いつけないと見えるが、そこはちゃんと空を飛んで追いつく。そういった、タイ語がわからなくても動きでわかるようなコメディー映画といった作風で、食われてしまった人もほんの数人程度しかおらず、案外に平和な物語になっていた。

この『バーン・ピー・ポープ』はかなりヒットしたようで、同名のタイトルを冠した続編が実に一四作も作られている。タイで制作されたピー・ポープ映画の半分近くがこのシリーズなのだ。パート2からパート13（ただしパート12は制作されていないと見られる）までは番号が振られているが、それ以降は『バーン・ピー・ポープ2008』、現状の最終作は『バーン・ピー・ポープ・リフォーメーション』（二〇一一年公開）といったタイトルになっている。全シリーズで構成の土台は同じで、ピー・ポープが村の老婆などに取り憑き、村の呪術師が祓おうとするも、村の外から来た者がそれを信じずに妨害する。バンコクと東北の格差、現代の文明と旧態依然の農村の習慣といったテーマもそこにあるのだろう。

ピー・ポープが大暴れし、逃げ回る村人の様子はわざとらしいウケ狙いがあり、これもシリーズを通して一貫している。タイ人は日本でいう「お笑い」に関しては予想外のものよりも、定型的なオチを好む傾向にある。要するに、日本の昭和五〇年代のドリフターズのような喜劇がタイのお笑いなのだ。だから、『バーン・ピー・ポープ』の全シリーズで似たような構成になっていることは、むしろタイでは歓迎されることでもある。

それから、『13日の金曜日』シリーズに代表されるような一九八〇年代の欧米のホラー映画は、残虐な殺害シーンなどと性的な描写がセットになっているものがよくあるが、タイはホラーと性はあまり結びついていない。『バーン・ピー・ポープ』でも多少、川や池での水浴びシーンでセクシーな描写はあるが、宗教的な事情のほか、タイは映画やテレビ、出版物で肌の露出が多いものは規制の対象になる。だから、コメディーが多くなるのかもしれない。

実は本書の表紙は『バーン・ピー・ポープ2』の映画看板をオマージュして描かれたものだ。当初は使用許可を得るつもりだったが、制作会社の連絡先がどこにもなく断念した。また、日本でもそうだが、映画の手描き看板の絵師はもうほとんどいない。『バーン・ピー・ポープ』を描いたトーンディーという人物などわずか数人しか残っておらず、かつ高齢化している。しかも、その人たちはいまとなっては国宝級の存在になっている。そこで、バンコクに暮らす画家に頼んで描いてもらった。

ピー・ポープを扱った映画は、特に二〇〇〇年代に入ってから雰囲気が変わってきている。

1／語り継がれるタイの怪談

『バーン・ピー・ポープ』シリーズの後半にある『バーン・ピー・ポープ２００８』の数字は当然二〇〇八年を指すが、タイでは年度を示すときは西暦ではなく仏暦を使うことが一般的だ。公的な書類はもちろん、日常的にも使用する。仏暦は西暦に五四三年を足した数字で、たとえば二〇一九年は仏暦二五六二年になる。西暦を言ってもほとんどのタイ人には通じないにもかかわらず、タイトルに西暦をつけてしまうあたりにネタ切れ感が否めない。

さらに、二〇〇一年制作の『ポープ・ウィード・サヨン（邦題「パラサイトデビル」）』は、舞台を現代のバンコクに移した内容だった。

タイ・ホラーの定番的展開は、バンコクの大学生が農村にホームステイなどで訪れ、そこで何十年も前に悪霊を封印した壺を割ってしまい、取り憑かれ、バンコクで大暴れするというものだ。『ポープ・ウィード・サヨン』もまた例にもれず、バンコクで大暴れし、最後にはハリウッド映画の『ゴースト・バスターズ』を彷彿とさせる電子機器を操る呪術師と主人公が、共にＣＤ‐ＲＯＭにピー・ポープを封じ込める。実は、僕は確実にこの映画を映画館で観ているはずなのだが、上映中に寝ていたとしか思えないほどまったく記憶がない。結局その程度の映画だったのである。

ピー・ポープ作品に限らず、タイ・ホラー映画のラストシーンはその悪霊が完全に成仏せず、再び誰かに憑依しているか、憑依しようとしているシーンで余韻を残しつつ終わることがよくある。貪欲に続編制作を意識しているのか、日本のホラー映画の『リング』の手法を真似たのか。ホラー映画に関しては同じアジアということもあって、タイでも『リング』や『呪怨《じゅおん》』は怖さが伝わり大ヒットしたので、わかりきった構成のひとつとして、よく利用される。

あるいは、完全に退治できずに終わるのは、ピー・ポープは今も東北では信じられていることから、ピーの連鎖が断ち切れないことを示唆しているのか。

いまだに農村を襲うピー・ポープ騒動

近年もピー・ポープによって村中がパニックになったケースが報道で取り上げられている。二〇一八年三月、チャイヤプーム県ジュットラット郡ソンポーイ村のことだ。チャイヤプームはバンコクから車で三時間強にある東北地方の県で、一八〇〇年代前半にはラオス系の民族が住み着いた地域になる。ピー・ポープを怖れる東北地方に住む主要な民族がこのラオス系なので、この辺りも昔からピー・ポープが出やすい土壌が元々あったと言える。

この村ではその前月から一か月の間に、健康だった若者七人（男性五人、女性二人）が相次いで死亡した。原因がまったくわからず、霊媒師であるモー・ピーに意見を聞いたところ、村の若者の誰かが呪術をこっそり学び、それに失敗してピー・ポープを生み出してしまったと言われたという。そのため、ソンポーイ村の住民や近隣の村人などがここぞとばかりに集まってお祓《はら》いをしたそうだ。その数、三〇〇人である。

この例はわりとおとなしく解決していると言える。もっと大きなパニックになると除霊を行うだけでなく、疑わしい者を暴行するなど、西洋の魔女狩りのような事態が起こることもある。

現代においてもピー・ポープは農村では信じられているものの、科学で存在が証明できない以上、憑依されていると疑わしい人物が出ても、奇行だけでは法的には手出しができないことが周知されるようになってきた。心理的な病、あるいは病気によるなにかしらの影響であるという合理的解釈が優先されるので、警察や農村で権力を持つ村長などが率先して退治するわけにはいかない。一方で、退治してもらえないことでかえって村民たちの恐怖心が煽《あお》られ、パニックが広がってしまうこともあるのだが。

ただ、ピー・ポープは除霊によって元の人間に戻ることができるという点は、救いがあるといっていいだろう。産褥死した女性がなる悪霊ピー・ターイタンクロムは死後にピーになった存在なので、祓えばすなわちその女性も改めて死ぬが、ピー・ポープは生きている人間に憑依するため、場合によっては祓うことで憑依されていた人には助かる道がある。

タイの農村はどこも道路で繋がっているものの、村と村の間は山岳や田畑で隔てられていて、まさに集落となって点在した状態だ。狭いコミュニティーなので、内部でもめごとが起これば全体が険悪な雰囲気になってしまう。ピー・ポープは、特にそんな隣人関係の悪い集落に現れる傾向があるとされる。

そもそもピー・ポープは普段の行いが悪い者に取り憑くと信じられ、小さなコミュニティーで怪しい言動や行動を取ると「ピー・ポープに取り憑かれた」とうしろ指を指されてしまう。昔の日本の「村八分」と同様と考えていいだろう。これが拡大・悪化して村中がパニック状態に陥れば、疑われた者やその家族は村を追放されてしまうこともある。そんなことが現代のタイでも起こる場合があるのだ。

ピー・ポープは村社会が秩序を保って運営されるための機能を担った大切な言い伝えなのではないだろうか。子どもや孫が村八分にされないためにできあがった戒めとして機能し、人間や動物に食らいつく姿は子どもを怖がらせる怪談としてはベストなキャラクターだ。だからこそ、いまでも消えることなく語り継がれているのだろう。

かつてのタイは情報格差が大きく、県庁所在地以外の農村などは前時代的な生活習慣や因習が残っていてもおかしくないような場所だった。現在でもいまだに携帯電話が繋がりにくい地域もあるし、そもそも電気が通っていない家屋も珍しくない。

タイもいまではほかの国々と同じようにスマートフォンが普及し、ソーシャルネットワークサービス（SNS）の「フェイスブック」なら日本よりアカウント開設者数が多いと言われるほど、誰もが手軽にネットを楽しむ時代になった。しかし、地域的な情報格差がだいぶ縮まったものの、いまだ人の口を介して情報伝達することが圧倒的に多い国だ。たとえば、

上／東北料理のゴイは生肉に生の内臓や血を和えたサラダで、これを好む者はまれにポープと疑われる
下／農村ではこの写真のような一般的な高床式の家屋前で老人が鶏を絞めていた

地方出身タイ人が故郷を離れて就職する場合には人伝《ひとづて》に頼ることが多い。そのため、誰かが最初にどこかに就職すると、同じ村や交友関係のなかでは似たような業種に就くことが多くなる。

誰かがタクシー運転手になれば、農閑期に真似をしてバンコクへタクシー運転手として出稼ぎに行くし、カンボジアと接するブリーラム県のある村は物乞いで儲けた人がいたからか、いまでも農閑期に年寄りがバンコクにやってきて、道端に座り込む。バンコクやビーチリゾートで友人に紹介され売春を始める女の子だっている。このように、タイは人の口で情報が広まるし、信用される。

スマートフォンの普及で、どの地域でも首都バンコクで流行っているものがすぐにわかるような時代になったと言っても、村でピー・ポープが現れたと噂が立てば、たちまち尾ひれもついて村中がパニックに陥る。その様子はときに報道番組や新聞でも取り上げられる。

タイ人もだいぶ合理的で、先進国のような生活様式や考え方になってきたものの、それはまだ大都会バンコクだけの話なのかもしれない。農村地帯では潜在的にピー・ポープをいまも怖れていて、ちょっとでも人の口から噂が流れれば、恐怖に支配され右往左往するしかなくなる。それほどにピー・ポープは影響力の強い怪談なのである。

3　プレート

タイの古典怪談は主に仏教伝来以前にタイにあった精霊信仰のころから言い伝えられている悪霊や精霊が多いなか、この「プレート」あるいは「ピー・プレート」は仏教に由来した妖怪の一種になる。古典怪談に登場するピー（霊）は、実体はなくてもイメージは人の形を基本とするものが多いが、プレートは容姿もまた怪物のような、巨大な身体を持ち、人間とは大きくかけ離れている。

タイ全土で目撃例が多いプレートは、バンコクにもその伝説が残っている。旧市街にある寺院「ワット・スタット」が、プレートがやってくる寺院として有名だ。

プレートの姿はヤシの木のように背が高く、あばら骨が浮き出るほど細身で、髪と首は長く、肌はどす黒い。手はヤシの葉のように広がり、口は針のように細いので奇声を発するしかできず、同時に食事を摂ることもできなくていつも腹を空かしている。そのため、栄養失調なのか、腹は大きく出っ張っている。

本来、プレートは霊や妖怪の類《たぐ》いではない。仏教の教えのなかにある餓鬼道に落ちた餓鬼のことだ。「正法念処経《しょうほうねんしょきょう》」によれば餓鬼は三六種類あり、主に現世で物を盗んだり、嘘をついたりなど、人の道から外れたことをする者が落ちるとされる。つまりは悪行を戒める教え

スパンブリー県の地獄寺にいた背の高いプレートは色が白かった

なのだが、タイでは実在する妖怪であると信じられている。

バンコクの旧市街とワット・スタット

プレートの語源はサンスクリット語の「preta」であり、仏教の戒めのひとつとして、タイの僧侶の説法にも登場する。ただ、その際は妖怪としてではなく、餓鬼道に落ちた人間たちを指している。

しかし、タイではプレートが実在していると信じられている。数ある目撃例のなかで最も有名なのが、タイの現王朝・チャクリー王朝が始まってからバンコクに現れたとされるものだ。それ以前にもすでにプレートは知られていて、民話などで語り継がれてきた。そんななか、一

1／語り継がれるタイの怪談

プレートが現れるというワット・スタットの壁際にはたくさんの仏像が並んでいる

八〇七年にバンコクの旧市街「コ・ラタナコーシン（ラタナコーシン島）」というエリアに建立された寺院ワット・スタットに夜間、プレートが施餓鬼《せがき》（餓鬼に食事を与えて供養すること）を求めて訪れると噂された。説話や民話のなかでは必ずしもプレートが背の高い妖怪であるというイメージではなかったようだが、このワット・スタットのプレートがあまりにも有名になり、タイ人の中で姿形が固まったものと思われる。

前置きが長くなるが、バンコクの心霊スポットや新旧の怪談を語る場合、この「旧市街」の定義を無視できない。感覚的に「古都」を思い浮かべるかもしれないが、タイの場合は少し違う。タイで旧市街というと、その都市あるいは街、も

ワット・スタットの近くで路上生活者がぼんやりと座っていた

しくは王朝が成立した初期に形成された地域を指す。北部のチェンマイ県、それから東北部の玄関であるナコンラチャシマー県も、市街地の中心部に堀と城壁に囲まれた四角い地域がある。これが旧市街だ。

対になるのが「新市街」で、こちらは街が発展していくにつれて、旧市街の外へと広がっていたエリアを指す。アユタヤも中心部を俯瞰すると、河などに囲まれた島ができていて、元々はその中で人々が暮らしていた。だから、アユタヤは市街地全体が遺跡の古都で、それとは別に旧市街と新市街も存在する。

バンコクの旧市街はいまも昔ながらの雰囲気を残した街であり、かつ歴史が長いことからオカルト的な出来事も多いことで知られる。バンコクの旧市街は現王朝であるチャクリー王朝の時代に始まった地域で、現在はプラナコーン区と呼ばれる辺りにあたる。

僕個人の解釈では、国鉄中央駅であるバンコク駅（ホアランポーン駅）の横を流れるパドゥングルンガセーム運河を境に、チャオプラヤ河までのぐるりを旧市街と呼びたいところだ。中華街ヤワラーといったいまのバンコクの中心部とはまったく違う雰囲気を持った町並みが見られるからだ。

ただ、歴史的側面からバンコクの旧市街を定義すると、前述しているコ・ラタナコーシン島と呼ぶ地域を指すことになる。「コ」とは島という意味で、直訳をすればラタナコーシン島だ。タイでも最も格式が高く、外国人にはエメラルド寺院と呼ばれるワット・プラケオを中心にして地図を見ると、たしかにこのエリアは運河に囲まれて浮島のようになっている。島は二重構造になっていて、ひとつは王宮前広場の東側にあるロート運河までに区切られる。王宮を含むこの内側を「コ・ラタナコーシン・チャンナイ（ラタナコーシン島の内）」とし、外国人バックパッカーに安宿街として名を馳せたカオサン通りの北側にあるバーンラムプー運河やオーンアーン運河に囲まれたエリアを「コ・ラタナコーシン・チャンノーク（ラタナコーシン島の外）」とする。

旧市街は本項のプレートにまつわる話以外にも興味深い怪談やオカルトがたくさん転がっている。それについては三八六ページで詳しく紹介したい。


さて、話をプレートが現れるというワット・スタットに戻そう。

この寺の礼拝堂では壁画にプレートが描かれている。横たわるプレートに僧侶が施餓鬼をしている場面が描かれ、昔のバンコクでは「餓鬼道に落ちるとどうなるかワット・スタットに行けばわかる」と言われていたほど注目された。さらに目撃例の多発も相まって、なおのことタイ人に「プレートは実在する」と刷り込ませてしまったのだろう。

ワット・スタット寺院の正式名称は「ワット・スタット・テープワララーム」という。ヒンズー教の天国で、インドラ（ヒンズー教の天空の神）の住む街を意味する。ラマ一世王（チャクリー王朝の第一代目の王）がバンコクにも大仏を置いた寺院を造ろうと発案して建立され、建った当初の名称はワット・マハースッタワートであった。その後、ラマ三世の時代にワット・スタット・テープワララームへと改められた。

礼拝堂に置かれた仏像は黄金の高さ八メートルの仏像で、一三六一年ごろ、スコータイ王朝の時代に現在のタイ北部にあるスコータイ県近辺で造られたとされるものを、一八〇八年にバンコクまで水路を使って輸送してきた。観光名所ではなく、現在もタイ人が日常的に参拝する、生活に即した現役の寺院であり、この仏像は仕事運が向上すると信じられている。

一般的な観光ガイドブックで、ワット・スタットはプレート出没の話より別の歴史的建造物が有名だとして紹介されている。他県からバンコク都内に入るときの境にある「ようこそ、バンコクへ」といった看板には、寺院の前にあるこの有名な歴史的建造物の写真が挿入されているほどだ。

その建造物は「サオ・チンチャー」という。これは、ワット・スタット北側の広場にある、日本人には神社の鳥居に見えるもので、名称を直訳するとブランコの柱という意味になる。英語ではジャイアント・スイングと呼ばれている。

高さ二一メートルもある柱は一七八四年に建てられたが、最初はワット・スタットの近くにあるテーワ・サターンというヒンズー教の聖堂の前にあり、何度かの落雷による破損や改修工事ののち、ラマ五世王の時代に今の場所に移設された。

昔は、この柱に実際にブランコをかけ、トリーヤムパワーイというバラモン教の儀式が行われていた。これは僧侶がブランコに乗り、地面と水平になるほど漕ぐ儀式だ。宗教的な意味合いでは、ブラフマー神がシバ神に創造させた世界を見に行くことを表現しているそうだが、実際には柱に括りつけられた金の入った袋を僧侶が取れれば、その年は豊作になるという、豊穣を祈る祭りだったようだ。柱がおよそ二〇メートルもある。そんな長いブランコを水平になるまで漕ぐことで転落死する僧侶もいた。そのため、一九三二年にこの儀式は中止され、いまは柱だけが残っている。

ブランコの柱がプレートのイメージを決めた？

実はこのブランコの柱がプレートの目撃に大きく関わっているという説が、いま、最も有力になっている。というのは、昔の人々が深夜に闇に浮かび上がるサオ・チンチャーをプレートと見間違えたのではないかというのだ。

タイ人のなかのプレートのイメージは背が高く、色が黒く、痩せていて、口が細いといわれるが、日本の仏教の餓鬼の様相においても、また昔から伝わるタイの民話や僧侶の説法においても、プレートは必ずしも背が高いわけではない。一方ワット・スタットの礼拝堂にある壁画がそうなっているため、多くのタイ人のイメージがそのように固まっていると言われることもあるし、あるいはサオ・チンチャーのシルエットが現在流通するプレートの容姿を決定づけた可能性もある。

チャクリー王朝が始まった時代には、まだバンコクも小さな都市であり、深夜まで街中が明るかったとは考えにくい。さらに、当時は高い建物もそれほどなかったのだから、たとえば田舎から上京してきた人の目に、闇の中にぼんやりと浮かび上がるサオ・チンチャーの高い影が巨大な人影に映ったとしてもおかしくはない。

僕の推測は、その噂を聞いた壁画職人がプレートをそのように描いたのではないかというものだ。高名な寺院の壁に巷《ちまた》の噂を描く感覚は理解しがたいかもしれないが、遺跡で有名な観光地アユタヤ県に隣接するスパンブリー県内に一三一四年にできた寺院「ワット・サムパシウ」には、日本の漫画『ドラえもん』の猫型ロボットや、二〇〇五年にアメリカで始まったアニメ『ベン10』の主人公の少年が、その寺院のまじめな仏教壁画の隙間に数多く描かれているという事実がある。子どもたちに仏教への興味を持ってもらうためという意図があるようだが、そんな寺もタイには存在するので、流行の妖怪プレートを壁画に描いたという行為は、タイ人の感覚としては驚くことではない。

1 語り継がれるタイの怪談

上／そびえ立つサオ・チンチャー
下／ワット・スタットの礼拝堂の柱に描かれた、施餓鬼をする僧侶とプレートの壁画

スパンブリー県のワット・パイロンウアに無数にあるプレートのオブジェは観光と教育に利用される

しかし、実際にはワット・スタットがプレートで有名になったのは壁画が先らしい。

日本人が地獄寺と呼ぶ、地獄の様子を描いたオブジェを並べる寺院がタイ国内に増えている。先の『ドラえもん』の寺院と同じスパンブリー県にある寺院「ワット・パイロンウア」などが有名で、地獄に落ちてプレートになった人々が苦しめられている様子が立体的に描かれる。タイはときに地獄道と餓鬼道を混ぜてしまうこともあるが、いずれにしても、どうして舌を抜かれたり、針の樹木に登らされているかなどを親が子に説明する教育の場でもあり、ちょっとしたエンターテインメント施設の役割もはたす。

こういった地獄を紹介する寺院はまだ

ほんの一部であり、あっても地方に多く、バンコクではまず見かけることはない。また、地獄寺が増えたのは第二次世界大戦以降のことだそうだ。そう見ると、時代的にワット・スタットの壁画はある意味では革新的なものだったに違いない。だからこそ、壁画のプレートが注目され、壁画内のプレートの背が高いことが印象に残ったのかもしれない。そして、思い込みが闇に浮かぶサオ・チンチャーをプレートと勘違いさせたのではないか。

また、壁画が注目された事情のひとつに、ワット・スタットの立地も関係していると言われる。当時は旧市街の中でもこの寺院周辺は外れの方だった。そのためか、路上生活者も多かったらしく、市民たちが彼らをプレート（餓鬼）に見立てて、リアルに地獄が見られると噂をされたというのだ。

念のため、ワット・スタットの僧侶に壁画のプレートはなぜ大きいのかを訊ねた。

「プレートはたくさんの種類があります。これはそのひとつにすぎません」

タイの説法では諸説あるが、一七種類のプレートがいるとされる。犯罪やマナー違反、嘘をつく、親に対して態度が悪いなど人の道から外れたことをすると、それに応じた餓鬼道に落ちていく。このときに科せられた罪や苦痛が容姿にも反映されるのだ。ワット・スタットの壁画は単にわかりやすいように大きなプレートを描いたにすぎないようだ。背がヤシの木のように高く身体が大きいプレートは、寺院などへの布施や貧しい人への喜捨を出し惜しみした吝嗇家《りんしょくか》がなるとされる。

プレートは礼拝堂の巨大な仏像を正面に見て左背後の柱に描かれている。一方、右の背後にある柱には地獄が描かれていた。僧侶はその対比も話してくれた。

「人は死ぬとウィンヤーン（魂）が天に昇ります。しかし、場合によっては地獄に落ちるかもしれません。プレートはそのどちらでもありません。心残りが現世にあるとウィンヤーンは重くなって天へと昇れなくなり、なかには現世の悪行により餓鬼道に落ちてしまう人もいます。一度プレートになると死ぬことも徳を積むこともできないので、抜け出すことは困難でしょう。地獄とプレートでは、地獄に落ちた方が抜けられる可能性がある分、まだマシな方です」

そう言って僧侶は笑みを見せた。優しさなのか、悪行をしてはいけないと僕に釘を刺したのか。ちょっと不気味な笑顔に見えてしまった。

いまも目撃されるプレート

ピーとは違い、プレートは本来なら説法などに登場するだけの実在しない存在なのだが、タイ人は実際にいると信じていて、現代でもプレートの目撃騒動が各地でたびたび起こっている。

二〇〇〇年四月にはタイの大手日刊新聞『タイラット』が、タイ東北地方でプレートの目撃事件を一面で大々的に報道した。ベトナム戦争時に米軍が基地を置いたウドンタニー県で地元住民がプレートの姿をビデオに収めたというニュースだ。日刊紙がまじめに取り上げてしまうくらい、当時は衝撃的な事件だった。ただ、このビデオはのちに周囲を驚かせようといたずらで作った特撮映像だったことが発覚し、撮影者は逮捕されている。

それから二〇〇八年はタイのテレビ局である7チャンネルの深夜番組『ルアンジン・パーン・ジョー（画面の前で起こった真実）』で、プレートが撮影されたと紹介された。この番組は日本のバラエティーショーに相当するが、心霊特集のほか、事件や事故の真相、警察の活動、心温まる実話を調査したり再現したりすることで人気がある。ときには大手メディアに先行してスクープを取ることもあり、木曜日の夜には多くの人がテレビでこの番組を観ていた（最近は毎週日曜日の夜に放送されている）。

そんな番組で、タイ北部にあるランパーン県で若者が何気なく携帯電話で撮った画像が紹介され、窓外にプレートが立っている様子が写っていたと特集された。番組内では、わざわざ僧侶のインタビューまで放送し、「寺から物を盗んだ者が死亡し、火葬の際にプレートに変わるところが写ったのではないか」という解釈をつけていた。

ところがこれもウドンタニー県の例と同様、本物ではないと番組では結論づけた。というのは、撮影したという若者の証言を撮影している際、窓の網戸にお守りにも見える布がかけられていたことが発覚する。プレートだとされた画像を再度分析すると、確かにその布であると判明し、特集は終わった。

特集内のナレーションを聞くと、この写真は撮影された村だけでなく、三つのアンパーを騒動に巻き込んだと説明されている。アンパーとはタイの行政区分のひとつで、日本語では郡のことだ。一番小さい区分は村を指すムーバーン、次に村の集合体になるタムボン、そしてアンパーで、その上に県であるジャングワットとなる。つまり、日本で喩えるとすれば一葉の写真だけで三つの市がパニック状態に陥ったということになる。

結局のところ本物のプレートではなかったものの、現代のタイ人が、いまだにその存在を信じていることがわかるエピソードである。

4 ― ピー・クマントーン

タイ人は怪談好きが多いが、日本人以上に怖がりも多い。いい大人でも、怪談を聞いたら夜にはひとりで眠れなくなる人が少なからずいる。精霊信仰がいまだに残るタイでは全土的に霊を祀《まつ》る祠《ほこら》や、霊に関係した話が数えきれないほど存在する。身近に心霊が溢れているのだ。そんな環境に暮らしているというのに、他人が体験した怪談話はしたり聞いたりしても、自分では絶対に体験したくないという人ばかりである。

ところが、一部には積極的に霊を招こうとする人もいるという矛盾も、彼らの日常生活でよく見かける。たとえば、飲食店やバーなどである。

バンコクは夜の盛り場が何か所もある。欧米的なバーやディスコもあるし、ゴーゴーバーといった売春に直結するようなダークな店も少なくない。これらは外国人向け、ローカル向

上／一般的なクマントーンはこういった男児をディフォルメしたような仏像を置く　中／タイ東北地方出身者向けのディスコ兼レストランにて　下／飲食店などにはこういった赤い祭壇が必ずといっていいほど設置されている

けなどに分かれ、夜な夜な楽しめる人もいれば、金銭的に、あるいは違法薬物や人間関係でトラブルを起こし、命の危機にさらされる人もいる。

そんな夜のスポットだけでなく一般的な食堂も含めて、どこも共通して、店内には必ず祭壇が設けられている。大なり小なり違いはあるものの、どれも赤く、中国式のように見える。床にそのまま備えつけられている場合もあれば、店内の上の方に、日本の神棚のように設置していることもある。客を騙そうと手ぐすね引いているような店でさえも、開店前には祭壇に繁盛を祈ったりするのである。

これらの祭壇にはさまざまな神が祀られるが、最も主流なのは、腹の中の男児という意味の「ピー・クマントーン」という精霊だ。もしそこに子どもの形をした仏像や人形が置いてあるならば、間違いなくその施設の経営者はピー・クマントーンを招こうとしている。

その子どもの形にはさまざまあるが、多いのは古典的な神話や物語に登場する子どもを象ったものだ。伝統衣装に頭のてっぺんだけ髪の毛を残してちょんまげ状にした髪型の子どもの姿をしている。この髪型は男児が元気に育つようにというおまじないなのだとか。いまはほとんどすることはないが、農村などではたまに見かける髪型だ。

東南アジア人は全般的に子ども好きが多い。タイも例外ではなく、ピー・クマントーンも霊的な存在とはいえ子どもであることから、普段どおり、人間の子どもに接するようにする。ピー・クマントーンはタイで最もかわいがられる精霊なのである。

ピーは怖くても、クマントーンは怖くない

ピー・クマントーンは子どもの精霊なので、供えるものは子どもが好むもの、特にタイでは縁起担ぎと味のよさを兼ね合わせている赤くて甘い飲みものであるナムデーンと菓子類を選ぶ。このナムデーンは、日本人にとってはかき氷にかける赤いシロップとほぼ同じだ。とにかく赤ければいいので、炭酸飲料の場合もあるし、多くは安いのでそのシロップそのものである。実際にタイの子どもたちはこれを水で割り、氷を入れて飲む。

この精霊を招くことに成功すれば、家族や家業、店や会社をあらゆる災難から守り、繁盛・繁栄させてくれ、幸福をもたらすといわれている。

あるタイ人は仏像型のピー・クマントーンを自宅にわざわざ専用の祭壇を設けて祀った。「それ以来、誰もいない部屋に子どもの気配がするんです。でも、怖いとは思いません。ピー・クマントーンが来てくれたのだと家族で喜んでいます」

幸せや金運をもたらす子どもの精霊と信じられている一方で、邪険にすれば出て行ってしまい、その家族は不幸になるとされる。まるで日本の「座敷わらし」に似た存在である。

ピー・クマントーンという名前にはピーとつくため、子どもの幽霊そのものを指すこともあるが、一般的には男の赤子のウィンヤーン（魂）が宿った仏像や人形を指す。クマン（タイ語発音ではグマン）は男の赤ん坊という意味だ。このウィンヤーンが女の子の場合、精

メーナークの足下にも彼女の胎内で死んだ子どものためにナムデーンが供えられる

霊は「ホンプラーイ」と別名で呼ばれる。また、抱き合った形の「イン」と呼ばれるタイプもあり、こちらは愛情などに関係した効果が特に強いという。子どもふたり分なので、加護も倍になるとも言われるが、いなくなられてしまったときに跳ね返ってくる不幸も倍になるというリスクがある。

ピー・クマントーンと同じように需要が高い「ルーク・グローク」というものもある。ピー・クマントーンは母子共に亡くなった場合に腹に残った胎児がなるもので、ルーク・グロークは死産した子どもがなるピーだ。ピー・クマントーンは肉体という器だけなので、呪術師がサイヤサート（魔力）を吹き込む必要があるが、ルーク・グロークは仏像を作る段階ですでにウィンヤーンが宿っていると考えられている。

さらに、ピー・クマントーンの進化版が登場し、二〇一五年にタイで流行した。「ルーク・テープ」と呼ばれる、フランス人形のような西洋風の女の子の人形だ。ルーク・テープとは、天使の子どもという意味である。クマントーンは別名で「クマンテープ（男の子の天使）」とも呼ばれる。ルーク・テープはかわいい人形をベースにしたことから天使とされ、かつ女の子の姿になっている。

死産の子どもを利用するルーク・グロークを再現しているのか、かなり不気味だ

ちなみに、「天使」という言葉にまつわる話としては、タイの首都「バンコク」にも関わりがある。バンコクは外国人が呼ぶ名称で、実は世界で最も長い名を持つ。参考までに紹介すると「グル

ン・テープ・マハナコーン・アモーンラッタナコーシン・マヒントラーユッタヤー・マハーディロックポップ・ノッパラットラーチャタニーブリーロム・ウドムラーチャニウェートマハーサターン・アモーンピマーンアワターンサティット・サッカタットティヤウィサヌガムプラシット」となる。こんな長い名前は憶えられないと思うが、一九八九年にアッサニー・ワサンという兄弟バンドから『グルン・テープ・マハナコーン』という曲が発表され、タイ人はその曲調に合わせて憶えている人が多い。歌詞がバンコクの名称だけで構成されているのだ。

とはいえ、当のタイ人も毎回フルネームで言ったり書いたりはできないので、「グルン・テープ」と最初の部分だけを使い、ニュースや公的な文書などでは「グルン・テープ・マハナコーン」と言う。このグルン・テープは天使の都という意味である。

天使人形、ルーク・テープに話を戻すと、ピー・クマントーンのようなアイコン的なものではなく、いわゆるリアル・ドールに近い形をしている。人形自体も価格が高騰していて、元は一万円もしなかったものが、いまでは一〇万円を超えていても驚くことではない。これを信じる人たちは、自分の子どもを育てるようにさらに金をかけ、外出先にも連れ出す。僕個人の意見だが、このルーク・テープに関しては、信者の様子の方が見ていて怖い。

呪術師が暗躍するクマントーン市場

ピー・クマントーンは、基本的には実体がない。誰かに取り憑いてその肉体を借り、悪霊が暴れまわるといったものではなく、あくまでもそこに置いた仏像などに宿り、ときに姿は見せないまま存在を感じさせる音などを発する。

そもそも、本当に男児の精霊が宿っているとされる仏像を探し出すことは困難だ。なかなか手に入らないものだし、もし本物とわかった場合、タイ人は絶対に手放さないか、高値で売りさばく。二〇一四年一〇月にバンコクでクマントーン詐欺事件が発生している。このときに逮捕された六八歳の女性は一体あたり二〇〇万から三〇〇万バーツ（およそ七〇〇万から一〇〇〇万円）で売っていた。この額でも買う人がいる一方、タイの平均所得が月二万六〇〇〇バーツ程度（約九万円）であり、一般の人が買えるような代物ではないということでもある。

それほどまでに人気が高いので、タイでは本物を探し求める人も多く、それに絡んだ犯罪があとを絶たない。ここで言う「本物」とは、ピー・クマントーンが像に宿るだけでなく、昔ながらの製法であることも条件である。

近代以前のタイでは、本物は男児の死体から作られていた。メーナークの項で説明したが、妊娠した母親が胎児を孕んだまま死亡したケースでピー・ターイタンクロムになるとタイ人は信じている。モー・ピーと呼ばれる霊媒師や呪術師が、ピーになる直前に母胎で死亡した男児を、深夜に墓を暴いて母親の腹から取り出し、日の出まで火に炙《あぶ》って乾燥させる。だからクマン、すなわち男児、そして腹という意味のトーンが合わさったクマントーンは、腹の中の男児という意味なのである。

本物のピー・クマントーンを自宅に招きたい富裕層は、高額の報酬を払う約束をして呪術師であるモー・ピーから譲り受ける。

二〇一三年七月一六日、北部のチェンマイ県で拳銃不法所持の容疑で摘発されたアージャーン・ジャック(ジャック先生)という当時三七歳の自称呪術師の自宅から、ふたりの胎児の死体と一〇人以上の頭蓋骨の一部が見つかった。胎児の死体は、ピー・クマントーンと死産の子どもで作る人形のルーク・グロークの材料だったと警察は見ている。

この胎児の頭蓋骨などは土台として使うと見られた。像自体は子どもの形をした人形などを使い、せめて土台だけでも人骨を使って本物だということにしていたのだろう。要するに、胎児の死体で全部作ると高額になるため、商品ラインナップを価格帯別に揃えていたという、ある意味、アージャーン・ジャックは商売人でもあった。

警察側も公安部門の内偵で銃の不法所持を確認しての逮捕だったが、家宅捜索で多数の死体が出てきたことで混乱したようだ。アージャーン・ジャックも悪知恵があったようで、顧客はマレーシア、シンガポール、香港の中華系の金持ちを対象にしていた。そのため、警察は内偵ではそこまではわからなかったようだ。ちなみに、拳銃は呪術関係の儀式で使うこともあるので、容疑者は誰かを殺すために所持していたのではなかったと見られる。

タイの呪術は大昔から現在のタイ領土内にいたクメール系（カンボジア系）民族の呪術が関係することから、いまもカンボジア呪術の影響が強く、このモー・ピーも師と仰ぐ呪術師はカンボジアにいるとされる。おそらくこの師匠から胎児の死体を譲り受けて密輸したのではないかと推測された。

このようにタイでは死体で作ったピー・クマントーンの売買で逮捕されるモー・ピーはあとを絶たない。二〇一八年一二月にも東部のラヨーン県にある中華系タイ人向けの墓が暴かれており、子どもの死体だけが何体かなくなっていたという。この事件ではこの地域に住むカンボジア人が疑われており、タイのモー・ピーがカンボジアと強い関係があることが改めて浮き彫りになった。

精霊信仰の時代ならともかく、法的に本物の死亡胎児でピー・クマントーンを作ることができなくなった現在は、木材などを乾燥させて胎児に似せたものを作るようになった。これでも本物のモー・ピーが作れば高価になるので、一般層は子どもの形をした仏像か、ピー・クマントーンが入りそうな人形で代用している。

これら子どもの仏像などは仏具を売る店などで借りることができる。タイでは仏像や、仏像などをペンダントのようにしたお守り「プラクルアン」に対して、売る・買うという言葉は使わず、借りる・返すと言う。バンコクならチャオプラヤ河沿いにあるタイ最大のお守り市場「タープラジャン市場」を目指すべきだ。観光名所として有名なワット・プラケオ（エメラルド寺院）や国立博物館、タマサート大学、安宿街で有名なカオサン通りの近くにある。

タープラジャン市場は、お守り・プラクルアンが中心に売られる市場だが、ほかにもカンボジア発祥の呪術道具や、精霊信仰から仏教関連に至るまであらゆる道具が手に入る。タイでは、プラクルアンは一般市民からマーケットの商品として、あるいは投資対象として認められたもので、特に数百年前に作られた古いものは、年代や誰（高尚な僧侶であることが多い）が作ったかによって、値段が一〇バーツ程度から数百万バーツと幅広く変化する。熱狂的なコレクターが存在し、無数にあるプラクルアンの専門書籍や雑誌に見分け方が解説され、虫眼鏡を片手に真贋を見極めるマニアの姿を市場内でよく見かける。

気をつけたいのは、タイの法令で歴史的価値がある仏教関係の道具や仏像は国外持ち出しに許可がいることだ。だから、外国人がコレクターとなるのはややハードルが高い。

こういった市場では、ピー・クマントーンも手に入る。ただ、どの店も夕方には閉まってしまうので、昼前後に行くことをおすすめする。

上／プラクルアン市場はどこも朝早く始まり、昼過ぎには店じまいする
下／店頭に陳列されるプラクルアンは量産型で価値が高いものではない

クマントーンを入手した日本人の顛末

あるタイ在住日本人は、タイ人の妻の提案でピー・クマントーンの祭壇を自宅の二階に作った。その人自身も精霊信仰に関しては肯定的で、あらゆる仏像などを追い求めている人だった。そのため、すでにルートは確保できており、知り合いの伝手《つて》をたどり、本当に宿るといわれるピー・クマントーンを借りることができた。さっそく自宅に置くと、その日のうちに二階からぱたぱたと子どもが駆け回る音が聞こえてきたという。

当初は二階の足音だけだったが、そのうち一階でも姿の見えない何者かに髪の毛や服を引っ張られるようになった。ほかの霊の仕業であれば、タイ人はその家を放棄してでも逃げ出すくらいに怖がるが、彼の妻も「本当にピー・クマントーンが来てくれた」と喜んだ。

この日本人は自営業者で、その後、車を数台、家を何軒か購入したほど事業は成功した。タイでは自動車は日本円にすると、日本の販売価格の三倍近くにもなる。車や家をこれだけ買えるということは、かなりの成功を収めたことになる。

ところが、この人に話を聞いたおよそ一年後、どうもその成功は鳴りを潜めてしまったようだ。家を売り、車も処分し、最終的にはビジネスも畳まざるを得なくなったようである。その後、僕はこの人とは連絡が取れなくなってしまった。

彼の絵に描いたような栄枯盛衰は、はたしてピー・クマントーンを引き留められなかったからなのかどうか。他人ごとな言い方だが、タイの精霊信仰の土壌で育ってきたわけでもない日本人でさえピー・クマントーンの効果に影響され、その後の没落が待っているというのは、やはり、ピー・クマントーンが紛れもなく本物の精霊なのではないかと思える一例だった。

5―ピー・トゥアイゲーウ

タイの幽霊・妖怪を指す「ピー」は、実体があるものとないものといった大きな枠組みでジャンル分けできる。日本人的目線からなら日本にあるものとないものにも分けられると思う。タイのピーと日本の幽霊なので完全に一致するわけではなくても、同じ現象に対する解釈が日本人と東南アジア人という違いで変化しているものが少なくない。たとえば、前の項で紹介したピー・クマントーンと座敷わらしである。それから、メーナークだと物語は『牡丹灯籠』で、メーナークそのものは産女《うぶめ》に酷似している。

このようにタイと日本で似たものが残るピーにまつわる話のうちで、日本だけでなく世界中に類型があるものがほかに存在する。「ピー・トゥアイゲーウ」だ。直訳するとガラスのお化け、あるいはグラスのお化けとなる。

ピー・トゥアイゲーウは幽霊の名称でもあり、それを呼び出す儀式の名前でもある。つまり、文字が書かれた紙を使用して質問をする形式の交霊儀式のことであり、呼び出される霊のことだ。

ピンときた方も多いと思うが、日本の「こっくりさん」とほとんど同じである。日本では、交信に硬貨を使用することが多いが、タイでは小さなガラスコップを使う。そのため、ガラス（グラス）のお化けなのである。

ピー・トゥアイゲーウについてタイ人に訊ねると、やはり日本と同じように、やったことがある人とない人がいるし、やったことがある人の多くは女性だ。男子はあまり興味がないようで、女の子が恋愛の相談をしたり、日常生活におけるいろいろな質問を浴びせたりしているようである。

そんなピー・トゥアイゲーウはどのように行われるのか、実際に見てきた。

ピー・トゥアイゲーウの始め方

ピー・トゥアイゲーウは実体のないピーであるため、タイ人たちの間でも思い浮かべる共通の容姿はない。これまでに紹介してきた、背が高くあばら骨が浮き出るほど痩身な餓鬼の

1／語り継がれるタイの怪談

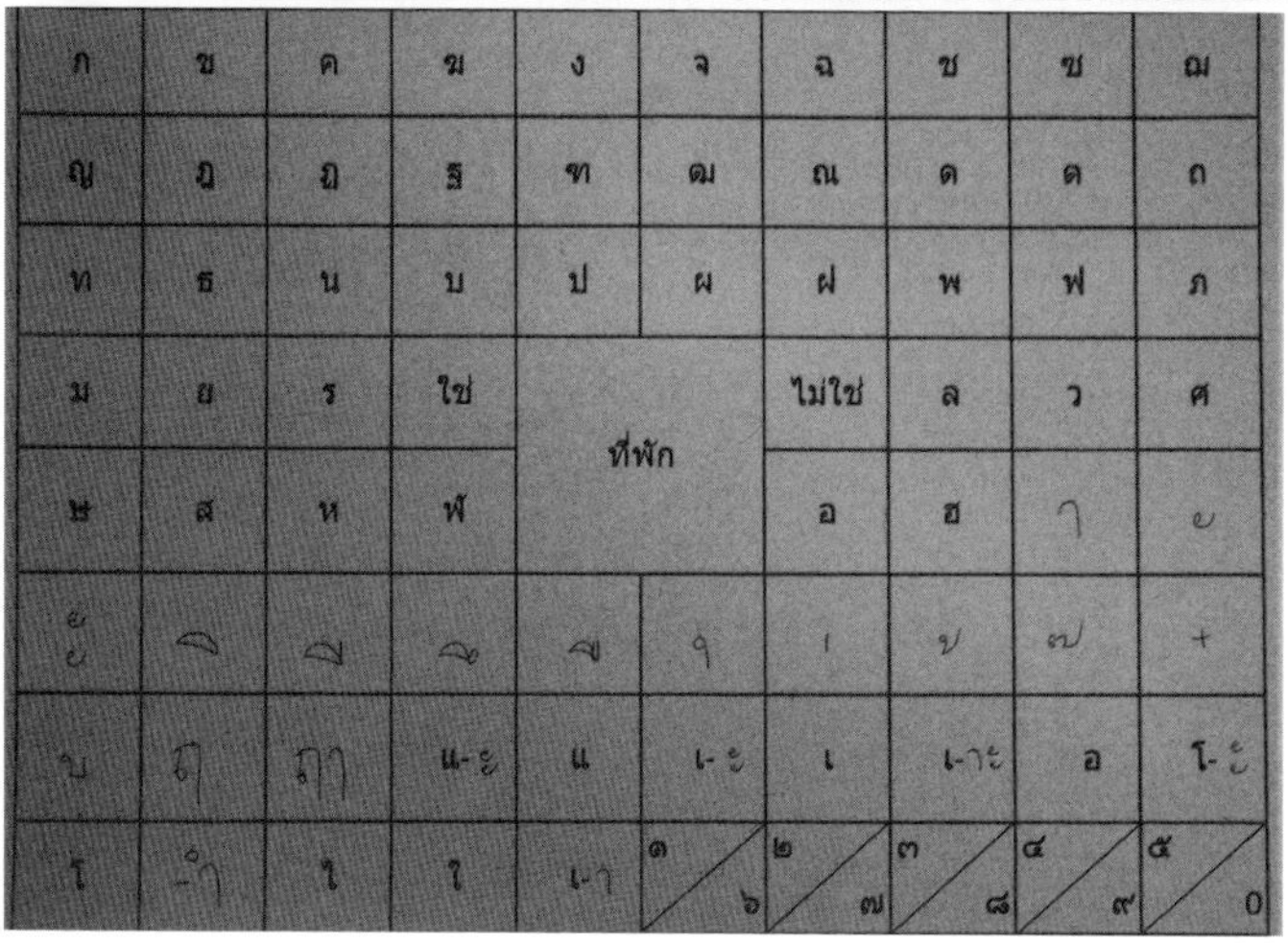

上／ピー・トゥアイゲーウは開始までに手順を踏むが、気軽に始められる
下／ピー・トゥアイゲーウを呼ぶための典型的なテーブル例

一種であるプレートや、人間の女性の姿をしたメーナークなどとは明確に異なる。儀式でガラスのコップの中に霊を呼び込み質問に答えてもらうのだが、ピー・トゥアイゲーウという固有のピーは存在せず、呼び込む都度、近くに浮遊するピーやウィンヤーン（魂）などが入り込むのだ。この点も、こっくりさんとほぼ同じだ。

儀式で使うものも特殊なものはなく、どこでも手に入る日常品ばかりである。ただし、この儀式には最低でも四人が参加する必要があるとされる。これさえ揃えばいつでもどこでも、そして何時でも始められる。

まずはピー・トゥアイゲーウの道具や手順を簡単に紹介する。

□必要な道具

・タイ文字が書かれた紙――子音、母音記号、数字、「チャイ」と「マイチャイ」（日本語の「はい」「いいえ」）のスペース、休憩場所（ティー・パック）と書かれたスペースがある

・グラス――ショットグラスのような小さなガラスコップ。なければ透明のプラスチックカップで代用も可能

・線香――本数は適宜だが、最低でもひとり四本以上。できれば七本、もしくは九本が望ましい。あとはライターなど火を点けるもの

□手順

一、四人で用紙を囲んで座る

二、儀式を行う中心人物が線香に火を点け、ピーを呼び出すことの許しを請いながら、逆さまにしたグラスの中を煙で満たす

三、煙で充満したグラスを紙に密着させて置き、煙を逃がさないように休憩スペースに移動させる

四、中心人物から時計回りで順番に人差し指をグラスの底（逆さまに置いているのでグラスの上部）に置いていく

五、中心人物から時計回りで順番に「プッ」「トー」「ター」「ヤ」とひとつずつ唱えていく

六、三周の間、「五」の呪文を唱えて、グラスが動き出したら質問をしていく

七、終わらせ方は、呼び出したピーに休憩場所に戻るようにお願いし、戻ったらグラスから手を離す

□注意事項

・降霊を行う二四時間前から飲酒は禁止

・プラクルアン（お守り）などは身につけない
・手順「六」で、グラスが動き出さなければ中止。続けたい場合は使用した線香は折り、新しい線香で新たに煙を入れて、「二」以降の手順を繰り返す
・途中で腕が疲れたら、指を乗せ換える許可をピーに願い出れば、もう一方の腕に換えることができる
・突然終わらせてはならない。必ず休憩場所にグラスが戻ることを確認して指を離す

タイらしい点は、グラスがなければほかのものでも代用できるということや、用紙スタイルは条件さえ揃っていればどんな形でもいいという、交霊儀式のわりにファジーなことだ。ちょうどいいサイズの小さいガラスコップがなければ、用紙の方を大きめにしてグラスの大きさに合わせてしまってもいいようだ。

進め方は至って簡単だが、開始前の手順が日本のこっくりさんとは違っている。まず、四人の中で代表者というか、中心になる人物（主に儀式を取り仕切り、質問などを進めていく人）を決めておくことだ。司会者のような取り仕切る人物を要するのだ。

1 語り継がれるタイの怪談

中国が起源と言われる？

タイの交霊術ピー・トゥアイゲーウは、いつ、どのように始まったのか、起源はわかっていない。一方、日本のこっくりさんは、一八八四年に伊豆に漂着したアメリカの船員が持っていた占い道具「テーブル・ターニング」が起源だとされる。一般的なタイ人は歴史に興味を持たない傾向にあるので、ピー・トゥアイゲーウの発祥などは研究されておらずはっきりしない一方、日本の場合、社会問題化するほど大流行したことで、起こりはある程度明確だ。船員の漂着から三年後の八七年には妖怪博士の名で知られる仏教哲学者・井上円了《えんりょう》が著書『妖怪玄談』の中で、こっくりさんの原理に対する科学的検証を記した。つまり、市民の迷妄を止めようとしているのだが、僕自身が中学生のころ（一九九〇年ごろ）にも同級生の女子たちはこっくりさんを楽しんでいたので、潜在的に人間はこういうことが好きなのだろう。

交霊術自体に目を向けると、そもそも一五世紀にはレオナルド・ダ・ビンチが著作の中で似たような事象に関して言及しており、そのときにはすでにヨーロッパにはあったとされる。かなり昔からあり、大陸で繋がっているタイは、このトゥアイゲーウのルーツは日本とは違うという説が有力だ。タイでは中国の「扶箕《ふき》（タイ語ではフージ）」という占いの一種が起源という説があるのだ。

扶箕は中国では一二世紀には存在した、あるいは六朝時代（二二二年から五八三年）には存在したとさまざまな説がある。結局ここでも明確な起源は誰にもわからないが、タイ人（タイ族）の起源が中国南部で、六、七世紀前後に漢族に追われて南下してきたことや、一四世紀から四〇〇年続いたアユタヤ王朝時代は国際貿易都市だったことなどから、中国か欧米から伝来したと見るのが自然ではないだろうか。タイに入ってきたのちに精霊信仰が強く影響したことで、ピー・トゥアイゲーウは独自のタイ式交霊儀式になったと考えられる。

交霊術の様子を観察してみる

ピー・トゥアイゲーウを実際にやっているところが見たいので、本書の取材内容を一部掲載させてもらったバンコクの無料誌『DACO《ダコ》』の編集スタッフを集め、二〇一八年二月二一日、編集部室内で実際に試してみることになった。

この編集部が入居している建物は、いわくつき物件や心霊スポットがいくつもあり、霊能者に言わせれば気の流れが非常に悪いというエカマイ通りにある。ここで毎日仕事をしているタイ人スタッフによれば、編集部が入っている一軒家はときどき得体の知れないものを感じるという。人が背後を歩いてきたかと思って振り返ると誰もいない、というようなことは日常茶飯事だそうだ。ピー・トゥアイゲーウの会場としては、申し分ないだろう。

その日、午後五時三一分、第一回目のピー・トゥアイゲーウが始まった。学生時代にやったことがあるというスタッフを中心人物に置き、先の手順を始めていく。しかし、四分ほど待ったがなにも起こらなかった。しかたなく仕切り直し、新たな線香に火をつけグラスに煙を満たして待ったが、二回目もグラスが少し動いただけで、大きな変化はない。そこで急遽、スタッフが、霊感が強いという友人を呼び出してくれた。その子は首を横に振ってこう言った。

「ここは、この地に住む霊に守られていて、ピーが入ってこられない」

タイではほとんどの建築物に祠《ほこら》が建てられている。その土地の精霊などがそこに住めるようにするためだ。家を守ってもらい、建設中の事故などを防ぐためのものである。しか

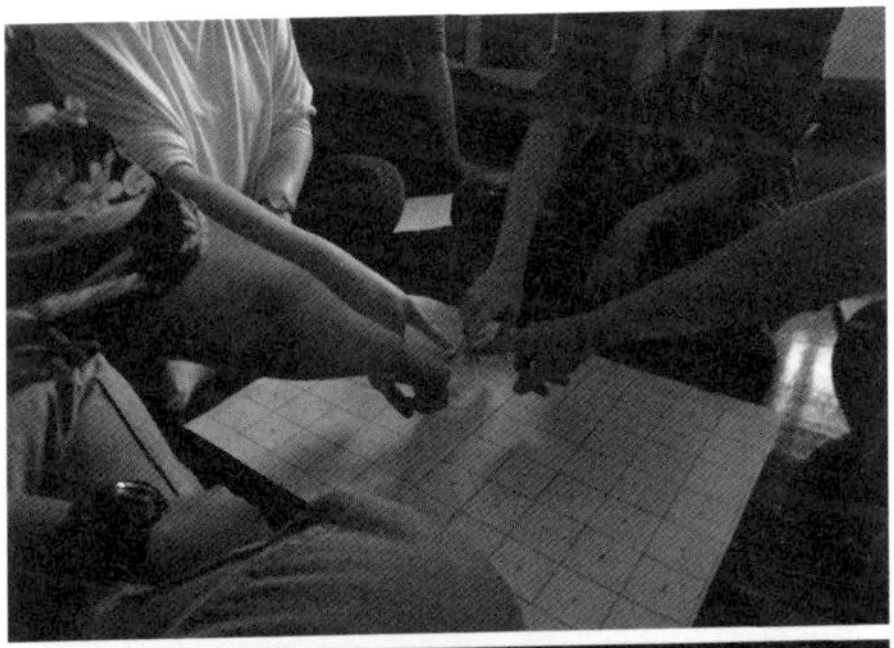

上／エカマイ通りの編集部で夕方に始めた第１回目の交霊会の様子　下／２回目の交霊会は辺りが暗くなってしまい、懐中電灯を片手に行った

し、われわれにとっては逆にこれが災いし、編集部内ではピー・トゥアイゲーウは不可能だと言うのだ。家を守るピーは次項で紹介する「ピー・バーン・ピー・ルアン」、祖父の霊という意味の「ピー・プーター」などがいる。編集部員たちが日常的に感じていたピーはそういった守護神に似た善良な霊で、交霊術としてのピー・トゥアイゲーウにはあまりかまってくれない。タイ式こっくりさんにはどちらかというと悪霊に近い霊がコップに入ってくるものらしく、この守られた家屋では難しい。

そのため、日を改めて、違う場所で行うしか選択肢がなくなる。そして、およそ一週間後の二月二七日、われわれはペッブリー通りにいた。

バンコクにある日系デパートの伊勢丹が近く、タイ最大の服飾市場と言われるプラトゥーナーム市場からもほど近い場所だ。ここは『DACO』の旧事務所である。編集部は、前年の二〇一七年一〇月に、第一回目の会場だったエカマイ通りの一軒家に移転しており、建物の中には契約切れで入れないものの、庭先には入ることが許された。スタッフのひとりがこの守衛と仲がよく、事情を話したら庭先なら使っていいと言ってくれたのだ。

この旧事務所は古い貸事務所用建物の一階にあった。新事務所よりも怪奇現象が起こっていた場所で、長年空き部屋になっている二階からドタバタと足音が響いたり、人の出入りがあるのにそこには誰もいなかったり、という奇妙な現象が少なくなかった。さらに、その守衛の男性から編集部が移転したあとのトラブルを聞いた。編集部の庭先にはうっそうと茂った大きな木があったのだが、言われてみれば、その木がなくなっていた。

「伐採したら、関係者全員が体調を崩したんだ。なかには骨折した人もいたよ」

偶然にしては思うところがあったのか、その関係者の家族のひとりが現場を訪れ、その木に向かっていきなり切ってしまったことを謝罪したという。われわれが訪れた日は、それから数週間も経っておらず、家族の方がそのときに置いたと思しき供物がたしかにそこにあった。そんな話を聞き、内心、なにかが起こってほしいと僕は強く思った。

午後六時二三分、その木があった場所の前で再びわれわれはグラスを前にした。日も落ちて、文字盤がよく見えないほど薄暗くなっていた。

ところが、参加メンバー、座る位置、指の置き方、あらゆるパターンを試したが、結局グラスは動かなかった。こうなってはどこか心霊スポットで試してみるべきか。そう僕は提案してみた。

「それでなにかあったら、あなた、責任取れます？」

編集スタッフのひとりに、僕は思いっきり睨みつけられた。これにてピー・トゥアイゲーウを断念せざるをえなかったのだが、一方ではこのスタッフの言葉が、今回交霊術が成功しなかった理由を如実に語っていると僕は感じた。

というのは、儀式中、何度か指の置き方やグラスを変更してみたのだが、そのときにスタッフたちの指を置く角度や、置いているときの力の入れ加減を僕はチェックしていた。彼女たちはピー・トゥアイゲーウでピーが呼び出されると本気で信じているため、恐怖心の方が勝っていた。参加者の平均年齢は二五歳を超えているいい大人たちだが、怖くて仕方がないようであった。そのせいか、彼女たちはふんわりとグラスの底を撫でるかのようなか弱い力で、爪の先をちょこんと乗せているだけだったのだ。無駄に力を入れていたらヤラセ行為になってしまうと言われればそれまでだが、かといって、そんな力では入ってくる霊もいないではないか。

日本では、こっくりさんは参加者が無意識下の反射運動が硬貨に伝わり参加者が望む答えに誘導されてしまうため、コインの移動は霊の仕業ではない、といった見解が存在するのはご存じだろう。しかし、タイではそのような議論は起こらない。タイ人は本当に霊が入ってきていると信じて疑わないからだ。

その後なにか霊障などが起こったりしなかったか、参加者たちに後日何度か訊いてみたが、特になにも起こっていない。とりあえず、髙田の誘いに乗ると面倒なことをさせられると、嫌われただけだった。

6 木に宿る精霊たち
――タキアンさんやターニー姉さん

先の『ＤＡＣＯ』編集部旧事務所の庭の話にもあったとおり、特にタイらしさを感じさせる怪談が、樹木に宿る精霊にまつわるものだ。タイ人が自然に対して抱く気持ちなどがかいま見られる。それらは大概女性の霊だ。「母なる大地」などというように、家族を守ってくれるもの、包み込んでくれる存在、その象徴が「家」であり、「住まい」の原点である森や木はタイ人にとっても「母」のような存在だ。だから、タイでも木にまつわるピー（霊）は多くが女性だ。

自然豊かなタイは特に北部だと山岳地帯になるので木が豊富にある。バンコクでも道を歩いていれば色とりどりの布が巻かれ、周囲には女性の民族衣装がかけられている大木を見かける。そこで精霊の目撃例があったり、樹齢の長い大きな木なので、そこにはなにか特別な存在がいると信じられているのだ。

木に宿る精霊のなかで特に有名なのは「ナーング・タキアン」である。タキアンという木に宿る女性の精霊だ。ナーングはメーナークでも紹介したとおり、女性を指す言葉で、タキアン女史とか、もっと砕けて言えばタキアンさんといった意味合いになる。

このナーング・タキアンが宿る木を断りもなく切ると災いをもたらすと言い伝えられるが、

ノンタブリー県の寺院にあった、ナーング・タキアンのマネキンと宿っていたタキアンの木

なにもしなければ気性はおとなしく、見た目は非常に美しいとされる。タイ人女性の象徴的な存在であることから、タイでは怖がられるというよりも愛される精霊である。

用途によって姿を変える優しい精霊

ナーング・タキアンは、民族衣装を着た髪の長い美しい女性の姿で現れ、普段は木の周辺を掃除しているなどと語り継がれている。厳密には精霊というよりも仏教を守護する四天王に仕えて樹木を守る「ルッカ・テワダー」という神の一種だ。タイ語名を見るとわかるようにテワダーともあるので、神でもあり天使でもある。ナーング・タキアンの容姿や行動は、タイ人が理想とするタイ人女性像で、誰からも愛される存在だ。ただし、怒らせれば酷い目に遭《あ》う。

タキアンはフタバガキ科の樹木で、タイやベトナム、インドなどの熱帯に広く自生する。日本にはフィリピンなどからラワン材（ベニヤ板などの合板）としてこの種の木材が輸入されている。タイでは家や船の材木に使用される。

フタバガキ科の樹木は成長が遅いうえに材木として使用するために伐採量が多く、最近は自生するタキアンよりも植樹の方が多くなっているとされる。精霊が宿る大切な木を伐採するのかという疑問を持った方もいると思うが、ナーング・タキアンはすべてのタキアンに宿っているわけではないので、精霊の宿らないタキアンなら切ってしまっても問題はない。このあたりはタイ人の合理主義的な一面ともいえる。タキアンは木材としては使い勝手がよく、切らないわけにはいかない。そのため、タイ人はメリットの大きさを天秤にかけ、傾いた方向に動く。細かいことは気にしない、南国的な考え方がタイ人なのだ。

一方で、「ナーング・タキアン」が宿るタキアンにも需要がある。ナーング・タキアンのいる木で造った船や家には幸運がもたらされると信じられているからだ。結局、精霊がいてもいなくても切るのは、単純には前述のようにメリットを優先している。だが、もちろん、勢いで切ってしまうわけではない。精霊に祈りを捧げ、伐採の許可を得られれば切ってしまうことができる、というのだ。ものは考えようで、タイ人らしい対処法である。

そんな精霊が宿るタキアンが家や船に加工されると、ナーング・タキアンも姿を変える。材木になっても木から離れずちゃんと精霊として残っていれば「ピー・バーン・ピー・ルアン」に、また、船になれば「メー・ヤーナーング・ルア（あるいはメー・ヤーナーング）」と呼ばれるようになる。

ピー・バーン・ピー・ルアンは、家を守ってくれる神でもある。土地を守る神と解釈されているので、元々神のひとりでもあるナーング・タキアンがこれになったと考えることもできる。ただし、土地を守る神は、タキアンを使っていない家屋にも宿るので、必ずしもピー・バーン・ピー・ルアン＝元ナーング・タキアンとは限らない。要するに、タイの樹木には種類に関係なくテワダー（天使）が宿り、それが木についてくればタキアンでなくても守り神としてのピー・バーン・ピー・ルアンを得られる。

そもそも、ナーング・タキアンを熱烈に信じている人のなかには、家屋をタキアンで造ることを好まない人もいる。先に触れたとおり、タキアンが土に根を張っている正常の状態であれば、ナーング・タキアンは女性らしく優しい霊ではあるものの、一度怒らせれば人を呪い殺す恐ろしい悪霊へと変化してしまう。そのため、タキアンを切りたくないという人も少なくない。恐れる反面、精霊の家を人間の都合で奪いたくないというタイ人の優しさでもある。

タキアンの木材で船を造った場合を見ると、船に宿る精霊であるメー・ヤーナーングは、

1 語り継がれるタイの怪談

イスラム教徒の多いタイ南部でも信仰があるほどで、タイ全土で水辺の村落や漁民に信じられている。

タイの南部はマレーシアと地続きである関係から、中東からインドネシアやシンガポール、マレーシアを経由してイスラム教が伝わった。住民もマレーシア系の人種が少なくない。日本ではあまり知られていないが、マレーシアと接する深南部と呼ばれる三県(パッタニー県・ヤラー県・ナラティワート県)は爆弾テロが頻発し、日本外務省は二〇〇四年から継続して危険レベル三の「渡航中止勧告」を発令している。タイ南部にも仏教徒は多いものの、共存しなければならないことから、バンコクや北部、東北部などとは文化的な雰囲気が異なると言ってもいい。しかし、そんな場所であっても、メー・ヤーナーングの信仰が存在するのだ。

タイでは船の舳先《へさき》に布を巻いているものが多く、それがまさにメー・ヤーナーングを祀《まつ》っている様子だ。結局のところ、家を守るピー・バーン・ピー・ルアンと同じで、こちらの精霊も必ずしもタキアンとは限らない。

メー・ヤーナーングの語源は諸説あり、母を意味するメー、父方の祖母のヤーという意味があることから、女性全体を指し、たとえば優しい女性たちとでも言いたかったのだろうか。もうひとつの説は、元々ヤー・ナーング(あるいはヤーナーン)という、日本にはない蔦状《つた》の植物を舳先に巻いていたことから、メーナークのように親しみを込めて、ヤーナーンの母としたのかもしれない。どの説を取ってみても、女神というような意味合いが含まれているようだ。

結婚したい男性続出のナーング・ターニー

ナーング・タキアンは、メーナークとは違い実体はなく、人間に憑依することもない。総称的に霊をピーと呼ぶが、土地神や守護霊なども含む。そのため、ナーング・タキアンもピーとは呼ばれるものの、タイ人は特に土地神と見ている。

こういった木に宿る精霊はほかにもある。「ナーング・ターニー」だ。ナーング・タキアンと同じ樹木の神「ルッカ・テワダー」のひとりで、人間から好かれる精霊である。こちらはどちらかというと若い女性という印象があるので、ターニーさん、あるいはターニー姉さんといったニュアンスとして訳してもよさそうだ。

ナーング・ターニーはグルアイ・ターニーという木に宿る。この木は、三、四メートルほどの高さの木で、グルアイ、つまりバナナの木の一種だ。このバナナは野生のバナナと別に呼ばれるもので、種が多く、食用にはなりにくい。

ナーング・ターニーはナーング・タキアンに似ている部分がたくさんある。まず、すべてのグルアイ・ターニーに宿っているわけではないこと、周囲を荒らされるのをとても嫌う美

上／南部の漁師が舟の先に布を巻いて、メー・ヤーナーング・ルアを祀っていた　下／タイ海軍が使っていた日本製軍艦の舳先にガルーダを配しているが、これも一種のメー・ヤーナーング・ルアだ

しい女性の精霊で、なにもしなければ特に危険なことはないことだ。ただし、危険がないのは、女性にとっては、という限定つきの話である。

ナーング・ターニーは容姿がとても美しく、ときに男性は相手が精霊とは知らずに恋をしてしまうこともある。美貌とセクシーさを兼ね備えた精霊で、これもまたナーング・タキアンと同様に、タイ女性の一面を象徴している。そんなナーング・ターニーに一目惚れしてしまうと、男性は働かなくなり、また精気を吸い取られて痩せ細り弱っていく。

そのため、グルアイ・ターニーの木を自宅敷地内や近辺に植えたくないという世帯も少なくない。そもそもナーング・ターニーは、グルアイ・ターニーの葉を一枚でも切り取ろうものなら、その家に災いをもたらす。家の者が亡くなるなど、加護の代わりに跳ね返ってくる不幸が大きすぎるのだ。気性が妙に荒い点もタイ女性の特徴のような気もするが。

タイ女性は東南アジア内でも美しさや奥ゆかしさで人気がある。日本女性にも通じる部分も多く、きれい好きであり、相手を立てる気遣い、そしてスタイルや顔立ちのよさなど、タイ人男性からも評価が高い。一方で、気が強い面もある。性別に関係なくタイ人は怒りが沸点に達しやすく、一度怒ったら前後の見境がなくなる。女性も同様で、ときには女性が暴力を振るうこともある。そのため、タイ人の家庭にはいわゆるかかあ天下も少なくない。

タイは男女比率でわずかながら女性が多いのだが、異性との出会いがない男性や、好奇心旺盛な男性のなかには果敢にもナーング・ターニーに会ってみようと考える人もいる。そんなとき、呼び出す方法には諸説あり、最も主流な方法は、ナーング・ターニーが宿るグルアイ・ターニーの根元に小便をすることとされている。あるいは男性器を根元に擦りつける場合もある。これが、きれい好きな精霊に対してすることだろうか。見初められれば精気を吸い取られるのは、たんに復讐されているような気がしないわけでもない。

ただ、近年はナーング・ターニー自身も少し変わってきている。男性がナーング・ターニーと契りを交わし婚姻関係になると、精霊はこれもまたタイ女性の特徴的な一面である、相手に尽くす女になるという。男性としては、これ以上はないというよき妻になってくれるのだ。ただし、ほかで人間の女性と結婚しようものなら、その男性と女性の双方に不幸が訪れる。

とはいえ、現実的に跡取りや家督を継ぐ必要も出て、どうしても人間の女性と結婚しなければならないとき、正直に話をすればナーング・ターニーは身を引いてくれる。そういった意味でも、ナーング・ターニーは、古き良きタイ女性の象徴のようである。昔からタイの女性は気が強いのだが、特に近年は欧米化していることもあるし、男女平等という考え方が一般的になったことから、（あくまでもタイの男性目線で言えば）男性を立ててくれる女性は減った。ナーング・ターニーのように相手を想うからこそ身を引いてくれる姿に、タイの男性は精霊であるとわかっていながらも、出会いを求めてしまうのかもしれない。

「木」が転じて違うものに宿ってしまう精霊

ほかにも木に宿る精霊はたくさんいるが、「ピー・サオ・トック・ナムマン」という精霊に注目したい。サオはプレートの見間違いだといわれた巨大ブランコ「サオ・チンチャー」のサオと同じで柱といった意味になる。ナムマンは油、トックは落ちる。つまり、水や樹液が油のようにしたたる木にピーが宿ると信じられている。

ピーが宿るサオ・トック・ナムマンを建築物に利用すると、多くのケースで不幸になるとされる。ナーング・タキアンやナーング・ターニーは扱いさえ間違えなければ幸せになれる精霊であるが、ピー・サオ・トック・ナムマンは逆なのだ。

単純にサオ・トック・ナムマンを使わなければいいだけの話ではあるが、そう簡単にはいかない。というのは、サオ・トック・ナムマンは自生している段階では表面に油が浮いていないことが多く、建設が完了して時間が経ってから発現することが大半なのである。ただ、これは実は説明がつく事象で、たんに樹木が乾燥したり、熱を受けたりしたために樹液などが表面に浸み出ている自然現象にすぎない。

バンコクで有名なピー・サオ・トック・ナムマンは、富裕層の若者に人気のクラブが建ち並ぶ、ＲＣＡ（ロイヤル・シティー・アベニュー）にある。一九九〇年代に出現した、ペッブリー通りや、日本人御用達の総合病院であるバンコク病院の近くにある通りで、日本人

供え物が大量にあった、RCAのピー・サオ・トック・ナムマンのメー・ジュラマニー

企業駐在員が暮らすトンロー通りのエリアと、バンコクの下町であるホワイクワンという地区のちょうど中間辺りにある。この道沿いで営業するクラブは規模が大きく、タイでは先端の音楽で踊れることから、客層は特に富裕層が多い。入場料やドリンク代が高いからというのもあるが。

このＲＣＡにあるピー・サオ・トック・ナムマンは、驚くべきことに樹木ではない。木に宿る精霊は多いが、サオは柱という意味であることから、なにも木ではなくてもいいではないかという解釈なのかもしれない。メーナークもいつの間にか宝くじの神様のようになっていることから見ても、タイ人の拡大解釈への思考ステップは興味深いものがある。

件《くだん》の、ＲＣＡの精霊ピー・サオ・トック・ナムマンは、モルタルの柱に宿っている。そこに宿るとされる「メー・ジュラマニー」という女性霊がたびたび目撃されているのだ。直訳すればジュラマニー母さんなので、ピー（霊）という怖さもない。

実際にその場所に行ってみた。ＲＣＡはクラブや飲食店が夜になってから開店する通りだ。ピークタイムは午前〇時前後となるが、その時間帯だと周辺は混雑するので、僕は早めの一九時ごろに出かけた。この時間帯は、ＲＣＡではある意味まだ早朝だ。閑散とした通りを進む。目的のメー・ジュラマニーは、壁のように連なったビルの地下駐車場の一角にいる。事前情報では、柱はブロックＥにあるということで、徒歩でそのビルを探した。

ブロックＥは思いのほか簡単に見つけられたが、横に長い区画なので柱そのものがどこの辺りにあるのかはわからない。そこで、とりあえず適当に地下に繋がる階段を見つけて、そこを降りてみた。階下に降りた途端、僕はドキリとした。目の前にメー・ジュラマニーの柱が現れたからだ。人によってはこの柱はなかなか見つけられないらしい。そういった人はピーに呼ばれていないからだとタイ人は言うが、僕は適当に階段を降りただけでたどり着いてしまった。

ブロックＥに駐車する車はまばらだった。このビルは、日中はオフィスビルになっているので、決して利用率が低いわけではないはずなのに。退勤時間としてもちょうどいい時間帯のはずなのだが、人影はまるでなかった。

そんなメー・ジュラマニーの柱には、躯体《くたい》そのものが見えないほどタイの民族衣装が重ねて置かれていた。メー・ジュラマニーのために供える人があとを絶たないのだろう。柱の下には、ナムデーン（赤いジュース）も無数に置かれている。不思議とそれにたかるアリやハエなどの虫はいない。タイのアリは、たとえば砂糖を少し床にこぼしたとき、どんなに急いでも、布巾を取って戻ってきたときにはすでに列を作っているほど貪欲だ。それなのに、蓋の開いたナムデーンの瓶にたかるアリは一匹もいない。

ＲＣＡのメー・ジュラマニーは二〇一五年ごろから広まり始めた。優雅に歩き、柱の中に消えていく姿が噂を呼んだ。そんなメー・ジュラマニーが消えていく柱は、なぜかいつも濡れていて、油で光っているように見えるという。僕が見た柱は民族衣装で隠れていて見えなかったが、まさにピー・サオ・トック・ナムマンの条件に合致するのだ。

その後も美しい精霊はときおり姿を見せ、その目撃情報が相次ぐ。主に一九時から二〇時の間だ。タイ人の話によれば、おそらくこの建物ができたときからこの柱はあるというので、一九九〇年代には存在したと見られる。このビルで当時から働いていた人の大半がすでに転職しているので詳細は不明だが、噂ではビル建築以前にこの柱が立った場所で亡くなった女性がいて、建築作業員の夢に出てきたことから供え物を置くようになったのだそうだ。そして、その建築作業員の全員が宝くじで大当たりしたことから、ここの精霊は金運の神とされている。ここで熱心に祈りを捧げることで宝くじが当たるのだという噂が、一五年ごろにネットで流れ始めたのだ。

また、メー・ジュラマニーがほかの木に宿る精霊と違う点は、彼女は誰ひとりとして不幸にしない、幸せだけをもたらす精霊であることだ。ナーング・タキアンもナーング・ターニーも怒らせてしまえば災いをもたらすし、本来のピー・サオ・トック・ナムマンは自分の住処を勝手に家などに使われたことに腹を立てているから、そこに関係する人を不幸にする。しかし、今のところ、RCAのピー・サオ・トック・ナムマンで不幸な目に遭《あ》わされた話はどこにもないのだ。

タイで最も愛される悪霊であるメーナークの現在もそうだが、いまは幸福の神ではなく宝くじの神様である。タイにおいては人の幸せは結局現金という数字に表れる。実にタイらしい行く末を迎えた女神である。

7―ピー・ジャクラ

タイに「ピー（霊）」は数あれど、動物霊がほとんど存在していない。タイ人同士で話しても、どうしてなのか理由がわからないほどその例は少ない。

1　語り継がれるタイの怪談

日本では動物霊というと、タヌキやキツネが低級霊の代表として語られることが多い。先にピー・トゥアイゲーウで紹介したこっくりさんも、元は「狐狗狸」という文字どおり動物霊の集合体との説がある。

タイには、そもそもタヌキとキツネの棲息はないに等しい。タイ在住およそ二〇年の僕自身、生活していてタイ人の口からタヌキやキツネという単語を聞いたことがないほどだ。また、タイにおいてはピーに低級も高級もないということもある。日本では動物霊が散見されることを話すと、もちろん怪談好きのタイ人ならある程度は知っているが、まったく興味がないタイ人だと動物の霊がいることそのものが理解できないといった顔をされる。

ただ、そんなタイでも動物霊がまったく存在しないわけではない。現代におけるタイの実話怪談でも、飼っていたイヌやネコが会いにやって来た、といった日本でもよくある類《たぐ》いの、ほのぼのとした体験がときどき聞かれるようになっている。古典怪談のなかではまず動物霊は見ることがなく、僕が知る限りでは「ピー・ジャクラ」しかない。

ピー・ジャクラは日本で言うところの「化け猫」にも似た存在で、簡潔に紹介すれば、ネコのピーである。しかし、日本の化け猫とは性格も、存在している理由もまったく違っている。ピー・ジャクラは、一般的な人が遭遇することはほとんどないとされ、その正体や実体はよくわかっていない。

タイにはイヌだけでなく野良ネコも多く、のんびりと暮らしている

タイの化け猫は呪術に利用される

ピー・ジャクラは、南部では「ピー・ルアン」とも呼ばれる。野生のネコに似ているとされるが、サイズはいわゆるイエネコと同じようで、一般的には普通のネコとピー・ジャクラの見分けはつかないほど、容姿に特徴はない。

一般のネコと違う点は、目が血のように赤い色をしていて、昼間に見ても足元に影がないというくらいしかない。性格は臆病で人間を敬遠しているので、人が近づいてくると姿を隠してしまう。そのため普通に暮らしていればピー・ジャクラに出会える確率は限りなくゼロに近い。

日本の化け猫の毛色については黄色や黒などあるようだが、タイのピー・ジャクラは黒猫であるということが通説である。化け猫も近年は尾がふたつあるわけではないとされるようになってきたようだが、ピー・ジャクラは元々尾の特徴に関しては特に記述は見当たらない。

また、出自には二種類あり、そのあたりは化け猫と共通点がある。まずひとつは、家で飼育されているイエネコが祟られて変化したと考えられている。ただ、日本の場合は年老いたネコがなると言い伝えられていることが多いのに対し、ピー・ジャクラは年齢ではなく、生肉や生き血を好む凶暴なネコがなってしまうようだ。化け猫も殺された飼い主の血を舐めることで化けるということだが、タイは誰の血という設定はないようだ。

前述した東北地方の悪霊ポープは動物の生肉や血を食べるとなりやすい。東北地方にはゴイ・ヌア（地域によって呼び名が違う）という生肉と血や内臓を生のまま混ぜて食べる料理があるが、誰にでも好まれるものではない。肉や魚を生で食べる習慣があまりない国なので、生肉や血は嫌われているために化けてしまう原因のひとつだと考えられているのかもしれない（五一ページ写真参照）。

もうひとつは山中で自然発生するパターンだ。タイ語では「オーパーティカ」と呼ばれる状態で、精霊や天使、仏教の餓鬼であるプレートのように、親にあたる生んでくれた人や動物が不在のまま自然発生した存在だ。

ピー・ジャクラは一般の人の目に留まることはなく、人間が近くに来るといなくなってしまうにもかかわらず、その容姿について情報があるのは、呪術師や霊媒師がピー・ジャクラを飼い慣らしていることもある、とされているからだ。呪術師はピー・ジャクラを敵対する誰か、あるいは霊などと戦わせ、自分たちの身を守る。ピー・ジャクラは忠実なネコであり、ひとりの主だけに仕える。その性質を呪術師らは利用しているのだ。この点は、西洋の魔女が連れている使い魔の黒猫にも似ている。タイは以前の王朝の時代、つまり何百年も昔から国際貿易都市だったので、西洋の文化にも共通するものがあっても不思議ではない。

タイに動物霊が見られない理由とは

タイも近年はペットブームで、イヌやネコを飼う人が増えてきている。犬種を言えば、バンコクではポメラニアンやトイプードルなどの小型犬が人気だ。一方、富裕層には毛並みの美しさからゴールデンレトリーバーなどに人気が集まる。なかには誰も飼っていない珍種を求め、シベリアンハスキーや秋田犬など熱帯に向かないイヌを飼おうとする人もいる。

サービスも充実してきて、動物病院も増えたし、バンコクならドッグランやペット同伴が可能な飲食店なども出てきて、ペットライフは充実してきている。ペットの葬儀を行う施設も登場し、タイもペットと人の関わり方が変化してきている。

これまでのタイは、動物に対してやりたい放題の国だった。タイの動物愛護法「動物虐待防止および動物愛護法」も二〇一四年一二月に改正されたばかりで、やっとペット虐待などに対する法令が強化されてきた。しかし、タイ人のマインドはあまり変化していないので、飽きたら捨ててしまうといった人もいまだ少なくない。刑罰も、理由なく殺したり虐待したりすれば二年以下の懲役か四万バーツ（約一四万円）以下の罰金、もしくはその両方を科せられるが、不適切な飼い方や放置、あるいは身勝手な理由で捨てるといった程度では四万バーツ以下の罰金だけで済んでしまう。動物を飼えるだけの生活的余裕がある世帯なので、この罰金額では愛護法の抑止力は改正後も低いままなのだ。週末市のペット売り場で珍しい動物、爬虫類などを仕入れ、それを小遣い稼ぎに日本に持ち帰ろうという日本人観光客も年に何人か逮捕されている。ところが、これも大々的に報道はされるものの、大した懲罰はなく、せいぜい数万円程度の罰金で釈放されてしまう。

バンコクの旧市街でもあるチャオプラヤ河西岸のエリアにパタという地元民向けの商業施設があって、その屋上は民営の動物園になっている。そこには違法に飼育されている動物も多数おり、多くの愛護団体から糾弾されているものの、いまだ営業している。さらに、バンコクとは南側で隣接するサムットプラカン県に、都心に最も近いワニ園で知られるサムットプラカン・クロコダイルファーム＆ズーがある。ここも二〇一八年一二月に動物虐待の疑いで家宅捜索を受けている。

太平洋戦争時に、日本軍がミャンマーへ進攻するルートとして泰緬《たいめん》鉄道を敷設していたカ

サムットプラカン県のワニ園ではトラと撮影もできるが、噛まれない保証はない。

ンチャナブリー県はミャンマーに近い山岳地帯で、温泉や泉があるなど見所も多い。そんな県内には タイガー・テンプルと呼ばれた「ワット・パールアンターマハーブア・ヤーンナサムパンノー」がある。見物客は寺院で飼育されているトラに接近して写真を撮ったり触ったりすることができるので、人気を博した観光スポットであった。

ところが二〇一六年、取材に入ったメディアが寺院内の冷蔵庫を開けてみたところ、ワシントン条約に抵触する、トラを原料にした製品が多数保管されていた。中国ではトラの身体が漢方薬の原料になるので重宝される。寺ぐるみで金儲けをしていたのだ。

そういった悪徳な動物関連業者はいま

1　語り継がれるタイの怪談

だに多い。しかも、タイではそういった話はメディアには出るものの、深く議論されることはない。仏教の「六道《りくどう》」においては、動物は畜生道にいるので人間よりもずっと下層の生き物とされるからだ。

　そんな事情もあって、タイ人にとっては動物に喩えられることは最大の悪口や罵倒になる。たとえば「クワーイ」と言うと、直訳は水牛であるが、スラングでは馬鹿とかアホとかいった意味になる。友人同士ならともかく、見知らぬ人に冗談であっても自分が動物に喩えられたら激怒することは間違いない。

　だから、タイ人は低級な動物にウィンヤーン（魂）があるはずはないと思っており、それがましてやピー（霊・精霊）になるとは想像もしない。そのため、タイでは動物霊の話があまり存在しないのだ。

　芥川賞作家の開高健は、従軍記者として戦争真っ只中のベトナムに赴き、何度かタイにも来ていたようだ。ご存じの人も多いとは思うが、氏は無類の釣り好きで、『地球はグラスのふちを回る』という著書に所収されている「釣れるものは全部釣り上げたい」の中で、当時のタイでの釣り経験などと共にタイの釣り人に関してこう言っている。

「それがバンコックへ行くと、仏教の殺生戒のせいだけじゃないと思うんだけど、遊びで釣りをしてる人がいないんだ。」

　おそらく一九七〇年代（昭和五〇年代）前半か、それ以前にバンコクで見てきたことを書

架空のライオンであるシンは狛犬として寺院の入り口に座っている

いていると思われるが、たしかにいまもタイ人にとって釣りは遊びではなく食材を確保するための「狩り」である。ここ数年でスポーツフィッシングと呼ばれる、趣味・娯楽として釣りをする人が出てきた程度だ。

タイ人は動物を愛でるより、食べる方を優先する。北部では、シカやイノシシなどの野生動物をよく食べるし、魚やそのほかの家畜も好んで食べる。そのため、感謝の気持ちはあるにせよ、彼らは動物を乱暴に扱っても罪悪感は芽生えない。

先ほども述べたように、いまではタイでもイヌやネコなどのペットを大切にする人が現れている。そういった一部のタイ人のなかには、動物霊は存在していると肯定し始めている人も出てきた。ただ、そんな人たちでも、人と動物とでは注ぐ愛情の分量が違うとは認めている。より大切な人間がピーとなって目の前に現れたら、それが幽霊だと認識できるものの、動物は大切にするようになったとはいってもそこまで愛情をかけているわけではないので、もしもピーとして自分の元に戻ってきても気づきにくいのではないだろうかという。

いまはまだ動物霊が少ないものの、今後、タイも日本人のように動物を飼う人が増えてくれば、なにらかしら動物霊の目撃談が相次ぐようになるのではないだろうか。

8 交通事故死と魔のカーブ

日本では死亡交通事故の現場に被害者が地縛霊となって立っているといった噂がよく流れ、気の小さかった子どもの僕はひとりでその場所を通らなければならないときは足早に通り過ぎたものだ。タイも同じように交通事故現場がときに心霊スポットになる。それがもし昔から頻発する事故多発地帯だとすると、いつしか古典怪談のように語り継がれる場所になることもある。

タイは交通事故大国と言える。二〇一五年に「世界保健機関（ＷＨＯ）」が発表している世界の交通事故死者の統計では、タイは人口一〇万人あたりの死亡者数が約三七人だった。これは日本の八倍ほどで、世界ランキングでは第二位になるレベルだ。別の統計ではタイが世界一というものもあるなど、いずれにしても事故が多い国なのはたしかだ。これほどまでに事故が多い背景には、道路整備といったインフラ面の問題だけではなく、運転手たちの交通マナーの悪さと、運転技術の低さが挙げられる。

警察が見ていなければなんでもありというレベルで、逆走や標識の無視は当たり前だ。悪い言い方になるが、かつてのタイは国民に購買力がないうえに車のような贅沢品が高価だった（いまも高いが、所得水準が買えるレベルに上がった）。そのため、車がステータスシンボルであり、富裕層だけが自家用車を持てるという世界だった。インドのカーストとは違うが、タイの社会には見えない階級があり、富裕層、中流層、低所得者層で、それぞれが足を運ぶ飲食店やプレイスポットははっきりと分かれている。そんな世界なので、歩行者よりも車が偉いという風潮が前提にあり、運転手にマナーなどが要求されないまま交通社会が拡大してきた。

また、タイは日本と違い、富裕層と貧困層の所得格差が大きいうえ、手にしている権力も違う。極端に言えば、ハイパー富裕層はなにをしても刑務所に行くことのない国だ。たとえば、芸能人が歩行者やほかの車を巻き込んで事故を起こし、最悪のケースでは死者が出ていても、逮捕はされない。むしろ、遺族も多額の慰謝料（といっても日本円にすれば数百万円程度）を受け取れば、マスコミに「彼（加害者）はいい人だ」と養護してしまう。

飲酒運転も多い。近年は罰則が強化されたものの、罰金はせいぜい一万バーツから二万バーツ程度である。日本円で三万五〇〇〇円から七万円くらいだ。逮捕時に保釈金を払えば、翌日あるいは翌々日、裁判所に出頭するだけなので、実質、たった二日拘束されるだけなのだ。それなりの所得があれば罰金額にも当然、抑止力はいっさいなく、そもそも公共交通機関があまり発達していないのでは、酒を飲みに車で出かける人が減る要素がない。

マナーの悪さ、運転技術の低さは運転免許証が異様に簡単に取得できることも背景にある。日本の陸運局にあたる施設で筆記試験と実技試験を受けるだけだ。以前は免許を取得するという概念すらなかったし、二〇〇三年七月いっぱいまでは永久免許証が発行されており、一度取得してしまえば更新の必要がなく、一九年においても既に取得されたものに関しては有効である。

いまごろになって車を運転するにはきちんと免許を取得しなければならないということが常識になった。とはいえ、筆記と実技を同じ日に受けられれば、たった一回だけ陸運局に行くだけで取得できてしまう。実技試験は前進・停止・幅寄せ・切り返し・縦列駐車・S字カーブ・坂道発進くらいしか行われないので、数時間の練習で合格できる。学科試験は五〇問中四五問の正解が必須と、数字だけ見れば難易度はそこそこだが、陸運局の担当官が甘いと適当に合格させてくれるようだ。聞いた話では、ちょっとかわいらしい女の子なら男性試験官が横について答えを教えてくれながら学科試験を受けられるという。

タイの車は車検も簡単なブレーキテストを行うだけだ。とにかくタイでは自動車という凶器が公道を走っているとしか言いようがない。

バンコクなら一方通行の多さや劣悪な信号システムにより大渋滞が発生し、昼間こそ死亡事故は起こりにくいが、夜間はどこも危ない。タイ人は特にカーブだけはそろりと走るが、直線はアクセルを床まで踏み込むほど飛ばす。そうして交通事故が増加するのだ。ここではそんなタイの交通事故現場で起こる心霊現象を見ていこう。

直線道路で手招く大学生の地縛霊

バンコクの中心から見て北寄りにラートプラオ通りがある。バンコクの地下鉄バンコク・メトロ（ＭＲＴ）が通過する下町の大通りだ。この通りの起点となる西端は週末市のチャトチャック・ウィークエンドマーケット近辺に繋がり、東方面は庶民向けのデパートチェーンのザ・モール・バンガピがある。ここは日本のアイドルユニットであるＡＫＢ48の姉妹グループ『ＢＮＫ48』が劇場を持つデパートだ。

ラートプラオ通りやこの通りに接続するセーリータイ通りにも怪奇現象が絶えない病院や老婆の悪霊が徘徊する空き家など有名なスポットがある。そんなラートプラオ通りのソイ六四は交通事故に起因する心霊スポットがある。

ソイというのは、大通りであるタノンに対する小路を指す。タイ語で「ソイ六四、タノン・ラートプラオ」と言うと、ラートプラオ通りの六四番目の小路ということになる。タイ、特にバンコクの住所は番地とソイとタノンで構成される。この住所構成には初めて訪れる場所でも比較的簡単に目的地にたどり着けるというメリットがある。ソイには必ずタノンの起点を背にして左が奇数、右が偶数というルールもあるからだ。ただ、近い数字が向かい合っているとは限らないので、たとえばソイ五〇の向かいがソイ四九あるいは五一とは限らない。ソイ六四が目的地なら、奇数側は無視して、六〇、六二と偶数を順番に見ていくといい。

話を現場に戻すとラートプラオ通りソイ六四の前にある歩道橋に、かつて大学生数人が乗った車が飲酒運転で激突したという。タイではよくあることで、いまではそれがいつ起こった事故なのか記録を追うことはできない。いずれにしても、ほんの一〇年前まではシートベルトをするという概念すらなかったような国なので、猛スピードの車は大破し、死体が波に打ち上げられた魚の大量死のように道路に転がったそうだ。

タイ人は飲んでいなくても直線を飛ばすので、飲酒運転ならなおさら危険運転をする傾向にある。そんなラートプラオ通りの事故現場にはその大学生らが地縛霊となって立ち、誰かがここでまた死んでしまうよう手招きをしているという。

タイでは、自然死以外の死に方をターイ・ホーンといい、自然死よりも悪霊と化しやすいと信じられている。霊の世界では、当初は普通のウィンヤーン（霊魂）だったものが、この世や思い残したことに固執するあまり、その念が熟し腐って悪霊になるとされている。こういった突然死んだウィンヤーンから発生した悪霊のことを、タイ語ではピー・ターイ・ホーンと呼ぶ。そして、ピー・ターイ・ホーンが自ら成仏するためには、ほかの命を身代わりに用意する必要があるとされる。

そんな彼らの仕業か、タイの大手新聞社『タイラット』のオンライン記者が一般市民の連絡を受け、二〇一七年五月四日、この現場に来た顚末がある。このソイ六四の入り口は丁字路になっているのだが、この信号が深夜〇時になると、すべての色が灯ってしまうという不具合が生じる。赤青黄色が点灯した信号を目撃した運転者たちはみな混乱し、交通事故を誘発しかねない。記者らが警察に問い合わせてみると、実はすでにその数か月前に苦情が入っており、バンコク都が修理を行っていると返ってきた。しかし、いくら直してもまた同じようになるということで、お手上げの状態なのだそうだ。

この歩道橋の大学生らの悪霊は、そもそもほかの霊に招かれて死んでしまったものなのか、それとも死んでしまったことに気づかない彼らがここからどこにも行けなくなったのか。そして、今は大学生らしく頭を使い、効率よく人を引き込むために信号を操作しているのだろうか。残念ながら、その真相を彼らに聞くことはできない。

1／語り継がれるタイの怪談

上／ラートプラオ通りソイ64の信号は霊障で壊れているのだろうか
下／ラートプラオ通りソイ64交差点では車が猛スピードで通過するため、カメラに写らない

実はあまり事故が起こらない魔のカーブ

アクセルを全開にするために直線道路での事故が多いタイだが、運転手が慎重になる傾向にある湾曲した道路なのに吸い込まれるように人々が殺されていくという魔のカーブも散見される。

タイ北部のチェンマイ県中心地のすぐ北側にあるメー・リム郡を貫く国道一〇七号線のカーブは、特に事故多発地帯ということでタイ全土的に有名だ。見通しは悪くないのだが、S字カーブに横道がいくつも接続され、衝突事故が数えきれないほど起こっているという。このカーブは「一〇〇人死体のカーブ」と呼ばれるようになった。

バンコクで有名な魔のカーブはラチャダーピセーク通りソイ三六の前にある、かなり緩やかなカーブだ。ラチャダーピセーク通りは下町を通り抜け、ドンムアン国際空港や北部、東北部へと繋がるウィパワディー・ランシット通り、さらに進めばチャオプラヤ河を越えるラマ七世橋やノンタブリ県、旧市街トンブリ方面に行くことができる、バンコクでも主要な幹線道路だ。

ソイ三六は、僕が救急救命の慈善団体・報徳堂にボランティアとして登録したときから一〇年ほど所属していたチームが管轄していた。この辺りに待機して事件や事故があれば急行するのだが、少なくとも僕が所属していた期間にこのカーブでは一度も事故は起こっていな

1 語り継がれるタイの怪談

この交差点付近に「100人死体のカーブ」がある

い。魔のカーブという噂に気をつけるようになったからなのか、それとも元々都市伝説のようなもので、実際に事故は起こったことがなかったのか。

このカーブ近辺には中央分離帯が設けられている。やや幅があり、芝が敷かれ、等間隔で木も植えられている。しかし、まさにそのカーブには周囲と違い一本だけ大きな木がある。この木に精霊が宿っていると考えられ、タイ人は色とりどりの布を巻き、民族衣装を供え、シマウマの置物を置いている。詳しくは三三六ページで紹介するが、シマウマの置物は現代タイにおいては心霊スポットや死亡案件が起きた場所の象徴でもある。やはりここがそういった危険地帯だとタイ人が認識している証拠だ。

上／ラチャダーピセーク通りソイ36はバンコク都内随一に有名な魔のカーブだが、事故を見たことがない　下／ラチャダーピセーク通りソイ36の神木にシマウマの置物もあった

チェンマイの「一〇〇人死体のカーブ」は現実的に事故が多発しているそうだが、実際には事故が起こっていない場所も、付近の住民や通行者はあたかも事故があったかのように怖れる。この気持ちが霊を呼び寄せ、魔のカーブと化してしまっているのではないかと僕は疑っている。

魔のカーブには通行マナーがある

各地に存在する魔のカーブでは、日本人の目からすると奇妙に映る習慣がある。たくさんの魔のカーブを僕は見てきたが、そこを通る運転手たちはどこも基本的には同じことをして、事故という災難が起こらないように努めていた。

それは、魔のカーブに祠《ほこら》や神木があれば、そこに向かってクラクションを三回鳴らすことである。そこにいるなにかに対して、運転手たちは「いまからここを通りますので、よろしくお願いします」といった意味合いを込め、クラクションを鳴らして挨拶するのだ。

日本人からすると、神に向かってクラクションなどを鳴らせば逆にトラブルが起きるのではないか、という気持ちになる。一回でもそれなりにうるさいのに、三回も鳴らすとは、失礼極まりないように思えるだろう。

特にタイは銃社会でもある。一般人でも正当な理由と書類があれば銃器を購入できる国だ。

一応警察官などの認められた職業以外では携帯は許可されず、違法に持ち歩いていたら重罪に問われるが、正規の銃がある以上、紛失や盗難によってその銃が違法銃として世に出回ってしまい、どこの誰が銃を持っているかはわからない社会になってしまう。そんな国なので、誰がなにを思って運転しているかも車の外からはわからないとくれば、触らぬ神に祟りなしである。だから、タイは走行中クラクションをほとんど使わない。しかし、魔のカーブではわざわざ三回も鳴らして通っていく。

魔のカーブの祠で出会う……

バンコクから東部のリゾートで知られるパタヤに向かうバンナー・トラート通りは、スワナプーム国際空港の南側を通り、バンパコン河を過ぎて日系企業が多数入居するアマタナコン工業団地まで高架の高速道路が走る道である。途中、中華系の富裕層の子息が多く通うアサンプション大学の大きな校舎が見えてくる。周囲になにもない場所に、ひとつだけ三八階建てのビルがそびえて、異様な雰囲気がある。

この大学を過ぎてすぐのところに、ラタナコーシン二〇〇ピー通りという細い道がある。北に進んでいけば左右にバラマンディ（スズキの一種）やメコンオオナマズ、エビなどの養殖池がたくさんあり、若い釣り人がスポーツフィッシングを楽しんでいる。また、工場も多

上／東北地方の農村にあった魔のカーブの祠
下／プーケット県の市街地とパトンビーチを結ぶ峠のカーブもまた事故多発地帯になっている

いらしく、大手の下請け工場の製造品を運ぶ大型トレーラーの抜け道なので、交通量は少なくない。

このラタナコーシン二〇〇ピー通りを入っておよそ二〇〇メートルに、やはり祠《ほこら》があった。といっても、タイ語で「サーン」と呼ばれる、神や精霊の休憩所のようなものだ。古びたサーンにはたくさんの民族衣装が飾られている。たまたま前を通った人にここの由来を訊いてみたが、なにも知らなかった。ネットで検索してもここで事故が起こった形跡はない。本稿執筆時点ではグーグル・マップのストリートビューにも、このサーンは影も形もないので、それほど古いものでもないようだ。ということは、ここで事故が多発するとしたら最近の話なのだが、まったく情報がなかった。あれだけの量の民族衣装があれば、いわくつきであることは明白なのだが。

車を停めて実際にそのサーンに近づいてみる。日中は日をさえぎるものはなにもなく、道路横の運河にいた魚は苦しそうに水面で息をしていた。交通量はあるものの、緑も多いので空気が悪いようには感じない。供物は最も新しそうなものでも、一週間以上は前に置かれたように見えた。

気になったのは、紫色の衣装を着せられたマネキンだった。タイの服飾店などにあるマネキンは首がないものか、いまどきの女性の顔をして大きな口を開けて笑っている姿をしたものが多いが、ここのマネキンは昔ながらの穏やかな顔をした、普通の女性の顔といった感じ

上／ラタナコーシン200ピー通りのカーブにも祠があった
下／ラタナコーシン200ピー通りの祠は古いようでいて新しく、背景が不明である

この紫の服のマネキンにどうしても惹かれてしまう。スマホの待ち受け画面にするか思案中だ

でもあるし、ほかでは見たことがないような、まるで特注かのような優しさがあった。排気ガスのせいなのか、すすけた色合いをしていたが、マネキンの顔は非常に美しい。思わず見惚れてしまう。

　サーンをくまなく見ても、特にこれといって珍しいものはない。とりあえず僕は再びその紫色の服を着たマネキンの顔を覗いてみる。なんというか、もし彼女が現実にいる女性だったら、ぜひともつき合ってみたいところだとちょっとした妄想を心に浮かべる。

　いや、そんなことよりも、なにかこのサーンの謎をひもとく鍵を探さなくては。こういったところの定番の供え物である赤い色の飲料ナムデーンはある。ハンガーに掛けられた民族衣装はほこりをかぶっているものもあれば、まだほこりをかぶるほど前に置かれたとは思えない、比較的新しいものもあった。しかし、そんなことよりも紫の女性だ。もちろんマネキンなのでリアリティーのある顔というわけではないものの、妙に惹かれるものがある。日中の日差しもあって、目眩《めまい》がしてきた。どうしてこの女性にばかり目が行ってしまうのか。このマネキンの女性に誘われて、ふらりと大型トラックの下に飛び出していきそうな気がしてくる。僕は我に返り、すぐさまその場を去ることにした。

9　各地で行われる不思議な祭り

タイの祭りは多彩だ。精霊あるいは霊的な現象などから発生している祭りも多く、精霊信仰と宗教の深い結びつきをかいま見ることができて、タイらしさを感じさせる。

祭りというからには騒がしさはタイでもつきもので、必ず司会者のような人物がマイクを握り、ひたすら実況を続ける。これがタレントではなく、役人なのか、地元のおじさんなのか、普通の中年男性がうまい具合に場を転がし、妙に聞き入ってしまう。観客たちも屋台で食べものを買って、食べながら楽しそうに参加している一方で、祭りの当事者たちには神や精霊が降臨し、畏怖すら感じさせるようなオーラもある。たとえば、観客席と会場を分けるロープが張ってあるとすれば、外側と内側の熱量が同じようでいてベクトルが違うという不思議な空間になっているのだ。

こういった祭りは、目の前で起こっている現象がいまだ科学的に解明されていないものもあれば、信仰が強まった人の一種の奇行であったり、移民の多い国ならではのさまざまな文化の習合であったりなど、興味深い。

タイは大陸と地続きの国であることから、元より多民族国家であるうえに、近代に入ってもさまざまな国から移民が流入している。一八〇〇年代から第二次世界大戦後までは中華系移民が多かったが、タイ政府は同化政策を採っていたため、マレーシアやシンガポールと違い、華人（タイ国籍を取得した中国移民）はほぼタイ人化している。これによって、他国の中国移民文化とも違う様相になっているし、ここ二、三〇年で国境を接しているカンボジア、ラオス、ミャンマーからの出稼ぎ労働者も、イコール移民として増加している。カンボジア人は肉体労働系の仕事に就き、ラオス人はラオス語とタイ東北で使われるイサーン語がほとんど同じでタイ語が話せるため、家政婦などの仕事に多い。ミャンマー人は勤勉で人当たりがいいからか、飲食店（特に屋台や食堂）で働く姿をよく見かける。移民が集まる地域は特にタイとその国の文化が混じり合った祭りが見られ、地元民、特に移民たちの年に一度の娯楽ともなる。

一方でタイ政府や地元観光業者がこれらを観光資源として扱っているせいで、現地に足を運んでみても、オカルトチックな怪しい雰囲気などをいっさい感じさせない祭りもある。つまり多彩で、飽きることがない。

ロケットと精霊が融合する不思議「ブン・バンファイ」

東北地方で注目したい祭りは、ヤソートーン県を中心に各地で行われている「ブン・バンファイ」だ。外国人には「ロケット・フェスティバル」として知られている。

農民たちの手製竹ロケットを打ち上げるもので、東北地方では雨季に入る直前、毎年五月に行われる。まっすぐな竹に火薬を詰めて打ち上げる県もあれば、円形のものを回転させながら打ち上げるものなど、各所によって特色があり、ヤソートーンが特に大きく有名だ。ロケットが高く昇れば昇るほど雨がよく降り、豊作になると信じられている。一見、科学の授業の延長に見える祭りが、実は精霊信仰や、東北地方に伝わる民話、あるいは神話に関係したものなのだ。

「ブン・バンファイ」の起源はタイ東北地方やラオスに伝わる民話『タムナーン・パヤー・カンカーク（パヤー・カンカークの伝説）』に由来する。パヤー・カンカークは今から三〇〇〇年前に東北地方やラオスの辺りにあった国の王の名前だ。カンカークはタイの標準語ではカーンコックと呼ばれ、すなわちヒキガエルを指す。

王妃シーダーから生まれてきたのはカエルの姿をした王子だった。妃は驚き、霊媒師であり医師でもあるモー・ピーに相談すると、この国に幸福と繁栄をもたらすと言われ、夫である王と共に息子をパヤー・カンカークと名づけて育てていく。モー・ピーの予言通り、パヤー・カンカークは立派な国王になり、国も繁栄して、国民からも慕われるようになった。

しかし、これをおもしろく思わなかったのは「ピー・ファー（空の精霊）」のパヤー・テーンだった。民衆が空に祈りを捧げなくなったからだ。パヤー・テーンは再び覇権を握るため、雨を止め、七年七か月七日間、王国を日照りに追い込む。

国民が干ばつで苦しむのを見て怒ったパヤー・カンカークはパヤー・テーンを討伐するため、「パヤー・ナーク（竜神）」やあらゆる虫、動物たちを集めて一斉蜂起した。そして勝利したパヤー・カンカークは、空の神パヤー・テーンに「雨が必要なときには合図をするから、すぐに雨を降らせるように」と命じた。

これが民話の概要だ。地域によってパヤー・ナーク、すなわちインド神話に出てくるヘビの神たち「ナーガラージャ」がパヤー・テーン側の子分だったり、王国の名前がチョンプー王国やインタパット王国だったり、ディテールが違う場合もあるが、概《おおむ》ねこのような物語になる。

ブン・バンファイはこれに従って、雨季が始まる直前の五月に花火を打ち上げる。ただ、手製ロケットなので発射直前に爆発して死傷者が出るなど、ちょっとした奇祭でもある。それでもタイ政府観光庁はこの祭りを観光収入のひとつと見て、いまは大々的に開催している。

いまだ科学的な解明がされていない「バンファイ・パヤー・ナーク」

タイ国内には科学ではまだ解明されていない現象がある。その代表格が「バンファイ・パヤー・ナーク」だ。本来は自然現象を指すものだったが、タイ政府観光庁の日本語サイトでは「龍神の火の玉祭り」と堂々「祭り」と呼んでいる。実際、タイ国内だけでなく、世界中からたくさんの人が訪れ、その奇妙な光景を見物に来る。

パヤー・ナークは「タムナーン・パヤー・カンカーク」の神話にも登場した竜神、あるいはヘビの神だ。「ナーガ」とも呼ばれ、タイの寺院には必ずそれをモチーフにした彫刻などが存在する。特に寺院であれば階段や回廊の手すりにナーガの姿を必ず見つけられる。

この「バンファイ・パヤー・ナーク」はナーガの火の玉（バンファイ）が天に昇っていく姿と信じられている。およそ数センチ程度からバスケットボール大の火の玉までさまざまな大きさがあり、これらをタイ人はただ火の玉と呼ぶのではなく、「バンファイ・ピー（精霊の火の玉）」としている。

「バンファイ・パヤー・ナーク」は、毎年「オークパンサー（出安居）」の日に発生する。

ラオス・ビエンチャンとタイ・ノンカイの間を流れるメコン河。この近くで火の玉が発生する

タイの太陰暦（旧暦）における一一月、つまり現在の一〇月ごろの満月の夜、隣国ラオスと接するタイ東北地方の北の果て、ノンカイ県のメコン河から火の玉が昇る。

ひとつの火の玉が現れるのは時間にして長くても一五秒程度で、平均的には三〇メートルほどの高さに到達するなか、最高で一五〇メートルも上昇した例もある。東北部の西の端にあるウボンラチャタニー県のメコンの川面からも目撃情報があるが、最も有名なのはノンカイ県の方だ。

この現象は発生のメカニズムが解明されていない。地元民らは本当に竜神ナーガが空に昇っている現象だと信じているため、科学的な調査を拒んでいると聞いたことがある。学者などの見解によれば、おそらくメコン河の水深四メートルから一三メートルの底に沈むバクテリアからメタンガスが発生し、水温が二六度程度まで温まるとガスが水面へと上昇して、その気泡が酸素と結びつく瞬間に発火して舞い上がるとされる。

一方で、対岸のラオス国内で出安居を祝うラオス軍兵士が発砲した銃弾が光って見える、という説もある。ラオス軍兵士が、旧ソビエトが開発し共産圏などでいまも愛用されるＡＫ47自動小銃を撃っているというのだ。マシンガンは連射の際に弾道を目視できるよう数発ごとに光って見える曳光弾が入っている。それが火の玉に見えるという。

そもそものパヤー・ナークに関しては先のパヤー・カンカークの伝説にもあったように、実在していると思っている人が東北地方には少なくない。というのは、ときどきナーガそのものの目撃情報が出回るからだ。

タイの報道によれば、二〇一三年三月にナーガが目撃され、映像にも残っている。映像では背びれらしきものが映っており、東北地方の淡水に住むメコンオオナマズなどとも違った特徴だ。これは東北地方内でもさらに内陸になる県サコンナコンの村の池に現われ、実に一万人を超える人がその姿を見ている。なぜなら、三月一日に七〇歳のサワンという男性が「ナーガが現れる」と予言し、村人たちが見に行くと本当にいたことで全国区のニュースになったためだ。

ナーガの目撃談はこれだけではない。二〇一一年に東北部のブンカーン県、一二年にもサコンナコン県で目撃談がある。出現率が高いので、ますます東北地方の人々はバンファイ・パヤー・ナークが本物なのだと思ってしまう要因となる。

タイの奇祭中の奇祭「ギン・ジェー」

北部と東北部に挟まれるルーイ県ダーンサーイ郡の祭りでは毎年六月七月のころに三日間行われる「ピー・ターコーン」がある。元々は「ピー・ターム・コン」、つまり人についてくる精霊という意味で、この地の人々は森に入ると動物や木々に宿る精霊が人に憑くと信じていた。祭りではカラフルで独特な風貌をしたピーの仮装パレードや舞踊のコンテストが行われるが、これは毎年森の精霊を受け入れるシャーマンのような役割をはたす人「コン・ソン」を選ぶことが目的だ。

南部の祭りではタイの奇祭中の奇祭と言われる、リゾート地プーケット県の「ベジタリアン・フェスティバル」がある。ベジタリアンと冠するのは、この祭りはタイ語では「ギン・ジェー」（あるいは「キン・ジェー」）というもので、祭りそのものではなく菜食週間を指すものだからだ。ジェー（中国語の「齋」）を食べるという意味のこの祭りは中国からの移民が始めたもので、奇行じみた行動はオカルト的で見物人に恐怖を与えている。

バンコクの中国系移民は広東省潮州県出身者が多いが、タイ南部やマレーシアにかけて

1／語り継がれるタイの怪談

上／寺院では階段にヘビの化身・ナーガがあしらわれる
下／ウドンタニー県の寺院で森を見つめるナーガの像

カメラの三脚を頬に突き刺し会場に向かうマー・ソン（2000年撮影）

は福建省出身者が多いとされる。この移民たちが「九皇爺誕《ジウファンイエタン》」という、九皇大帝（道教の神）の生誕祭を太陰暦の九月一日から九日まで行い、その際「齋戒沐浴《もくよく》」として肉や刺激のあるものを食べることを避ける。これはタイ全土で行われ、バンコクなど道教と関係のない人々はこの期間に健康を気遣う意味で野菜を中心にした食べものを食べるようになっている。

奇祭と呼ばれる所以《ゆえん》は、熱狂的な男性信者がトランス状態に入り、鉄の串などを顔や身体に刺して街中を練り歩くことにある。人によっては椅子の脚など、とにかくなんでも刺すので異様な光景である。夜間には火渡りも行われ、まるで痛みを感じていないかのようだ。彼らはルーイ県のピー・ターコーンのコン・ソンのように「マー・ソン」と呼ばれる。マーは馬という意味で、九皇大帝とほかの信者を繋げる役目を果たす。一般の人は供え物をマー・ソンに受け取ってもらえれば神に届けてくれ、幸福あるいは健康になると信じている。

この自傷行為がどのような理由で始まったのかは定かではないが、一説では自傷行為で怪我をすることがすなわち不健康な状態を表すとされる。死にかけたような状態だがまだ生きてもいる。それを見た神の慈悲で生きながらえる力を与えられ、それをマー・ソンとして大衆に還元するといったことのようだ。

マー・ソンになった人たちには中国の武将で神格化されている関帝やその妻、さらにほかの神々が降りてきているとされる。関帝は『三国志』にも登場する蜀の関羽のことで、中国の後漢末期に実在した武将であり、勇ましかっただけでなく、礼儀なども重んじ忠臣として重用されていたことから転じて中華系の人々から商売繁盛の神としても崇められる。

タイ国内にも関帝を祀る「関帝廟《びょう》」は各地にあり、この自傷行為を伴う祭事も無名ながらも毎年各地で開催されているようだ。プーケットの場合は「九皇爺誕」と菜食週間がセットになった祭りだが、ほかの関帝廟では単純に「いま俺には神が降りてきているから痛くないんだ！」と信心レベルをアピールするだけのものであったり、起源や根拠はさまざまである。

数百人に一斉に神が舞い降りる「ワイ・クルー・ルアンポープン」

タイの仏教に関係した奇祭がバンコクから西へ車で一時間強のナコンパトム県の寺院「ワット・バーンプラ」で年に一回だけ行われる。その祭り「ピティー・ワイ・クルー・ルアンポープン」はヤントラや、仏教やヒンズー教に伝わる神話などに登場する神などをあしらった刺青《いれずみ》「サック・ヤン」に関連した一大イベントである。サック・ヤンの「ヤン」はヤントラのことで、日本語では護符刺青などと呼ぶ。ちなみに、ヤントラとは幾何学的な図形を指す。マントラと混同されがちだが、ヤントラが図形で、マントラは言葉のことだ。

発祥はわかっていないが、タイ北部のスコータイ県の辺りにあったスコータイ王朝の時代（一二三八年から一五八三年）に始まったとされる。仏教が伝来したのがちょうどこのころであり、また当時のサック・ヤンは、クメール（カンボジア）系の「コーム」と呼ばれる民族の文字などが使われていたとされる。

日本は一八七二年から一九四八年（明治五年から昭和二三年）まで刺青禁止令があったことから、刺青が完全にアウトローな存在になっている。世界のどこを見ても刺青は暴力的なものの象徴ではあるが、タイでは宗教的な護符として始まっていることもあり、いまでも刺青にはあまり否定的ではない。むしろサック・ヤンは、タイ独自の文化として見直されている。

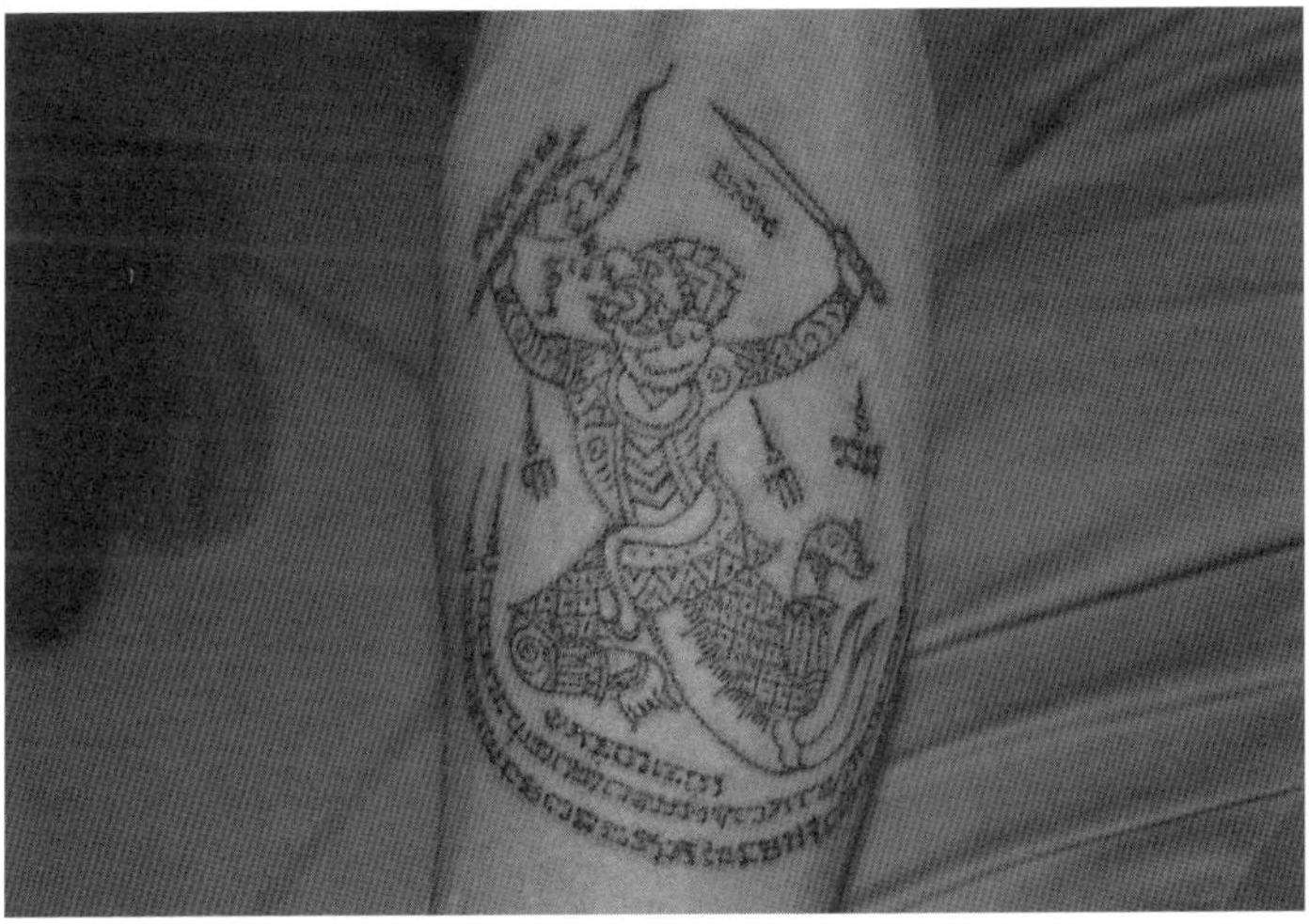

サック・ヤンの図柄は仏教やヒンズーの神話に出てくるキャラクターが多い

かつてはラオスやカンボジアにもあったとされるが、革命や虐殺などの歴史のなかで彫り師がいなくなったようだ。

サック・ヤンは、元は寺院で彫っていたサイヤサート（魔力）を持ったアージャーンと呼ばれる、彫り師が独立して自分のアトリエで商売として彫るケースと、昔ながらに寺院で彫るものがある。前者は寺を出ているからといっても偽のサックヤンというわけではない。本来は僧侶だと女性に触ることができないので、アージャーンの存在は、女性でもサック・ヤンを手に入れることができるというメリットが生じる。ちなみに、アージャーンは教授や校長など位の高い「先生」を指す。ほかには大学医学部の解剖実習のために死後、自らの遺体を献体した人もタイではアージャーンと呼ばれる。

ただ、サック・ヤンのアージャーンの場合、刺青に守護してくれるサイヤサート（魔力）を込めることができる民間人ということで、料金が高いというデメリットがある。個人事業主になるので採算を合わせる必要があることはもちろんだが、独立するアージャーンは修行中に魔力が身についたことを実感したうえ、「あれ？　独立開業した方が儲かるのでは？」と世俗的に考える者も少なくない。なかには小額で彫るアージャーンもいるが、有名な人だと小さな図柄でも日本円で三〇万円を超えることもある。その点、寺院で彫る場合は値段が存在しない。花やタバコなどのタイの供物セット（高くても三〇〇円くらい）を購入し、彫り師への謝礼は気持ちでいい。タイ人はせいぜい二〇バーツから四〇バーツ（約七〇円から一四〇円）を置く程度である。ただし、寺院は安い代わりに衛生面は保証できない。サック・ヤンで使うステンレスの長い針は、あまり消毒せずに次の人にも使うのだ。

サック・ヤンの刺青の図柄にはヤントラのほか、「ハヌマーン（サルの神）」、「ルーシー（老師）」、「ピッカネート（ゾウの神。いわゆるガネーシャ）」、「ヤック（仏教神話に出てくる鬼）」、それからヤモリやトラなどさまざまな神や動物がある。すべてに意味があり、金運や幸運など総合的に運勢がよくなるもの、権力などを手にすることができるものなどがある。あるアージャーンの発言はタイ人らしさが現れていた。

「図柄に込められた意味合いは、突き詰めればだいたい金運に繋がるよ。権力も幸せも、恋

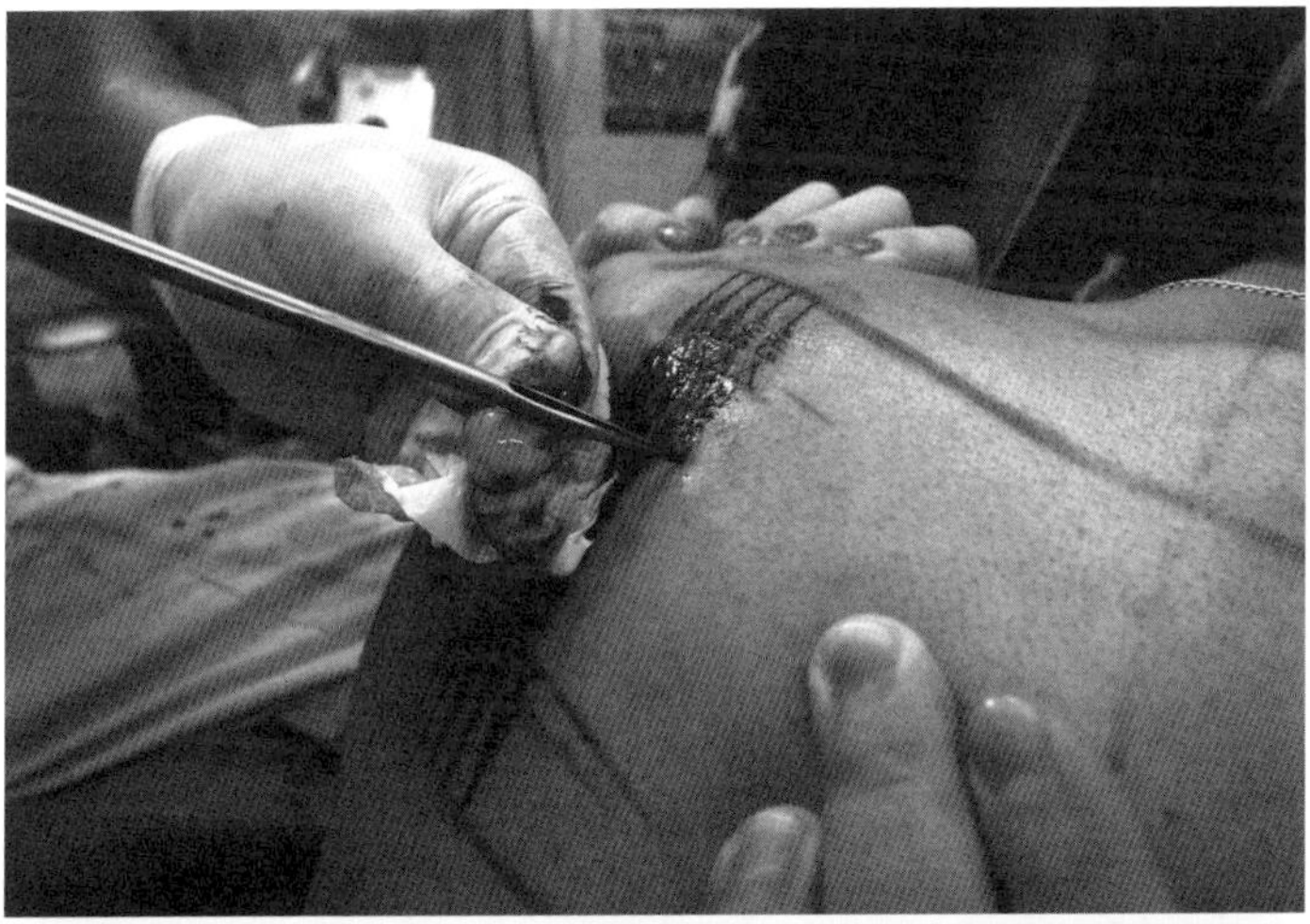

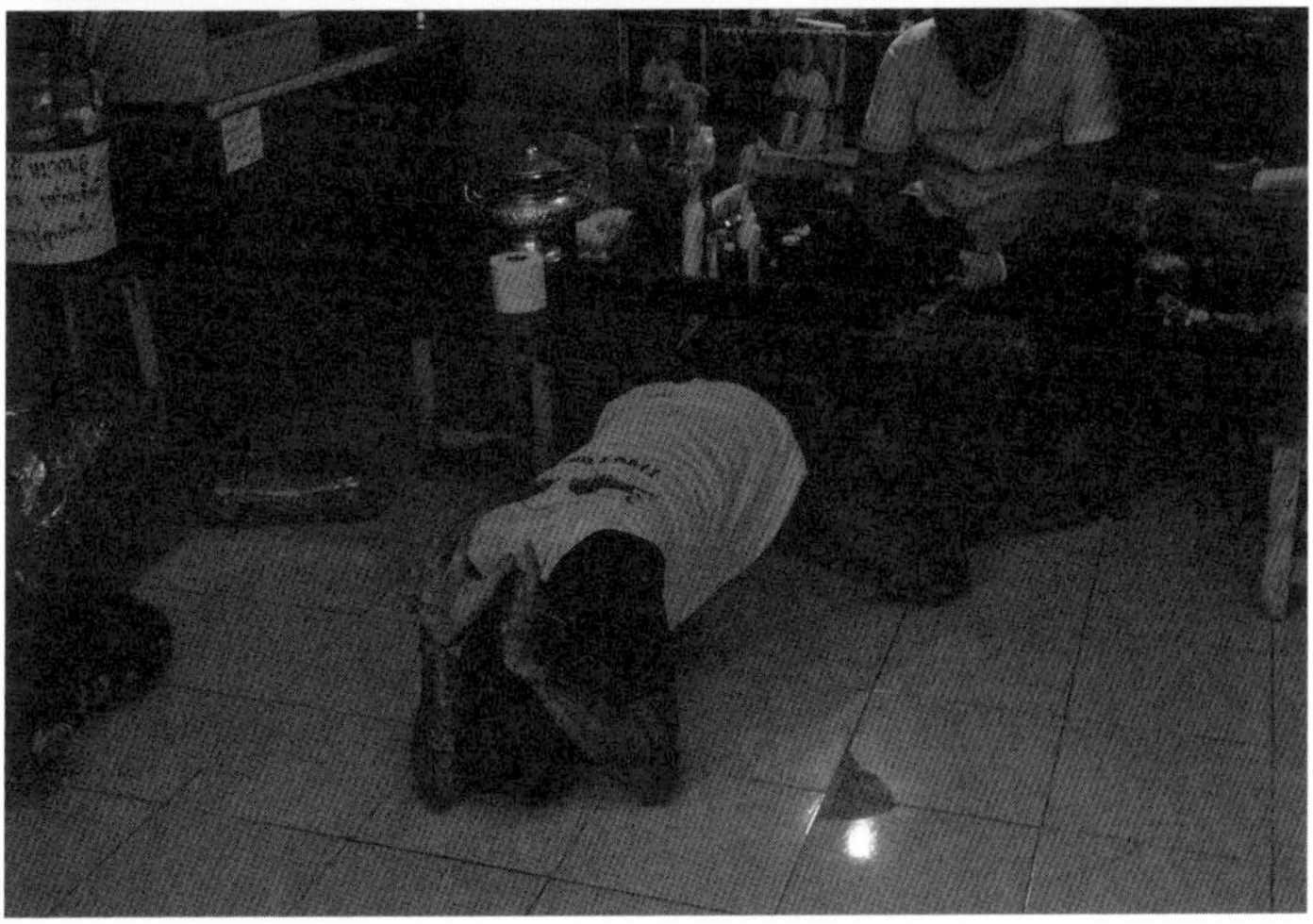

上／手彫りが基本のサック・ヤンは痛みも強く、時間もかかる
下／アージャーンに彫られた人も魔力を吹き込まれる儀式で神がかることがある

愛も人間関係も、どれもよくなるってことは金の話だろ？」

彫り師の内面はどうあれ、タイ人はそんなサック・ヤンを身体に入れることで神に守られると信じている。彫り終わったあとに魔力が入っていることを証明するため、その箇所を刃物で切りつけてみせることもある。実際に僕も見たことがあるが、ミミズ腫《ば》れになる程度で、皮膚が切れることはなかった。あるアージャーンは子どものときに僧侶が彫り終わった図柄を拳銃で撃ったところを見た。刺青が弾丸を弾き、彼はサック・ヤンを信じるようになったという。

また、タイのメディアで死者を墓から掘り起こした際に、サック・ヤンの部分だけ腐敗せずに残っていたと報道されたこともある。おそらくインクにある鉛などの含有物で腐らなかっただけと考えられるが、タイ人は不可思議な力が働いたと信じている。

「ワイ・クルー・ルアンポープン」は、そんなサック・ヤンの祭りのひとつである。ワイ・クルーとは先生への感謝を示す儀式を意味し、二〇〇二年に亡くなったワット・バーンプラのルアンポープン住職のために執り行われている。

毎年三月の第一土曜日（年度によって変更されることもある）、午前九時ごろにルアンポープン住職に対する祈りが捧げられる。境内には推定で一万人を超える信者が前夜から集まり、読経が始まるのを座り込んで待つ。僧侶たちが九時ごろに現れるのを待つ間、そのなかの数百人は神に取り憑かれ、会場正面にあるルアンポープン像に向かって走り出す。これが

上／ワイ・クルーでは油断すると神が降りた信者に体当たりされる
下／ワイ・クルーで神が降りるのは大半が男だが、まれに女性にも入る

奇祭といわれる要因だ。

主にハヌマーン（サルの神）、ルーシト（老師）、それからトラが降臨する。特にハヌマーンが降りた人は全速力で突進してくるので、体当たりされたら危険だ。それもひとりふたりならともかく、タイミングが合うと一〇〇人以上に一斉降臨し、まるでハリウッド映画の全速力で走ってくるゾンビのような迫力と恐怖がある。

日本では冬の名残がある三月でもタイは夏の始まりで、気温が高い。乾期のため雨は降らず、息苦しい。八割方、祭の参加者は男性なので、余計に暑苦しさを感じる。そんな場所で彼らは神に取り憑かれる。ルアンポープン像の前には陸軍の兵士らが待機し、突進してくる人を受け止める。身体を持ち上げ踏ん張れない状態にし、耳を引っ張ると取り憑いていたなにかがすっと抜けていく。

正直、端から見ていると「本当に？」と思える場面はある。会場に座り込む彼らの間には一応ある程度の通路ができている。トランス状態に入った彼らはわざわざ通路に出てから全速力になるのだ。本当に取り憑かれているならその場で走り出すのではないかと思う。しかし、彼らには多少の秩序がある。

また、神々や動物は誰にでも降臨するわけでもない。熱狂的でも入る人と入らない人がいるのだ。タイでは小学校一年生から仏教の授業がある。そのため、ほぼすべての信者に神々の特徴的な仕草の知識がある。ハヌマーンならある一定のポーズや叫び方があるし、ルーシ

1／語り継がれるタイの怪談

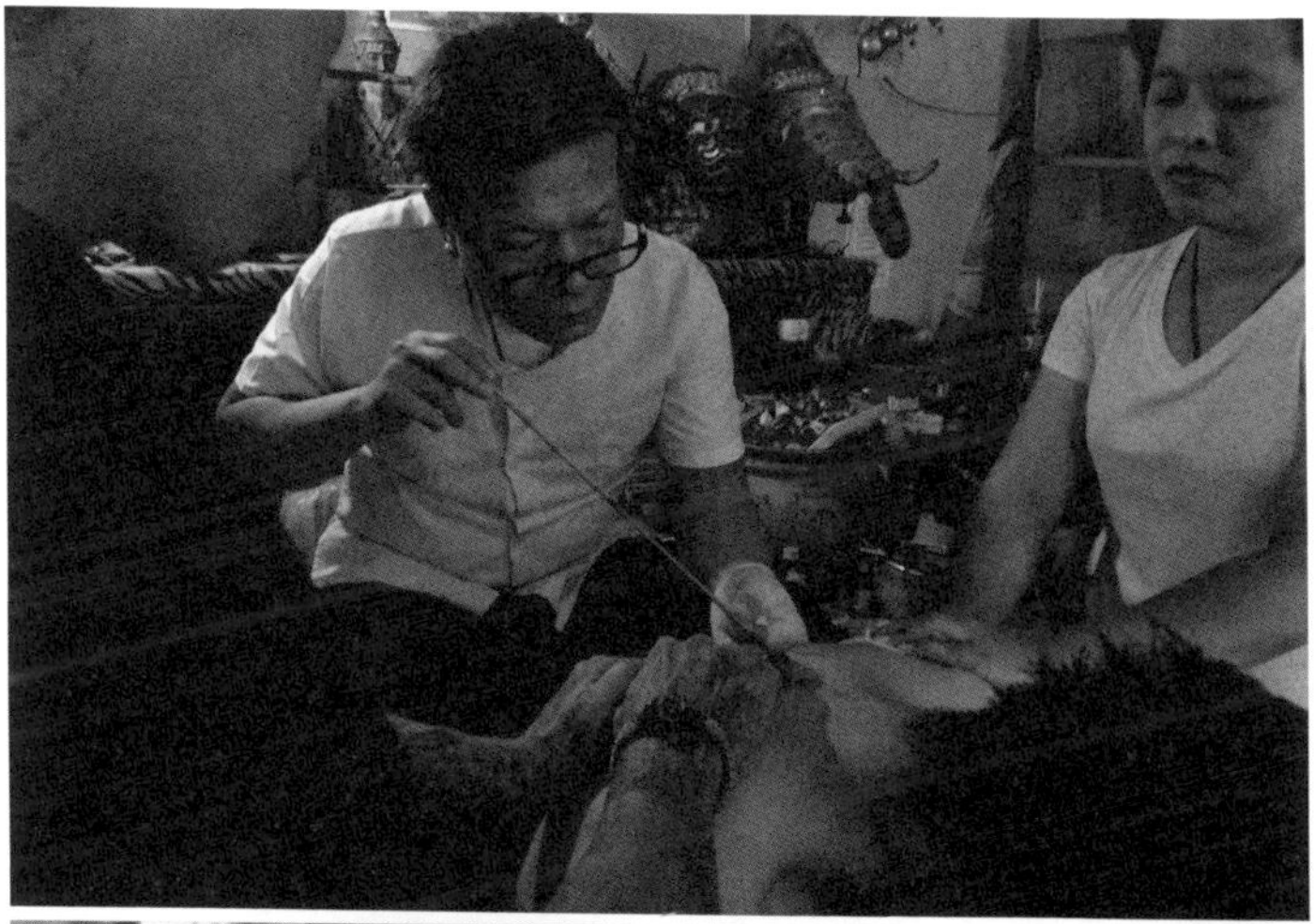

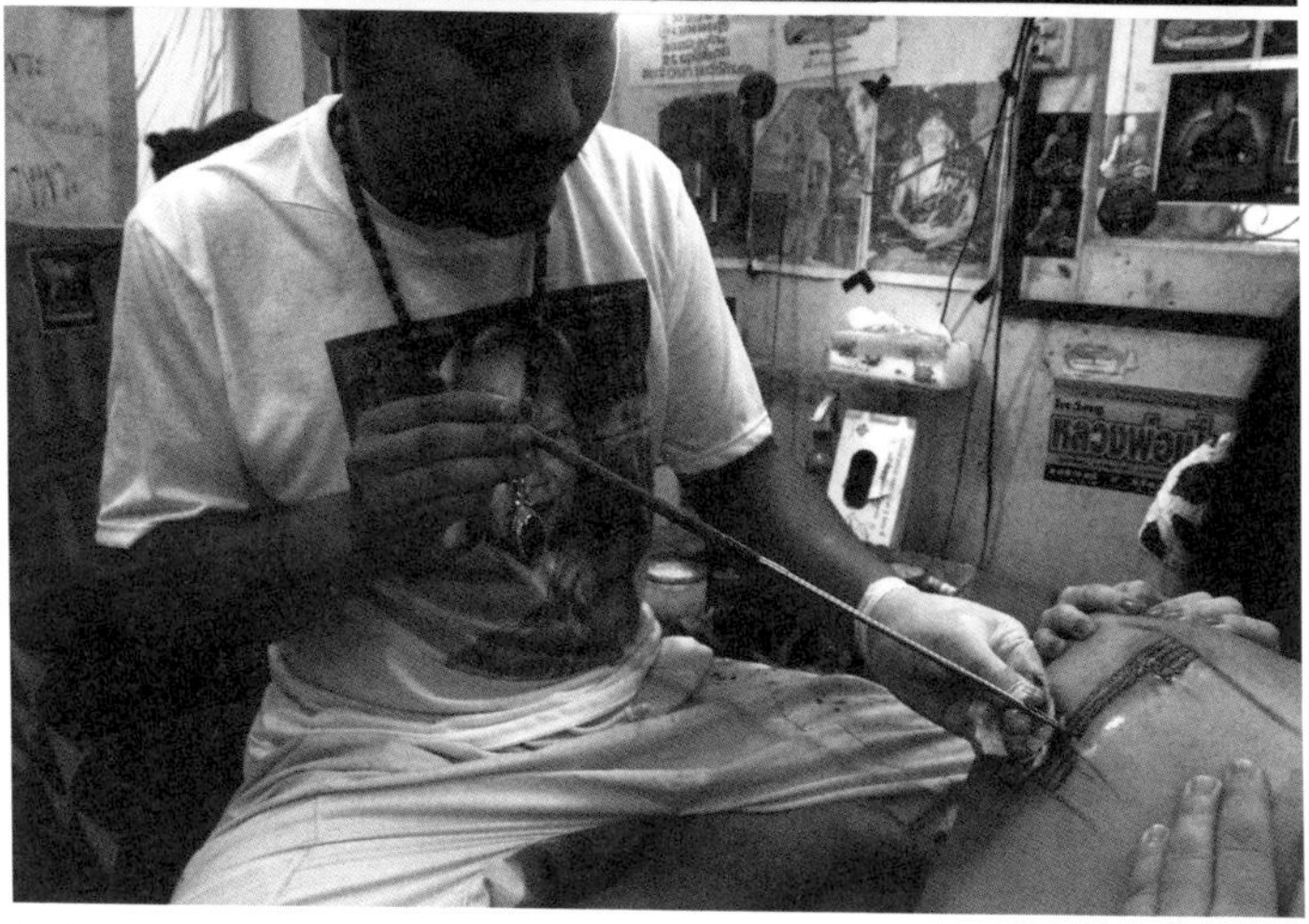

上／バンコク郊外を拠点に活躍する、アージャーン・エー
下／ワット・バーンプラで彫り師をする若いタイ人

ーなら「わっはっは」と腹から笑う声を出す。仏教のことなどなにも知らない人に取り憑いたらすぐさま信じることができるのだが。

とはいっても、彼らは冗談でやってはいない。全速力で走った記憶は残っていないのだ。バンコクの北側で接するノンタブリー県に僕が懇意にするアージャーン・エー（エー先生）がいる。彼にもたくさんの信者がおり、彼らに神が降臨するところを目の当たりにしてきた。そのたびにトランス中の気持ちを問うと、彼らはアージャーン・エーの読経の際に合掌している姿勢のままだと思っていたと答えた。

僕はこのワイ・クルー・ルアンポープンに二〇一五年から毎年通っている。いつも同じ場所で信者たちの様子を撮影する。彼らもまた毎年来る人は同じような場所に座る。そのため、今年もこの人は憑依しているなあと気がつく。

数年前はかなりのスピードで突進していた人も勢いに陰りが見える場合もある。いくら神が憑依したからといって、さすがに年齢的な体力の衰えはどうしようもないようである。

10 寺院で起こった不思議な出来事

若いころに見聞きした心霊関係で最も鳥肌が立ったのは、日本のテレビで心霊写真のその後を紹介した特集だ。心霊ファンには有名かもしれないが、あるカップルが神社で手を繋いで写真を撮ったところ、その手には無数の手がまとわりついていた。そして、改めて本人たちが撮影場所に行き、テレビカメラの前でインタビューを受けていると、誰もいないはずの場所から「おかえりなさい」という声が入っていたという内容だった。

やはり霊的、あるいはオカルト的な現象や話には、こういった寺や神社は欠かせないものである。タイにおいても寺院で霊的な出来事がよく起こる。

タイの寺院は、歴史の深さやタイ仏教界における地位の高さ、そして芸術性を兼ね備えていて観光名所になるものから、地域住民だけが足を運ぶ、生活に密着した一般寺院までさまざまある。あまり知られていないが、地域住民にも見放された廃寺もあるなど、タイには寺院が無数にある。

近年ではソーシャルネットワーキングサービス（SNS）の投稿に映えることから人気がじわりと伸びている寺院もある。バンコク辺りでは、スワナプーム国際空港から少し東にあるチャチェンサオ県の「ワット・サマーンラッタナーラーム」が人気だ。ここは全長一六メートルにおよぶピンク色の「ガネーシャ（ゾウの神）」がある。巨大であり、願いが叶うと噂になったことからたくさんのタイ人が訪れ、SNSに投稿する。

それから、バンコク都心部からチャオプラヤ河を渡ったところにある「ワット・パークナーム・パーシージャルーン」（日本人にはワット・パクナムと呼ばれる）も人気がある。バンコクを走る高架電車スカイトレインのBTSタラートプルー駅およびBTSウッタガート駅から近く、外国人観光客も多い。ここは仏塔の五階に仏陀の生涯を描いた幻想的な天井画があり、写真映えする。残念なことに、日本人観光客はここでヨガのポーズを取るなどしながら撮影する人がいたそうで、各方面から批判された。タイは足の裏は不浄とされるので、寺院で逆立ちのような体勢は嫌われるのだ。

ここでは古典的怪談とは違うが、ちょっとオカルトめいた寺院に関係する話を聞いてきたので紹介する。

有名SNSスポットにプレートが現れた

ある五〇代のタイ人が小学生のころに「ワット・パクナム」にネーン（少年僧、サームネーンとも呼ばれる）としてわずかな期間、出家したことがあった。

タイでは僧侶には男性しかなれないが、白い袈裟《けさ》を着た尼僧メーチーも存在する。ある日、

1 ／ 語り継がれるタイの怪談

上／青い空にも映えるピンクの巨大なガネーシャ像（撮影：明石直哉）
下／幻想的で美しい天井画がワット・パクナムの仏塔内で見られる

そのメーチーと一緒にいたときに鳥や動物の声ともいえない、不思議な甲高い鳴き声が遠くから聞こえた。彼は声の主を探そうと方々を見回すが、それをメーチーに窘《たしな》められた。

「気がついていないふりをしなければ、彼らに勘づかれてしまうよ」

そのときはなにも教えてくれなかったが、あとで、あれはプレートの声だと教えてくれた。古典怪談でタイ人の誰もが知っているいわゆる「餓鬼」のプレートだ。メーチーはいつも施《せ》餓鬼《がき》をしているのだと話していた。

いろいろと調べてみても、ワット・パクナムとプレートは結びつかないし、プレートに施餓鬼をするメーチーの話も見つからない。

ただ、僕が子どものころは霊的な存在は心を読み、人は無抵抗のまま取り憑かれる、というのが一般的な説だった。近年はこちらがその素振りを見せない限り、霊もこちらが存在に気がついていることを知ることができないという、人間っぽい一面があることが通説になっている。この時代にすでに少年僧に気がついていないふりをするように言ったあたりに、そのメーチーの霊能力が本物だったのではないかと僕は感じる。

寺院ではこういった霊的な話やオカルトチックな噂話はあとを絶たない。

1／語り継がれるタイの怪談

ただ見るだけですべてを言い当てる僧侶たち

僧侶が占いによっていろいろなことを言い当てる、という話もよく聞く。タイ人の富裕層はその年の運勢や、今後のビジネス運などを本気で知りたいと願い、できるだけ高尚な僧侶を訪ねて占ってもらう。一般人もなにかあれば僧侶に相談に行くことは珍しくない。

タイ在住のある日本人男性は、タイ人妻に誘われてタイ東北部の玄関、ナコンラチャシマー県に向かった。タイでは住職など寺院に住み込む僧侶のほか、修行僧のように放浪している僧侶もいる。その日本人が会ったのは、どこかの山奥で暮らし、ある日ふいに下山してきて、朽ち果てていたその寺院にやってきて復興させたと近辺で話題になっていた僧侶だった。

彼は信仰心が強いわけではないので、地元民に遠慮し、群衆が取り巻く外側から見ていた。その彼を、その僧侶が手招きした。そして、「おまえは○○という企業に勤める日本人だな」と言った。たしかに彼が勤めている会社は大きな企業だが、部品製造の業種であるため一般的日本人でさえその社名を知っている人は少ない。ましてや、群衆のなかで彼を知るのは妻だけだ。それなのに日系企業とか漠然とした言い方ではなく、明確に社名を断定した。

「その僧侶の目には私の背後に私の生活のすべてが映し出されていて、社名も工場の看板を読んだのでしょう」

僧侶は彼のことだけでなく、同僚の誰々が病気になるなど、旧知の仲のように彼の周囲の

バンコクで有名な占いスポットはラチャダー通りのMRTホワイクワン駅前だ。毎日遅くまで複数の占い師が座っている。

話もしていたという。再訪したときは、群衆の影に隠れて互いが見えない状態だったのに、その僧侶は彼を見つけ出し「○○○社の日本人よ」と呼びかけて来たという。そのとき、自分の背後に映るものを僧侶が見ているのだとわかったそうだ。

「そういう類《たぐ》いは信じない方でしたけど、目の前で見てしまっては、ね」

とその日本人は苦笑いした。

なにもかも言い当てる僧侶もいれば、占いですべてを見透かす僧侶もたくさんいる。

日本人Sさんはチョンブリー県の寺院でこんな経験をした。チョンブリー県はバンコクから東の方向に車で一時間ほどの場所にあり、日本人製造業関係者が多いシーラチャーという街や、歓楽街とビーチリゾートで有名なパタヤを抱える県でもある。

当時、彼はタイ人の妻と離婚の危機にあった。そんなときに友人らがチョンブリー県に遊びに行くというのでついて行った。そこで友人らに混じって、その寺院の住職に占いをしてもらった。

生年月日とその曜日、生まれた時間を元に、僧侶は手にした書物からなにかを導き出す。タイの寺院によっては曜日ごとの仏像があるので、タイ人は生年月日だけでなく、その曜日も憶えている。こういった寺院の占いでも必ず曜日は訊かれる。

僧侶が使う書物には虫眼鏡で見なければならないほど、びっしりと小さな文字が並んでいたという。そうして、そこから見つけ出した文字をヤントラ（幾何学的な図形）のような図形に書き込んでいった。そして、言われたのが、いまの妻とは別れるべきであることだった。

「いまから三か月以内にこれだと思える新しい出会いがある。その女性が運命の人だ」

元々別れる気持ちが強かった彼は、そのあとすぐに離婚した。かといって、僧侶の言葉を信じてもいなかった。ところが、きっかり三か月後、彼はタイ人女性と出会った。まさに「この人だ」という直感があったという。

そのときから彼はその僧侶を信奉している。取材してみたかったので、僕からどこの寺院か教えてほしいと頼んだものの、たくさんの人が来てしまうことを望んでいないということで、場所は教えてくれなかった。仕事は製造業で機械の設計をしており、これまで非科学的なことは一切信じたことがなかったSさんでも、この僧侶だけは特別なのである。

少し手が触れただけで死を宣告された話

占いが霊的なものであるとは断定できないが、昔から霊能者が占いをしてきたのも事実で、タイの寺院でもそういった当たると言われる僧侶も少なくない。また、タイでは民間にも霊能力を使って占いをする人がいる。

二〇一四年二月、僕はある占い師に出会うことになった。タイの雑誌編集部のタイ人から紹介されたのが、このジュタラット先生だった。先生と呼ぶのは、実際にジュタラットさんは教師をしていたからだ。定年退職をしたのち、占い師になった。

この世にはない存在を視る力——霊視能力があると聞き、アポイントの電話をかけた。出たのはジュタラット先生の娘で、取材の趣旨を伝えると、

「母は占い師で、霊能者ではありません」

と言われた。話が全然違うがとりあえず会いたいことを伝え、待ち合わせすることに成功した。先生の自宅そばにあるショッピングモール内の喫茶店だ。

待ち合わせ場所に現れた先生は、一見ごく普通の女性だった。そこそこに裕福な家庭の女

性のような、穏やかな印象である。包み込むような温かさがあり、このときに元教師だと聞いて納得がいった。

改めて本人に取材の趣旨を説明すると、占い師ではあるが、実は霊能力もたしかにあると話してくれた。いろいろと面倒なこともあるので、普段はその能力は隠している。タイ人はピーの存在を信じている一方で霊能力者を奇人扱いすることもあるからだ。

「母親が日蓮宗の仏教徒だったことで、小さいころから不思議なことはよくありました。今も、毎朝、母と関わりのあった日本の寺の鐘の音が耳に届きます」

タイ人は上座部仏教がほとんどだが、わずかに大乗仏教に属している人もいる。母親がたまたまそうで、ジュタラット先生は日本から鐘の音が毎日聞こえるなか、徐々に自身の霊能力と、それを使った施術を憶え、一九歳のときに霊媒師の道に入った。

「若いころは自力では歩けない人を歩けるようにしたり、余命一年と医者に言われた人を私の力で一〇年、長生きさせることもできました。でも、今はもう体力的にできません」

霊媒師と教員のふたつの顔を持ったが、学校ではそれを表に出さず、子どもたちになにかあればこっそりと助け船を出すこともした。そうして定年退職を機に、現在はその霊能力を使って過去や将来を見て助言をするようになる。ジュタラット先生は人に触れることですべてが見える。人に取り憑く霊もすべてが見えるのだそうだ。

ちょっと興味があり、僕もいつか占ってほしいと言うと、「それはあなたにその勇気があれば」と返ってきた。

　占いをしているときの先生の顔はいつもの柔和な顔ではなく、まるで別人のような表情だと娘に言われたこともあるそうだ。それほど、人のなかにあるすべてが見え、一度自分のなかに受け入れる。人に知られてはいけないようなやましいこともすべてが丸裸にされるので、その勇気があれば来ればいいと言う。聞けば、ジュタラット先生はこれで金儲けをしたいわけではないので、毎日ではなく週末などに一回、たった四〇〇バーツ（約一四〇〇円）で診ているそうだ（取材当時の料金）。

　正直、ジュタラット先生を取材するまでは、そんな能力がこの世にあるとは信じていなかった。しかし、帰り際に先生はこう言った。

「パタヤの海の仕事は断るべきですね。そこで死にますよ」

　唐突な言葉に僕は思わずたじろいだ。心あたりがあったからだ。

　取材の前半、喫茶店のテーブルが小さくて、一度だけ先生の手に僕の手の甲が当たった。そのときに先生はすべてを見たのかもしれない。もしかしたら、だからこそ先生は「勇気があるなら」と、僕が心にしまっているものまですべてを見抜いていて言ったのだろうか。

　海の件とは、当時、誰にも言っていなかったある仕事が海に関わることだった。その数日前に、ある人物（日本人）を取材していたときのことだ。

「パタヤの海上警察や海軍と海のレスキューチームを作ろうと思っている。髙田は報徳堂にいるし、ぜひ通訳も兼ねて外国人ボランティアとして参加してほしい」と言われていた。実際、パタヤでは海の事故が少なくない。ダイビングも盛んで、パタヤ近辺の大きな総合病院は減圧症に対応する再圧チャンバーも備えている。一見対策は万全に見えるものの、海から陸までの緊急搬送という肝心な部分が整っていない。そこで海上警察や海軍にコネクションのあるその人物が海難事故専門のレスキュー隊結成を政府に提案していたのだ。

元々僕は海や船も好きで、これはいい仕事だと思った。ボランティアではなく給料ももらえたら即決だ。要するに、やるかやらないか、迷っていた。

そのあと、妻にも友人にもこのことは話していなかった。そもそも先生とアポイントを取るよりも前の出来事でもある。それをジュタラット先生がなぜ知っているのか。僕自身は持ちものや風貌に海を連想させるものはいっさい持ち合わせていない。しかも遊びに行くなとか、漠然と海と言ったわけではなく、「パタヤの海の仕事」と指摘した。さらに僕が前職を辞めてライター専業になった時期もぴたりと言い当て、迷っている時期かもしれないけれど、少なくともその海の仕事に行ったらあなたは死にますよ、とはっきりと言われた。

もちろん僕はその仕事は断り、こうしていまも生きている。

ある意味、本書を書くに至ったのも、ジュタラット先生のおかげなのかもしれないと、僕は信じている。

2／国内で起こった本当の怪談

バンコクを中心に発展を続けるタイは、いまや先進国にも引けを取らないほどに経済や人々の生活水準が向上している。一方で、タイ政府観光庁が打ち出すキャンペーンは「アメージング・タイランド」といった謳い文句になっているほど、まだまだ未知のタイもそこかしこに溢れている。

元々精霊信仰が強かった国でもあるので、いまも街の隅々にピー（霊）の気配があり、知らなければ、まさかそんなところが？　と驚くような場所にも怪談が転がっている。

ここではそんなタイ国内の心霊目撃談や現代に起こった怪談を取り上げていく。

亜細亜熱帯怪談マップ②

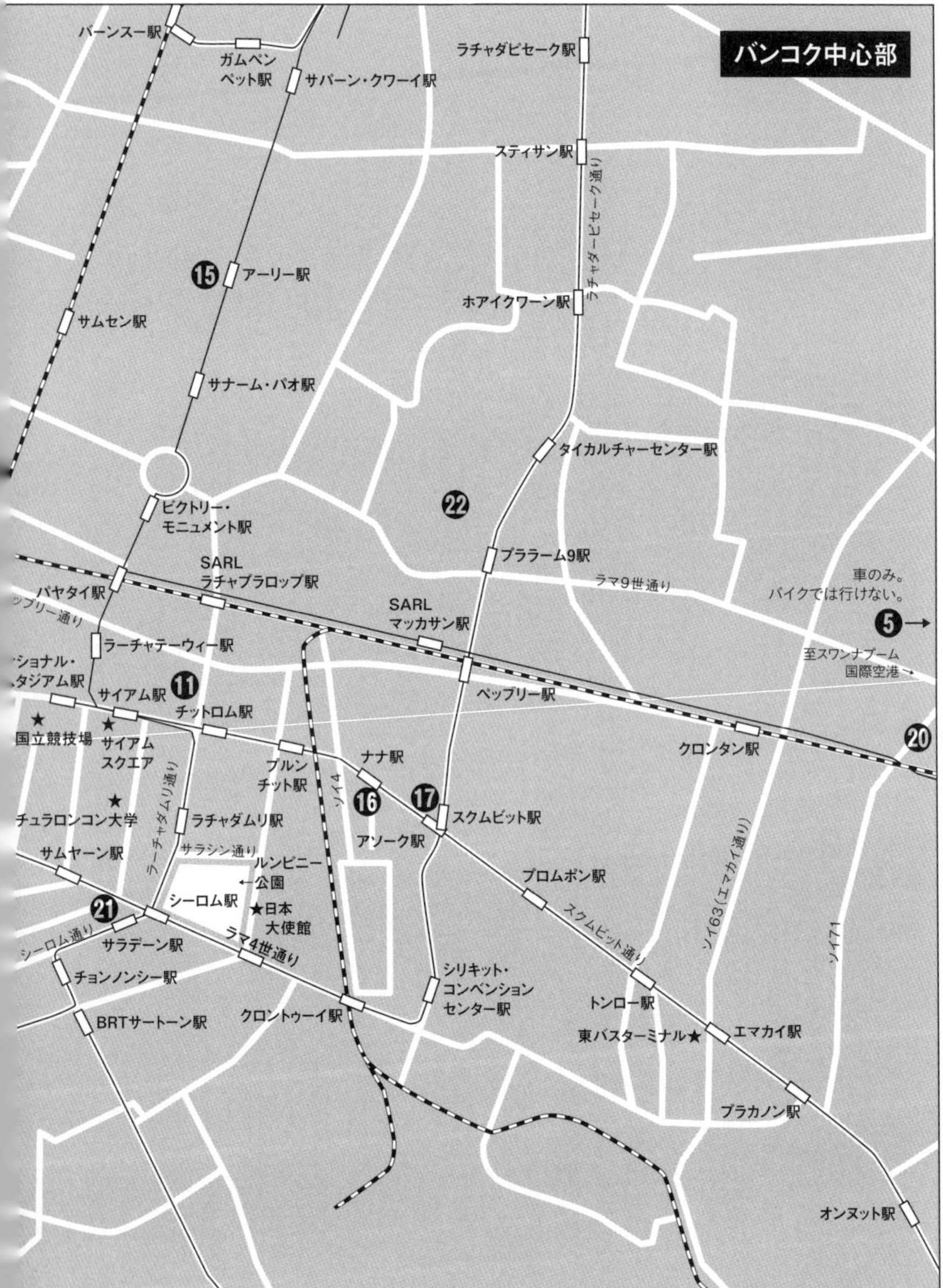
バンコク中心部
バーンスー駅
ガムペン
ペット駅
サパーン・クワーイ駅
ラチャダピセーク駅
スティサン駅
ラチャダーピセーク通り
15
アーリー駅
サムセン駅
ホアイクワーン駅
サナーム・パオ駅
タイカルチャーセンター駅
22
ビクトリー・
モニュメント駅
プララーム9駅
SARL
ラチャプラロップ駅
ラマ9世通り
車のみ。
バイクでは行けない。
パヤタイ駅
SARL
マッカサン駅
5
ラーチャテーウィー駅
至スワンナプーム
国際空港
サイアム駅
11
チットロム駅
ペッブリー駅
国立競技場
サイアム
スクエア
20
クロンタン駅
ナナ駅
プルン
チット駅
ソイ14
16
17
チュラロンコン大学
ラチャダムリ駅
スクムビット駅
ラーチャダムリ通り
アソーク駅
サラシン通り
サムヤーン駅
ルンピニー
公園
プロムポン駅
シーロム駅
21
★日本
大使館
スクムビット通り
ソイ63（エマカイ通り）
ソイ71
シーロム通り
サラデーン駅
ラマ4世通り
チョンノンシー駅
シリキット・
コンベンション
センター駅
トンロー駅
BRTサートーン駅
クロントゥーイ駅
東バスターミナル★
エマカイ駅
プラカノン駅
オンヌット駅

18
19
12
4
10
9
13
バンコク
8
Thailand
14

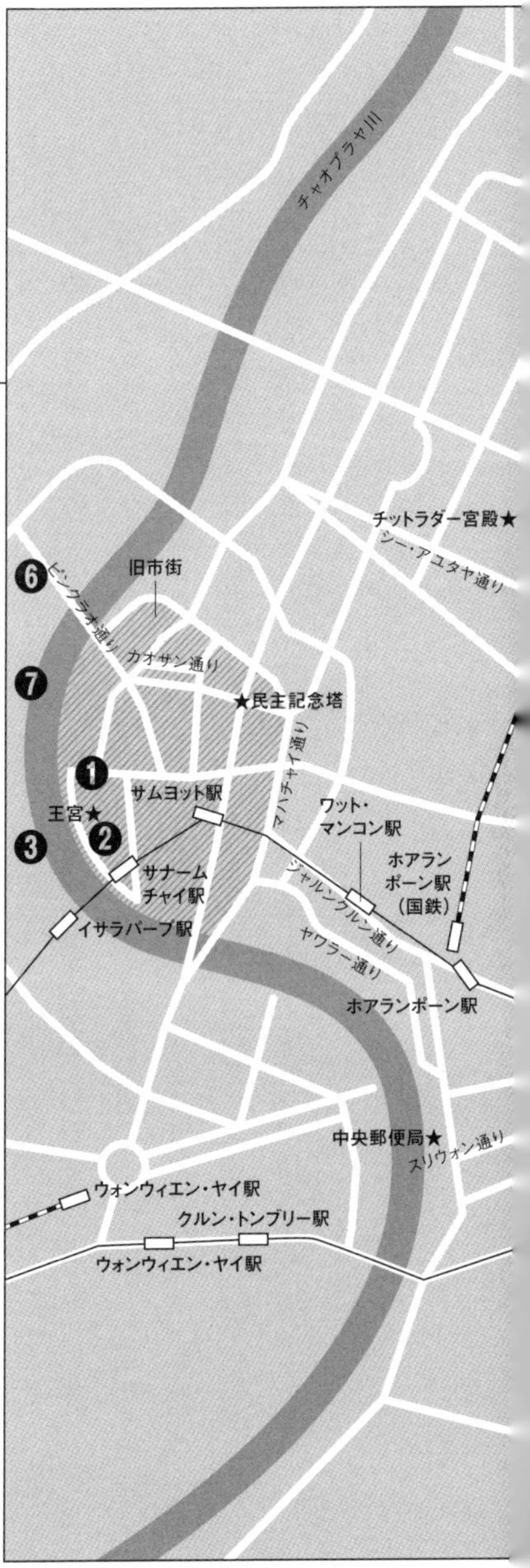
チャオプラヤ川
チットラダー宮殿★
シー・アユタヤ通り
旧市街
6
ピンクラオ通り
カオサン通り
7
★民主記念塔
マハチャイ通り
1
サムヨット駅
王宮★
2
ワット・
マンコン駅
3
サナーム
チャイ駅
ホアラン
ポーン駅
(国鉄)
ジャルンクルン通り
イサラパープ駅
ヤワラー通り
ホアランポーン駅
中央郵便局★
スリウォン通り
ウォンウィエン・ヤイ駅
クルン・トンブリー駅
ウォンウィエン・ヤイ駅

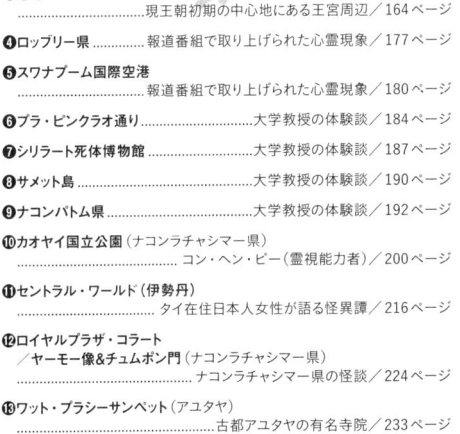

1 現王朝初期の中心地にある王宮周辺

タイ人の大学生で、幽霊の声を聴く能力——霊聴力があるという男性をインタビューした際、バンコクで行きたくない心霊スポットはどこか訊ねたことがある。

「王宮とワット・ポーの間です。強い霊が往来しているので、特に夜中は通ってはいけない場所だと思います」

王宮とはすなわち「ワット・プラケオ」のことだ。日本のタイ観光ガイドブックでは「エメラルド寺院」とも紹介されるタイの仏教において最高峰の寺院の名称で、昔の国王が居住していた王宮に併設された施設である。もう一方の「ワット・ポー」は、涅槃像とタイ古式マッサージの総本山として知られる、こちらも歴史ある寺院だ。

タイの心霊スポットの大半は、かつて凄惨な事件や事故の起こった場所であるというケースが圧倒的に多い。要するに、わかりやすい因縁がある。そのため、ピー（霊）が集まりやすいところや、なんの理由もなく霊がさまようと噂されるようなスポットは案外少ない。

しかし、霊聴力者が言った場所はまさにタイでは希有《けう》な霊道だ。タイ仏教界において格式の高い寺院が隣り合わせに並んでいるがゆえに強い霊が多く集まり、特に深夜は近づきたくないのだと彼は言った。

このワット・プラケオがある地域は、バンコクに都が置かれてからできた、いわゆる旧市街に当たる。現在もこの地域は主に東へと広がっていった首都のバンコクを横目に見るだけで、あまり発展していない。古い街なので保守的な人が多いから、あるいは伝統を守りたい人が多いからという理由もあるかもしれないが、運気の流れが停滞しているせいだとも言われる。そのため、この辺りはピーがよく出るという場所や物件が少なくない。

ここでは特に、観光で初めてタイを訪れる人がまず来る場所として注目される王宮と、そこに併設されるワット・プラケオにスポットを当ててみよう。

ワット・プラケオはそもそもいろいろある寺院

まず、ワット・プラケオの歴史をひもとくと、一七八二年、ラマ一世王が、チャオプラヤ河西岸にあった前王朝の都を、いまのバンコクがある東岸に移し替えたときに建立された。ワット・プラケオから見てちょうど対岸にある西岸のトンブリーに、一七六七年から一七八二年の間、潮州系中国移民の子孫であるタークシン王が治めたトンブリー王朝の王都があった。わずか一五年で王朝が終焉を迎え、タークシン王が乱心した際に家来だったチャオプラヤー・マハーカサット・スックが次の王座に就いた。彼が現王朝であるチャクリー王朝における最初の国王、ラマ一世王である。

ワット・プラケオは、正式には「ワット・プラシーラッタナサーサダーラーム」という名称で、タイ仏教界で最も格式が高い寺院になる。ここには、紀元前二世紀のインドにいた僧侶ナーガセーナが造ったという伝説の「玉仏《ぎょくぶつ》」がある。これは国王陛下が王室行事として年に三回衣替えをする霊験あらたかな仏像であり、タイ人だけでなく、東南アジアの上座部仏教にとって重要な仏像だ。

この玉仏はエメラルド仏、あるいはエメラルド・ブッダとも呼ばれる。エメラルドでできていると言われているが、実はヒスイ製だ。玉仏は四五七年ごろ、現ミャンマーにあったパガン王朝の王の手によって、スリランカからいまのカンボジアにある、クメール遺跡で有名な「アンコール・トム」に渡った。アンコール・トムがバラモン（ヒンズー教の司祭）の呪いによって壊滅すると、遺跡巡り観光でいまも人気の、タイのアユタヤに移されたとされている。その後、現在のタイ北部チェンライ県の寺院に納められ、戦火から守るために隠されてしまう。一四三四年に玉仏が再発見され、チェンマイ県に再度移されるも、一五四八年にはいまのラオスに奪われてしまった。そうして、一七七七年にラマ一世が奪還して、やっとワット・プラケオに納められた。

国民的には「この玉仏はタイのものである」という認識だが、これだけ各国を渡り歩いているので、一時でも保持していた国それぞれで考え方が違っている。特に最後に保有していたラオスは、現在の首都ビエンチャンに一五六五年に建立された「ワット・ホーパケオ」が

上／昨今のワット・プラケオの入場料は日本円換算で高額になっている。タイ人は無料だ
下／ワット・ポーで有名なのがこの涅槃像である

タイの歴史を動かすエメラルド・ブッダ（1998年ごろに撮影）

この玉仏を安置するための寺院であることから、現在も帰還を待っているという。ラオス人の対タイ感情は決して悪いものばかりではないが、殊《こと》にこの玉仏に関してだけはちょっと恨みを持っていると聞いたことがある。

そんなワット・プラケオの南側に、ターイワン通りを挟んでワット・ポーがある。これは菩提寺《ぼだいじ》を意味する通称で、正式には「ワット・プラチェートポンウィモンマンカラーラーム・ラーチャウォーラマハーウィハーン」という長い名前がある。

記録未詳のため正確な建立年度はいまだ不明だが、おそらくアユタヤ王朝時代（一三五一年から一七六七年）に建てられたと考えられている。そして、ラマ三世王（在位一八二四年

王宮とワット・ポーの間を走るターイワン通り

から五二年）の治世の間に黄金に輝く涅槃像が造られ、同時に各方面の学問をここに集約させた。これがタイで初めての大学ともいわれ、そのうちの医学はタイ伝統医学として認められて、現在は「ワット・ポー伝統医学学校」として知られる。中心はタイ古式マッサージだが、タイ伝統医学は中国伝統医学に似て、タイ語でサムンプライと呼ばれる香草・薬草を使った治療もあり、近年のバンコクではスパなど女性向けの美容サービスに活用されている。

　タイの寺院によく円錐状の仏塔があるのをご存じだろうか。これはタイ語で「ジェーディー」などと呼ばれるもので、ワット・ポーにもある。ここのジェーディーは小さな陶器がはめ込まれ、色鮮やかに見える。タイ人は墓を持たないので、死後、茶毘《だび》に付した遺骨は海や山に散骨するか、こういったジェーディーに納められる。時代背景的にはこの寺院の仏塔は王族など特権階級の墓でもあった。そんな地位の高い人々の亡霊なら霊力もまた強いだろう。タイで最も高位の寺院ワット・プラケオへ行ったり来たりすることは想像に難くない。とはいえ、大学生霊聴力者によれば昼間はあまり動いていている様子がないというので、一般観光客はそう怖が

上／ワット・ポーの仏塔

下／バンコク都内の寺院で見かけた、角張った仏塔

ワット・ポーの向かいにあるカフェは暁の寺ビューが人気の席になる

る必要はなさそうである。

このワット・ポーとチャオプラヤ河を挟んだ対岸に向かう渡し船に乗れば、三島由紀夫の絶筆となる連作小説「豊饒《ほうじょう》の海」の第三作目にあたる『暁《あかつき》の寺』で知られる「ワット・アルン（正式名称はワット・アルンラーチャワラーラームラーチャウォンマハーウィハーン）」に行ける。ワット・アルンはここ数年ほど改修工事が行われていたが、二〇一七年八月に完了し、いまは「暁」ではなく「黄《たそ》昏《がれ》」がおすすめだ。ワット・ポーの西側にあるゲストハウス（安宿）やレストランが、その眺望の素晴らしさからカフェやバーを開いていて、日暮れどきには、夕日を背にしたワット・アルンと、美しく輝くチャオプラヤの水面を行き交う船を眺めながら食事やアルコールを堪能できるのだ。夜のワット・アルンはライトアップされ、そこそこに遅くまで楽しめる。

おいしい酒を飲んで、ほろ酔い気分でターイワン通りを歩いたら、普段は見えないなにかに出会えるかもしれない。

寺院の呪いに襲われる外国人たち

ワット・プラケオに関しては興味深い話がある。これはタイの大手新聞『タイラット』にも掲載され、しかも、情報発表者はタイ政府である。

二〇〇三年ごろのニュースで、タイ文化省が、ドイツ人男性ジャーゲーンさんから手紙がタイ政府観光庁宛に送られてきたことを発表した。その手紙には謝罪の言葉が並べられていたという。そして、封筒には一インチ四方ほどのエメラルドの破片が同封されていた。

このドイツ人男性は、手紙を送る三年前にバンコク旅行に来た際、ワット・プラケオを訪れている。そのとき、エメラルド片が落ちているのを見つけた。彼はガイドに持ち帰ってもいいのかと一応訊ねると、ガイドは、

「信心深く扱うのであれば、神の許可をもらうことで持ち帰ることが可能だ」

と答えたという。ドイツ人は、落ちているものを見つけたこと、それこそが神からの啓示

と受け取り、エメラルドを持ち帰ってしまった。

そして、帰国してからの三年間、彼の身にありとあらゆる不幸が降りかかった。報道では具体的な内容は明かされていないが、おおむね詐欺や交通事故に遭い、健康を害するなど考えうる限りの災いが起こったと推測する。あまりの不運の連続に過去を振り返ってみると、どうもタイから持ち帰ったエメラルド片が原因ではないかと思い至った。きっとこれは玉仏の呪いである、そう考えた男性は呪いを解くため、そのエメラルド片をタイに返還したのだ。タイ政府観光庁によると、その手紙には謝罪と、しかるべき場所にエメラルドを戻してほしいということが書かれていたという。

文化省によれば、タイでは昔から寺院にある物は誰に帰属していなくとも寺院の物であり、たとえそれが寺院敷地内に転がる石ころであっても、自宅に持ち帰ると不幸になると言い伝えられているそうだ。

こういった事案は、実は多くある。国籍は明かされていないが、二〇一八年にも欧米人が、アユタヤにある、ビルマ軍の侵略で切り取られた仏像の頭が木の幹に埋まっていることで有名な「ワット・マハータート」から三片の石を持ち帰った。そののち、先のドイツ人と同じように不運続きとなり、慌てて政府観光庁のアユタヤ事務所に送り返してきたという。

この報道では、新聞社がアユタヤで働くガイドにもインタビューしており、多くの外国人旅行者が遺跡や寺院で拾った遺物を国に持ち帰っているとも紹介していた。

アユタヤを代表する仏像で、世界的にも有名なワット・マハータートの木（撮影：明石直哉）

あるフランス人は、ガイドが制止したにもかかわらず仏像や寺院の壁を小さく剥がし、鞄にしまって帰国してしまった。そのフランス人観光客がタイに舞い戻り、拾ったものを元に戻していたのをこのガイドは目撃したという。例にもれず帰国後に不運が続いたと見られる。

また、タイ政府観光庁の担当官から、外国人観光客がアユタヤの遺跡からはさまざまなものを拾い、あるいは破壊して持ち帰ることがよくある、と発表されている。なかには重要な仏具まで持ち去られ、政府観光庁から返還要求を公示するものの、なかなか返ってこなかったこともあった。しかし、わずか一か月後、不幸が相次いだことをきっかけに、犯人からすべてがきっちりと返還されたらしい（ただしこの案件は国籍不明）。

タイの法令によって、文化遺産や古い寺院などから物を持ち出したり、窃盗を働いたり、破壊したりすると、最大で一〇年の禁固刑か一〇〇万バーツ（日本円でおよそ三五〇万円）の罰金、もしくはその両方が科せられる。あらゆる不運と不幸に見舞われるうえに刑務所行きとは、なかなかのハイリスクである。

先のドイツ人のエメラルド返還騒動では、タイ文化省がしかるべき儀式などを行い、ワット・プラケオにエメラルド片を戻した。その後、彼の不幸が収まったのかどうかはわかっていない。ほかのアユタヤの例ではさらっと遺跡に戻しているだけのようなので、きちんとお祓《はら》いなどをしないと危ない気もするが、タイ式ではそれでどうにかなるような気もするし。

とにかく、タイ寺院の呪いは国境をも越えることがこれで証明されたと言っていいだろう。

2―報道番組で取り上げられた心霊現象

タイ政府観光庁は外国人誘致キャンペーンのスローガンに「アメージング・タイランド」と掲げている。タイは狭いようで広く、観光地の文化や習慣だけでなく、タイ人そのものの考え方や行動に驚かされることがしばしばある。

僕にとっての「アメージング・タイランド」は、タイのバラエティー番組で取り上げられていた、古典怪談で有名な東北地方の悪霊「ピー・ポープ」が少年僧に取り憑いたというものだ。突飛な心霊検証特集なら日本のバラエティー番組にもあるかもしれないが、アメージングだったのは、放送の翌々日の大手日刊新聞が一面でその内容を報じたことだった。

大手新聞のニュースをバラエティー番組が取り上げるならまだわかる。しかも、ピー・ポープに取り憑かれた少年を取り上げたのはスポーツ新聞の類《たぐ》いではない。立派な報道機関がテレビの本当か嘘かもわからないような特集をまじめにニュースにしたのだ。

タイでは国内の心霊情報が拡散する際、ときに日本では考えられないような意外な場所から大きく広がることがあるのだと知った瞬間でもあった。

実はタイにはまじめなニュース番組などで心霊現象が取り上げられることがある。ここではそんな、日本では考えられない報道の数々を見ていこう。

ついにカメラが捉えた⁉　ピー・ポープに憑かれた少年

まず、冒頭の「ピー・ポープ」報道だ。

当時は木曜の夜一一時から放送されていたテレビ番組『ルアンジン・パーンジョー（画面

2　国内で起こった本当の怪談

の前で起こった真実)』で、二〇〇三年ごろのある日、中央部の端にあるロッブリー県に悪霊ピー・ポープが現れたという特集が組まれた。

　ロッブリー県は、バンコクから車で北に二時間弱で到着できる。毎年一二月ごろはヒマワリが見ごろを迎え、一面に大輪の花が咲く畑が連なり、タイ国鉄が「ヒマワリ列車」を特別に走らせるほど人気がある。

　テレビ番組で紹介されたピー・ポープが出没したのは、有名な寺院ではなく、タイ人が日常生活の中で祈りを捧げに訪れる小さな寺での話だったと記憶している。ここに暮らすネーン(少年僧)がピー・ポープに憑依され、不気味な声を発しながら徘徊し、生きたままのアヒルに食らいついていた。番組ではモザイク処理などいっさいなく、少年が生きたアヒルに噛みつき、内臓を食べる姿が映し出された。

　日本だったらひとつのバラエティー番組が紹介した、いわゆるトンデモ映像に過ぎなかったろう。しかし、前述のとおり、その翌々日には大手報道機関がテレビ番組に追随して、ピー・ポープの出現を報じた。それほどタイ国内では衝撃的な事件だったようだし、怪談好きのタイ人には無視できない話題だったのだ。ちなみに、掲載が翌々日なのはタイでは一般的である。王室に関係することや国家を揺るがすような大事件などでない限り、記者は取材翌日に執筆するので、タイの新聞は情報がやや遅い。

　このピー・ポープ騒動は、日本なら少年僧の奇行から、すぐさま統合失調症などの精神疾患が疑われて終わりになるだろう。だが、タイでは大まじめにピー・ポープがどのように現れたのかを考える。ある意味、こちらの方が正しい世界なのではないかとさえ感じる。人間らしさがあっていい。

ただ、これには後日談がある。二〇一七年、三三歳になっていた元少年僧を、タイのテレビ番組が後追い取材したのだ。それによれば、元少年僧は、家族に不幸が続いた状況を打開するために出家して、ある日、啓示を受けて生きたアヒルを食べるようになったのだという。しかし、本当はある段階で正気に戻っていたのだそうだ。元少年僧は、母に嫌われたくないために、ピー・ポープ憑きをそのあともしばらく演じ続けて正気のままアヒルを食べ続けていたことを告白した。

この「母に嫌われたくない」という点が、農村などの貧困層にある問題点を浮き彫りにする。当時少年僧は「ネーン・ピー・ポープ（悪霊憑きの少年僧）」と名づけられ、東北地方を巡業していた。ひとり三五バーツを取って、あくまでショーとしてアヒルを食べ続けていたのだ。「母に嫌われたくない」とはすなわち、稼いだ金を渡さないと母の機嫌を損ねるということだ。現実的に、彼が稼がないと家族はたちまち困窮してしまうほど貧しかったのだ。

家族みんなが稼げばいいのではないかとも思うだろう。日本では親がある程度の年齢までわが子を養うことが一般的だろうが、タイではある程度の年齢になると逆に子が親を養うことが普通だ。日本やシンガポールなどでは市街で働く高齢者をよく見かけるが、タイでは見ない。それは、親が早々に働くのをやめて、子どもたちから仕送りをもらっているためだ。動ける者が弱者を養うのは当然という考え方なのである。そこに遠慮や恥はなく、施しを受ける側に、与える側よりも強い権利がある。仏教の「徳を積む」という理念を逆手に取って振りかざしているように見えなくもない。

そのため、地方の貧困地域では、子どもが小学校を出たらすぐ働かせるといった児童労働問題も多い。長期的に見れば高学歴の方が生涯収入も増えるのは自明の理だが、貧困層は目先の小銭稼ぎに走りやすい。貧しすぎて、その日の糧を得るにはそうするしかないという現実があるにしても、ひどい場合は、家族を養うためにバンコクで売春をする子どももいて（男女問わず）、親たちもおそらく自分の子が性を売っていると薄々気づきながら、自分が楽をするために知らないふりをする。この少年僧も、同じような理由のために悪霊憑きの演技で巡業して過ごしてきたようだ。

番組の中で元少年僧は「いまはもう、まともになりました」と答えているが、呂律《ろれつ》が回っておらず、台湾などでポピュラーな噛みタバコのような植物「ビンロウ」で口を真っ赤にしたまま話していた。タイではビンロウの種子であるビンロウジを、石灰とコショウ科の葉であるキンマに包んで噛む。これが赤い色になり、アルコールで酩酊したような依存性のある嗜好品となる。タイ語ではマーク・ソンと呼ばれるが、ギン＝食べる、マーク＝ビンロウジから、昔の日本にはこのタイの習慣が「キンマ」として紹介された。ただし、現在は地方の農村で高齢者が嗜む程度で、ほとんど見られなくなってきている。

さらに、この元少年僧は性同一性障害というわけではないようだが女性のような服装と髪型をしており、痩せこけていて、三三歳とは思えない、まるで老婆のような外見だった。見た目では、まだまだピーが抜けていないようにさえ思われた。

タイの玄関スワナプーム国際空港も心霊スポット

タイではほかにもたくさんの心霊現象がまじめな報道を扱う媒体で取り上げられてきた。しかし、この国では心霊や妖怪などを文化的、民俗学的、あるいは科学的に研究されることがほとんどない。仮に研究されていても一般的に知られることはなく、議論されてもオカルト・ファンの域を出ない範囲で考察されるくらいだ。ある意味ではそれがいい点で、結論が出ないため、またなにか起これば再び報道番組などで取り上げてくれる。端から見ていると、結構おもしろくて飽きないのだ。

そんななかでも報道に登場する頻度が高いのが、外国人観光客なら誰もが知る、タイの玄関口であるスワナプーム国際空港である。

スワナプーム国際空港は、二〇〇六年九月に開港した。それまではバンコクの北側にあるドンムアン国際空港が使われていたが、タイ空軍と滑走路を共有していることと、便数のキャパシティーに限界があることによって、主要空港はスワナプーム国際空港に移転した。ただし、現在もドンムアン国際空港は使用されており、一部の格安航空会社はこちらの発着となっている。

ちなみに、スワナプーム国際空港の「スワナプーム」には黄金の国という意味がある。採掘量は多くないがタイには金脈があり、かつては金産出国でもあった。いまは利権の関係なのかタイ政府が採掘を認めておらず、国内の金製品は外国からの輸入地金を加工して作られている。タイは華人（中華系タイ人）が多いので、中華街に本店を置く「金行」と呼ばれるゴールドショップがある。かつて、華人を中心にタイ人は金製品を購入して、資産を分散させていたが、時代が変わり、いまは金製品にあまり人気が集まらない。

さて、スワナプーム国際空港に話を戻すと、開港してからというもの、さまざまなトラブルが相次いでいる。小さなところでは受け入れ可能な乗客数に対してトイレの数が足りていないなどがあるが、最も大きなところでは、二〇〇八年一一月に発生した、反政府デモ隊による九日間の空港占拠である。当時の政権側に対する強行的なデモ活動のひとつとして、開港して間もないこの空港を占拠して封鎖したのだ。

この占拠事件により帰国できない外国人が続出するなど、ゴタゴタの多いスワナプーム国際空港は、実は心霊関係の目撃情報も多い。空港建設に携わった人の死亡事故に起因するといわれている。

ネットでは動画サイトに『タイのあるビルのエレベーターに現れたピー（霊）』というタイトルで投稿されていた映像があった。エレベーターに老婆のピーが映り込んだとされるもので、元ネタではエレベーターがどこに設置されているか、詳細は書かれていないのだが、実はスワナプーム国際空港のエレベーターの中だという情報が流れている。

また、数年前には空港事務所内の柱に人の顔が浮かび上がると噂が立ち、死体を埋めて建設されたのではないかと巷では囁かれた。これによって従業員が数人、怖くて働いていられないと退職してしまったという。

二〇一三年九月には、タイの新聞『タイラット』やテレビ局の7チャンネルが放送したニュース番組で、スワナプーム国際空港に天使が現れたと報道された。またも大手報道機関がまじめに「テワダー（天使）」と言っているのだ。これはこの九月八日午後一一時ごろに、タイ国際航空六七九便がスワナプーム国際空港に着陸を試みるも止まれず、滑走路をオーバーランしてしまった事故に起因している。

このオーバーラン事故の際、火災の懸念から、乗客は客室乗務員らの指示下で機外に脱出することになった。事故後、機体から脱出した多数の乗客から、タイの民族衣装を着た客室乗務員が誘導をしてくれたと証言が出た。たしかにタイ国際航空では機体が水平飛行に入り機内サービスが始まると、フライトアテンダントが場合によっては民族衣装っぽいデザインの服に着替えていることがある。しかし、事故当時は乗務員全員が通常の制服――紫色のス

上／噂の絶えないスワナプーム国際空港　下／スワナプーム国際空港は広大なエリアに建設された

ーツのようなデザインの服を着ていた。これは当時の脱出直後に乗客が撮影した動画にも紫の服を着ている客室乗務員たちが映っている。

その後、この民族衣装の女性はテワダーだったと推測されるようになる。以前、墜落事故で亡くなったフライトアテンダントが天使となって現れたのだ、といった話がまことしやかに語られた。タイ国際航空側はというと、この女性が幽霊か、はたまたそうでなかったのか、はっきりと明言はしていない。「違う」ときっぱり否定しないあたりに、霊の存在を信じる人の割合が多いという、そんなタイらしさがある話だと僕は感じた。

3　大学教授の体験談

超自然的な存在と交感する力——霊能力が開花したのが、ある程度歳を取ってからという人もいる。

タイの大学で東洋美術を教えるLさん（六〇歳）は、中学生になってからその能力が身についたという。チャオプラヤ河の西岸で、前王朝時代は王都だったトンブリー・エリアの中では発展しているプラ・ピンクラオ通りにある、仏像が大量に飾られたLさんの書斎で体験談を聞いた。

学校の授業で霊能力が開花してしまう

「中学生のときに授業の一環で寺院にてサマーティ（瞑想）をしたことで、急に感じるようになりました」

タイでは公立校をはじめ、キリスト教系列の私立学校でも、仏教に関係した授業が行われる。仏教の成り立ちのほか、ヒンズー教の神話などに登場する神々についても学ぶ。これがのちのちタイ人のアイデンティティーにも繋がり、男子であれば将来的に出家をする際にこの知識が役に立つ。タイはいまも男性は人生に一度、出家をすることが常識だ。

日本だと出家信者と在家信者に大別され、出家すると還俗することはそうないだろう。タイもその分類はあるものの、在家信者も男性は数日から数か月程度、生きている間に最低一度は出家する。

タイの寺院は懐が広く、いつでも出家でき、いつでも還俗できる。子どものときにする人もいれば、歳を取ってからする人もいる。僕自身がいままで見てきた印象では、大学あるいは高校を卒業してから、その年か、数年後にタイミングを見て出家するという人がわりと多いように思う。古典怪談のメーナークは宝くじの神になっているが、元はと言えば徴兵されたくない男性が参拝していた説がある、と先に紹介したが（四二ページ参照）、タイでは男子は二一から二九歳までの間に、四月上旬に定められた会場で軍隊に入るか入らないかのくじ引きに参加しなければならない。学校の軍事教練を履修していれば免除にはなるが、基本は男性全員に招集がかかる。このタイミングを避けているのかもしれないが、いずれにしても二〇代で一度は出家するという人が圧倒的多数だ。

ただ、その時期というのはだいたいの男性が就職している。にもかかわらず、就職先が大手企業、外資系企業でも、携わるプロジェクトがあろうがなかろうが、彼らは自分のタイミングで出家するし、会社がそれを拒否することはできない。学生時代の夏休み中に出家すればいいのに、と思っている在住外国人は僕だけではないはずだ。

ほとんどのタイ人にとって寺院は特別な場所である。公立校は寺院の敷地内、あるいは隣接して建っている。タイ人にとって寺は生活に密着した場所であり、心のよりどころであり、神聖な領域だ。不幸があればピー（霊）の仕業ではないかと疑い僧侶に助けを求める。幸運が舞い降りたら、仏に感謝しに訪れる。そんな寺院で、あるいは出家しているときに、不思議な体験をする人も少なくない。

冒頭のLさんはそんな学校の課外授業で寺院を訪問し、サマーティで霊感を得たのだ。

耳元で囁かれる「飛び降りろ！」

Lさんにはピー（霊）は見えない。ピーは、あくまでも感じる存在だという。月並みな質問だが、怖いと思わないのか訊ねた。

「実は子どものころは怖がりで、ピーの話を聞いたり、本を読んだりすることすら苦手でした。いま思い返せば、小さかったころもその存在を感じていたのかもしれません。感じるようになったばかりのころは怖かったですよ。でも、慣れてきたからなのか、彼らがどういうものか、なんとなくわかり始めてからは怖いとは思わなくなりました」

見えないから怖いということはあると僕も思う。シリラート病院の死体博物館にいまもある解剖学の標本室には母親の胎内で双子がくっついたまま育ってしまう結合双生児や臓器のホルマリン漬けが並ぶ。

いまはしっかりとドアで閉ざされているが、一九九八年ごろは死体博物館の標本室の階下は医学実習用の解剖室だった。夕方にここへ来ると、解剖室には死体袋に入れられた献体がずらっと並んでいて薄気味悪いものだった。しかし、こっそりとその袋を開けて死体が入っているのを直視すると、急に怖さが消えたものである。

ちなみに、おそらく日本で最も有名だった結合双生児であるベトナムのベトちゃんドクちゃんをシャム双生児とも呼んだと記憶しているが、この「シャム」はタイの旧国名であるサイアムの日本語訛りだ。かといって、タイに結合双生児が多かったわけではなく、一八〇〇年代に欧米を巡業していたサーカスにタイ出身の結合双生児がいたことで「ザ・サイアミーズ・ツインズ」の興行名が知れわたり、日本にも伝わったとされる。

Lさんもピーを感じるようになり、積極的に関わろうとしなければ特に危なくないこともわかってきた。ただ、こんなこともあったという。

「大学生のころ、友人が美術製作の参考に死体を見ると言い出して、一緒に報徳堂に密着して現場写真を撮らせてもらいました。その帰りのバスの中でドアの前に立っていると動悸が激しくなり、耳元で『飛び降りろ』と言われているような気がしてきました。実際、そこから飛び降りたくなるんです。当時は公共バスのドアは走行中も閉めないで開けっ放しでしたからね。急いでうしろの席に座りました」

報徳堂といえば、僕が所属する救急救命の慈善団体だ。Lさんが若かった当時は、報徳堂も気軽に一般人の同行取材を許可していた。九〇年代でさえ警察も殺人事件現場の現場保存という思考もなかったし、報徳堂のボランティアたちも手袋をしないで血だらけの死体や肉片を回収していた。

現場の風景は新聞や雑誌に載ると活動の宣伝となり、寄付金増加に繋がるため、報徳堂など慈善団体はむしろ喜んで撮影を推奨していた。死体の尊厳への配慮もなく、被害者や遺族の気持ちを考えるという概念すら存在しない。死体は広告アイコンのひとつで、現場では好き放題に撮影させてもらえる時代だった。

美術関係の大学に進学しているLさんは、それなりの富裕層だったと見られるが、当時のタイの経済水準からすれば自家用車を所有できる人は少なかっただろう。そのため、Lさんといえども路線バスに乗って移動をしていた。

二〇〇〇年代に入るまでは、バスはちゃんとバス停で乗客を乗降させるという法律が守られていなかった。だから、それまでは降りるのはどこでもできたし（ただし、完全停止するとは限らず、ほとんど飛び降りると言った方がいいケースもあったが）、バス停はあってなきようなものだった。バス停が日陰になっていればいいが、日差しをさえぎるものがないと、近くの木陰が自然とバス停になった。また、当時は並んで待つという概念もなかったので、われ先にと乗客の誰もがバス停の手前手前へと立つため、本来のバス停と実質的なバス停がさらにずれていってしまう。そういったわがままな乗降客に対応するためにバスは常にドアが開けっ放しで、実際にそこから転落死する人もいた。

Lさんは、たまたまドアの横に立ち、見えない者の声が耳元で聞こえた。その声の主は事件現場から連れてきてしまった者なのか、元々バスにいた者なのか、たまたま通った場所にいた亡霊なのか、いまもわかっていない。

友人の母に息子の死を伝えに行ったが、すでにその母は……

Lさんが大学三年のとき、サメット島で友人が亡くなってしまったという。

サメット島はタイ東部にあるラヨーン県のバーンペー村から行ける島である。バンコクから最も近くにある国立の海洋公園だ。バンコクからは車に乗って三時間弱でバーンペー村に着く。そこから乗り合いの渡し船で一時間かからない程度で島に上陸できる。バンコクから最も近いビーチリゾートはパタヤだが、ビーチの水があまりきれいではない。その点、サメット島は白い砂浜と青い海が広がる素晴らしい週末バカンスの地だ。ビーチがいくつもあり、夜は砂浜にテーブルを並べたリゾートらしいレストラン・バーなどが出てくる。

Lさんの友人らが行ったころはいまほど開発されておらず、夜は電気がないとか、食料は自分たちで船に乗る前に調達して持ち込まなければならないとか、なにかと大変な場所だった。そんな島に大学の同級生らが集まった。そのうちのひとりの友人とLさんは親しかった。彼には恋人もいたし、よき仲間に恵まれた青年だった。

その日、だいぶ暗くなってからひと泳ぎしようと、Lさんの友人はほかの仲間や自分の恋人を誘ったという。しかし、夕飯の用意もあるし、昼間十分に遊んだこともあってみんな断り、彼ひとりが海に行った。これが人に目撃された最後の彼の姿である。

その後、暗くなってもLさんの友人は戻ってこない。みんなで手分けしても見つからなかった。夜遅く、明かりもない。結局、翌日になって彼の溺死体が発見されたという。

大学三年といえば、順当に進学していればLさんが二一歳のころの話だ。つまりいまから四〇年近く前になる。ということは、当時携帯電話はなかった。タイで携帯電話が一般の人の間にも普及したのが二〇〇〇年に入ってからのことだ。そもそもタイで携帯電話事業が始まったのも一九八〇年代半ばのことである。サメット島にいた友人たちは緊急の訃報を家族に伝えるため、旅行には参加せずバンコクにいたLさんに電話し、亡くなった友人の母親への言伝《ことづて》を頼んだ。Lさんとしては非常に荷の重い任務だった。

「友人が母親に愛されていたことを知っていましたからね。だから、バンコクにいた私とほかの友人たちで、彼女に息子の死をどう伝えるべきか悩みました。でも、隠すわけにはいきませんし、むしろ早く伝える必要もあると、意を決して申し上げたんです。そうしたら……」

Lさんたちが、友人が島で亡くなったことを告げると、母親はこう言ったそうだ。

「やっぱり」

彼女の息子が溺死したと思われる時間帯にバンコクの自宅の外にずぶ濡れの息子が立っているのを見たという。母親は、息子の様子が変だとは思ったが、とにかく家に入るよう促した。しかし、息子は一言「ごめんなさい」と言うと、姿が掻き消えたそうだ。

タイ人の多くは家族を大切にする。前述の「ネーン・ピー・ポープ（悪霊憑きの少年僧）」

のように、子が働き出したら親や祖父母を養うことが一般的だ。その友人もずっとよくしてくれ、自分を肯定してくれた母親を大切に思い、卒業したら面倒を見ていこうと決めていたのに、それが叶わなくなったことを一言謝りたかったのかもしれない。Lさんが言う。

「人は亡くなるとウィンヤーン（魂）になり、会いたい人に会い、行きたい場所に行けたら成仏する。だから彼は誰よりも大切だった母に会いに来たのでしょう」

Lさんが匿名の理由と宝くじ

ここでお伝えしておきたいのだが、Lさんが匿名になっている理由はふたつある。ひとつは、どんなに怪談好きの国民性があってもやはり「霊能力がある」とおおっぴらに話すと、たいてい変な顔をされるからだ。特にLさんは大学教授という立場である。ときに学生が怪しいピー（霊）にまとわり憑かれていることもある。あまりにひどい場合は遠回しに伝えることもあるが、基本は隠しているそうだ。

それからもうひとつは、ある体験談が名前を出すとまずいという事情もある。タイでは公務員や教員が副業をすることは珍しくないし、黙って続けている分には、日本のように雇用主から糾弾されることもない。ただ、それは業種による。

「実は私、ナコンパトムでカラオケ店を経営したことがあるんですよ」

タイ人男性が通う店の中には客ではなく、店員がカラオケを歌う店もある

タイの性風俗店は日本よりも安価で、過激だ。外国人観光客のなかには性的なサービスを体験することを目的にタイに来る人もいる。特にバンコクは「聖地」をもじって「世界三大性地」と一部に呼ばれている。バンコク・サンパウロ・ナイロビの三都市がそれに当たる。都市ラインナップは諸説あるのだが、基本的にバンコクが外されることはないほどだ。

一方でタイ人は保守的な面も持ち合わせていて、特に性風俗産業にはアレルギー反応かというくらいに嫌悪する人がいる。タイの性風俗産業に従事する人は、日本のように遊ぶ金ほしさという理由ではなく、単純に貧困という問題からそういった店で働かざるをえない人ばかりだ。そのあたりの救済策がないままに、政府は取り締まりなどを実施している。

だから、大学教授が、性に関わる店ではないとはいえ風紀を乱す商売の代表と目されるカラオケ店を経営していたことは、たとえ過去の話だとしても公にはできないのだ。

Lさんはバンコク出身だが、たまたま、バンコクから車で西に向かって一時間と少しのナコンパトム県市内で物件を紹介され、居抜きに近い形でカラオケ店経営を始めた。この地は世界最大というジェーディー(仏塔)があることで有名な古都でもある。ここならちょっとした小遣い稼ぎができ、教え子や学校関係者に見つかることもない。驚くほど安く物件を購入できたのは幸運だと思ったし、Lさんは当初、地方都市だからそんな価格なのだと考えていた。

「契約を交わしたあとで知ったのですが、その物件は昔、殺人事件が起こった場所で、ピーの目撃情報があったことから借り手がなかなかつかなかったんです。そこに、なにも事情を知らない私が入ってしまったというわけですね。私自身はまったくなにか感じることもありませんでしたし」

タイの法令に、事故物件を売ったり貸したりするとき、次の入居者に告知する義務はない。よくよく従業員に聞いてみると、たしかに住み込み従業員から、店の奥にある個室で男のピーを見たと言われた。

タイのカラオケはホールのように大きな部屋でほかの客たちとカラオケ装置を共有するタ

イプもあれば、VIP客のための個室もある。また、そういった部屋に営業終了後に寝泊まりする従業員もいる。店側としてはきちんと掃除をして生活感さえ残さなければ、住みつかれようとも見張りとしても役立つので、守衛を雇う手間や賃金が省けるメリットがある。

ピーの目撃談はあるもののそのまま営業を続けたが、案の定、しばらくして問題が起こった。住み込みで働く女性従業員の身にトラブルが降りかかったのだ。

「女性従業員が男性に強姦されたと店に訴え出たのです。ただ、寝ているときだったので、それが夢か現実かわからないみたいでした」

店に人が侵入した形跡はなく、おそらく夢かピーか。この建物が事故物件となった原因の殺人事件は、男性同士の喧嘩の末に起きたとLさんは漠然と聞いている。たとえ霊の仕業だとしても被害男性なのか、加害者の生き霊なのかもわからない。そもそもタイでは生き霊の存在はあまり語り草にならないので、おそらく亡くなった方の霊であると思われるが、真相はわからないまま、その女性は怖くなって、すぐさま退職してしまった。

「結局、このカラオケ店は本業との問題がありますし、売却しました。でも、経営中にピーに強姦されたと言って退職した女性はそのあともうひとり出てしまいました」

従業員の入れ替わりが激しい関係で、最初のトラブルを知る人は、新たな訴えが出たところにはLさん以外にいなくなっていた。それにもかかわらず、ふたり目の女性従業員も同じ部屋で同じ体験をしたのだ。

宝くじの1等は200万バーツだけだが、組番は関係ないので、同じ番号を集めて買えば当選金は高額になる

タイでは同僚が友人同士のように仲よくなることは当たり前のことだ。それがうまくいっている間は離職率も下がり、職場の雰囲気もよくなる。逆に距離感が近づきすぎてしまい、喧嘩別れすることもある。いずれにしても、退職しても数人は繋がりがあるものだ。だから、辞めてしまったふたりの女性の後日談もLさんの元には入っている。

「その女性ふたりは辞めた直後にロッタリー（宝くじ）を購入して、大当たりしたんですよ」

とすると、ふたりが遭遇したのは、悪霊というよりは神のような存在だったのだろうか。ミャンマーの精霊信仰ではよく神が信者の夢に出てきて肉体関係を迫るらしいが、そんな神がナコンパトム県にもいるのかもしれない。それにしてもメーナークしかり、サオ・トック・ナムマンのメー・ジュラマニーもしかり、タイには宝くじに関係したピーが数多くいるものだと、この話を聞きながら思った。

4―コン・ヘン・ピー（霊視能力者）

いわゆる霊能者のなかでも、人外の存在を見てしまう力を持つ人――霊視能力者にはピー（霊）がくっきりはっきりと見えるのだそうだ。

これは最近の主流的意見だと僕は思っている。僕が子どものころは、霊は、玉響《たまゆら》現象と呼ばれる、主に写真に写り込む光の球体、いわゆる「オーブ」に代表されるようなぼんやりとしたもので、実体が明確に存在していないようなものだと霊能力者たちは表現していたと記憶している。しかし、いまは霊などの存在は人間をはじめ、この世に実体があるものと同じように、はっきりと見えると言う霊能者が増えた。

霊能力者たちが世間にある程度認知され、言いたいことを言えるようになったから「はっきりと見える」と明かし始めたのか、それとも霊や神がより人間っぽいものになりつつあるのか。

　そういえば、二〇一八年一一月に東京に滞在した際、僕は当年本厄の当たり年だったこともあり、西新井大師《にしあらいだいし》に行った。僕の日本の滞在先である実家が近かったからだ。このとき初めて知ったのだが、西新井大師の境内には、水子供養の大きな地蔵があった。水子供養がそもそも大昔からあった風習ではないそうだが、子どものころから西新井大師は知っていたのに、ここにもそんなものがあったのかと意外に感じた。

　そのうち、若い夫婦がやってきて、僧侶が地蔵の前で経を読むうしろに立ち、彼らも手を合わせた。授かった子どもが生まれる前に残念な結果になったのだろう。ほんの少しだけその様子を見ていたら、地蔵の周囲に何十と供えられた風車のうち、夫婦の奥さんの側にあったたったひとつだけが、電気仕掛けかと疑いたくなるほど元気に回っていた。ほかの風車は微動だにしていないというのに。これも夫婦の明確な願いが、亡くなった子に伝わったからなのか。

　タイでも霊能力者ははっきりとピーの姿を捉えると言うようになった。霊視能力者はくっきりと見えるし、霊聴力者はその声をはっきりと聞き取れるという。二〇代半ばの女性会社員のオーさんもそんなひとりだ。

霊視能力に気がついたのは母

オーさんは生まれたときからピーが見えていたという。タイ語では霊視能力者を「コン・ヘン・ピー」という。あまりにもはっきりと見えることと、ピーという概念をまだ知らなかったことから、オーさんはその能力と存在に気がつくまでにだいぶ時間がかかった。むしろ、霊視能力があることに気がついたのは、彼女の自覚よりも母が先だった。

「ある日、山に出かけたときに私ひとり遭難してしまいました。幼稚園とか、それくらいの年齢だったようです。母に聞いたところでは、そのとき周囲は大騒ぎで、捜索の手がかりもなく、絶望的な空気が広まったそうです。でも、いきなり私が自力で戻ってきたので、みんな驚いたと聞いています」

オーさんの母親が彼女に、どのように戻ってきたのか訊いたところ、特に怖がる様子もなく、

「森の中で出会った人が道路まで案内してくれた」

と説明したそうだ。当初、母親は誰かが助けてくれたのだと思ったが、オーさんに「出会った人」の姿を説明されると、急に青ざめ、同時に自分の娘がコン・ヘン・ピーなのだと理解した。その姿とは、汚れた服装や、腐敗しているような顔立ちなど、とうてい生きている人間の姿ではなかったという。また、オーさんの足取りをのちに警察がたどっても、ほかに

人がいた形跡は発見できなかったそうだ。

オーさん自身も、このときが、生きている人間とピーとの違いや、ピーがどんなものなのかを理解した瞬間だった。生まれたときからそういった人物が自分の周囲にいたことから、幽霊というものだとは思いもよらなかったのだ。

バンガローに帰ってくる奇妙な存在

霊能力は年齢を重ねるごとに衰えるというケースも少なからずあると聞く。一方、オーさんの霊視能力は衰えることはなかった。ただ、下手に他人に話すと奇異に見られることに気がつき、大人になるにつれてピーが見えるということはできるだけ隠すようになってきたという。

社会人になってからのことである。タイ東北地方の玄関口、ナコンラチャシマー県にあるカオヤイ国立公園に出かけた。ここはナコンラチャシマー県と、中央部のナコンナーヨック県などにまたがる山岳地帯がすべて自然保護区になっている。国立公園なので入園が有料だ。車やバイクでも入ることができるが、人間に慣れたサルに車上荒らしをされたり、子育てで気の立っているゾウの群れに遭遇すると車がぺしゃんこになるまで攻撃されたり、観光するにはリスクのある、ある種不思議な国立公園である。最近はタイもアウトドア・レジャーがブームになっていて、こういった国立公園の中や周辺で、大自然を体感しながらキャンプをする人が増えてきている。

すでに何度か紹介しているように、タイでは徴兵制度があり、また免除の条件が軍事教練の履修であることから、大半のタイ人はアウトドアの経験がゼロではない。よほど設備が整っていない学校でない限り、女子生徒も軍事的な授業に参加している。

また、バンコクでさえ中心部から車で一時間も走ればのどかな風景になり、周囲に自然が多い。そんな事情もあって、タイ人はテントで寝泊まりすることをレジャーとは思ってもいなかったようだ。しかし、ネットの発達で海外のナチュラリストの生活や旅行を見てキャンプに興味を持ったのか、二〇一〇年以降からアウトドア旅行人気が高まりつつある。ただ、都会の若者はいきなり山などに行っても不便しかないので、バンガローに泊まったり、道具などがすべて用意され、さらにはエアコンつきのテントでアウトドア派を気取ってみたりする。

オーさんもそんなブームのなか、この公園の近辺にあるバンガローに宿泊したが、到着早々、なにか奇妙なものを感じ取った。汚れた犬がオーさんにつきまとうのだ。この犬は霊でもなんでもなく、この辺りに住みついた本物の犬である。

「その犬はバンガローに到着してから、私にずっとついてくるんです。それはともかく、部屋に入ってみれば、なぜかテンガロンハットや、女性の服などが置いてありました」

オーさんには、この時点ですでにある程度の予感があった。ここでなにが起こったのか。案の定、夜になれば玄関が開く音がするし、本当に開いたと思えばすぐさま浴室のドアも開く。中から水の音も聞こえ、まるで帰宅してすぐにシャワーを浴びるような雰囲気である。そして、水の音が止まると、浴室から白人女性が姿を現した。

のちに従業員に確認したところでは、このバンガローで起きた強姦事件の話を明かされたという。被害者は、やはり白人女性だった。

観光地としてのタイ人気はなにも日本人からだけでなく、欧米人にもタイ好きは少なくない。タイ人にも日本人と同じように欧米への憧れというか幻想もあって、アジア人よりも白人が好きという人もいる。タイ語は文法的に日本語よりも英語に近いため、タイ語話者には学習しやすく、欧米人の方が会話しやすいという事情もあるだろう。

そうして言葉巧みにタイ人男性が白人女性に近づき、年に何回も強姦殺人事件が発生する。タイ南部のビーチリゾートが近年は特に多く、毎年何人かの白人女性が強姦、あるいは強姦殺人の被害者となっている。このカオヤイ国立公園の事件は、調べてみてもニュースなどにはなっていないようだ。それくらい、タイではタイ人男性による白人女性への性的暴行事件が少なくないのだ。

オーさんが目撃した、バンガローの強姦被害者はなんとかその場から逃げ出せたものの、追いついてきた犯人に殺害されてしまった。つきまとう犬はこの女性が本国から連れてきて

上／カオヤイ国立公園内には吊り橋や小川もあり、散策にもいい
下／食べものを目当てに公園内の駐車場に押し寄せてくるサルの群れ

上／プーケットは乾期（11月から翌5月ごろ）に訪れないと海が汚い
下／南部ラノーン県のバンガローで寄ってきたイヌ

いた飼い犬だったそうだ。飼い主を失ったあともこの公園に留まっているのだ。

ところが、よくよく話を振り返ってみると、犬こそ本物であるが、昼間部屋になぜか置いてあった帽子などはなんだったのか。オーさんによれば、それらはその亡くなった白人女性のもので、それもこの世に実在していないもの、つまり、オーさんが幻視したものだったようだ。愛着を持っていたのでその女性のウィンヤーン（魂）が「物」に入り、テンガロンハットが日本で言うところの付喪神《つくもがみ》になっただろう。

それにしても、いくら霊がはっきり見えるからといって、被害者の遺留品までくっきりと見えるようになるのか。それならば、警察などはコン・ヘン・ピー（霊視能力者）を雇ったら事件解決率が上がるのではないだろうか。

ピーはいつもそこにいる

オーさんは日常的に霊体験をしているので、逆にこれといった実話怪談を案外に持ち合わせてはいない。当人にとっては普通のことすぎて、なにが怖くておもしろいのかがわからないのだ。僕は、そんな日々が逆に怖くないのかと訊いた。彼女はほぼ即答で「敬意を払えばなんら問題はないですよ」と言った。

その一例として、現在の勤め先のセミナーに参加したときの話をしてくれた。タイの企業ではスキルアップや愛社精神を育む一環としてセミナーや社員旅行、外部のイベントスペースでの会議などをよく開催する。日本人とは違い、タイ人はむしろこういったオンジョブで行われるイベントが大好きで、多数が参加する。社員旅行などの開催・中止は労働争議にも発展しかねないほどタイ人は重要視している。これはオーさんが南部のプーケット県にセミナーで数泊したときの話だ。

「会社が用意してくれたホテルに戻ったのは食事などが終わった深夜に近い時間帯でした。一日の疲れと汗をシャワーで流し、浴室からベッドルームに戻ると、私が寝るはずのベッドの上で民族衣装を着た女性が一心不乱に踊っていました」

タイの古典舞踊にはいくつか種類があるが、彼女にはその知識がなく、正確になんの踊りかはわかっていない。いずれのタイ古典舞踊も発祥がインドで、タイ南部に伝来したといわれている。指先まで力を込めて踊るような、そんな舞踊で虜《とりこ》になる外国人も多い。

オーさんは女性の踊りを邪魔しないように部屋の隅で見物し、踊り手とは特に言葉は交わしていない。その踊るピーは音もなく消えていった。オーさんは怖いとはまったく感じなかったそうだ。

それから翌日もほとんど同じ時間帯にその古典舞踊のピーは現れ、ベッドの上で踊っていた。オーさんは本を読んだりして、やはり邪魔をしないようにおとなしく消えるのを待った。そして、踊りが終わってからベッドに腰かけた。

「そうしたら、その霊は私に寄り添うように一緒にベッドに座りました。しばらくつき添ってくれるようにそこにいて、私が寝るときには掛け布団をかけてくれたのです」

オーさんにとって、ピーは怖いものではない。

「見えなくともそこにいるであろう霊や、その土地をバカにするような発言は慎むべきです」

生きている人間相手の社会的な関係と、霊相手の距離感はまったく同じものなのだという。自分を悪く言う相手に好意は持てないのは当然でしょう？　とオーさんは話す。霊は怖いものではなく、ただそこにいるだけなのだ。生きている人間と同じように敬意を払えば、なにもされない。

ピーはいつもわれわれの言動を聞き、見ているのだ。

5 タイ在住日本人女性が語る怪異譚

タイは政治的に不安定な国で、明日にはまったく違う国になっているかもしれない、というリスクを常にはらんでいる。ずっと前の話で言えば一九七〇年代から九二年まで一〇回もクーデターが起こっている。それからしばらくは落ち着いていたものの、二〇〇六年九月に無血クーデターが発生し、今日に至るまでタイの政情は安定的とは言えない状態だ。

それにもかかわらず、年々、タイに移住する日本人は増加し、日本外務省が発表する二〇一七年一〇月一日時点の在留邦人者数が七万二七五四人におよぶ。これは日本大使館などの在外公館に提出される在留届が統計のベースになっているので、提出していない人や短期滞在を含めれば常時一〇万人は超えていると見られている。七万超という数字は、一位アメリカ、二位中国、三位オーストラリアと比較すれば世界的に見て第四位にあたる。だが、国土面積で割れば日本人の人口密度が高い外国はタイということになる。

これだけ日本人が多いと、犯罪者も紛れ込み、また自殺する者や詐欺《さぎ》を働く者など、悪い面も持ち込まれてくる。在タイ日本大使館の大使館員は「いい意味でも悪い意味でも日本社会の縮図がタイに来ている」と表現した。

七万人もいれば、霊能力を持つというタイ在住日本人も現れる。実際、スピリチュアルな活動を生業《なりわい》にする日本人が、バンコクだけでも何人かいる。ただ、人数が多いとはいえ、日本本国の一億人規模の社会から見れば、タイの日本人社会は小さい。知り合いをたどっていけば、ほぼ全員と繋がるのではないかというほど狭い社会だ。そのため、働くにしても暮らすにしても、オカルトな発言で胡散臭《うさんくさ》いと白眼視される問題が出てくる。だから、自身に霊能力があると公にする人はそんなに多くない。

しかし、意図的にこういった類《たぐ》いの情報を求めてヒアリングをしていけば、案外見つけ出すことは難しくない。そんななかで話を聞いたのがMさんという、タイ在住もおよそ二〇年になろうという女性だ。タイ人男性と結婚し、ふたりの子を持つ母親である。

三人の霊が引っ越していった先

Mさんの周囲ではいつもなにかしらの霊現象が起きている。彼女がまだ独身で、タイ最大規模の週末市であるチャトチャック・ウィークエンドマーケットに近いエリアに住んでいたころのことだ。

そこはパホンヨーティン通りという、バンコクからタイ北部チェンライ県のミャンマー国境まで続く国道一号線である。一般的には省略してパホンと呼ばれている。フランス領だったインドシナとの紛争で勝利したタイ政府が一九四一年に建てた戦勝記念塔（アヌサワリー・チャイサモーンラプーム）を起点とし、格安航空会社の発着空港になるドンムアン国際空港の旅客ターミナル前、古都アユタヤ県や北部各県を経由して、全長は一〇〇〇キロにもおよぶ。

Mさんが住んでいたのは下町の風情が残りつつ高級住宅街であり、おしゃれなカフェ街として知られるBTSアーリー駅の辺りだった。駅としてはこれといった特徴はないが、芸能人などもよく来る場所として知られるエリアだ。

古いアパートではあったが、高層階の過ごしやすい部屋を借りていた。居住者のほとんどがタイ人の、家賃も五〇〇〇バーツ前後の部屋である。いまでは家賃が一万バーツ（日本円で約三万五〇〇〇円）前後のコンドミニアムの部屋でも安い物件を借りていると見られてしまう。最近は現地採用者（タイで就職先を探し、待遇などがタイ人と駐在員の中間の立場で働く日本人）も給与が上がっていて、一万五〇〇〇バーツ超の部屋を探す傾向にあるからだ。二〇年前は、自分の意志で移住してきた人はタイ人と同じようなアパートに暮らしていた。選択肢がほかになかったという事情もあった。投資用不動産が増え、高級な造りながらも安い部屋が登場するのは二〇一〇年以降だからだ。

その部屋は特になにか因縁があったわけではなく、タイでは珍しい霊道にあたる部屋だったのだろうと、Mさんは回顧する。

「部屋で過ごしていると、ベランダのドアから人が入ってきて、ドアとは反対にある壁を抜けて、消えていくのです」

そういった部屋に住んでいたMさんはやがてタイ人と結婚し、夫の念願だったマイホームとしてコンドミニアムを、シーロム通りの奥に買う。

バンコクの住宅形態は大きく分けると三種類になる。一軒家、タウンハウス、コンドミニアムだ。コンドミニアムはいわゆる分譲マンションで、タウンハウスとはタイ式の長屋になる。土地と建物の所有権はあるものの、壁は隣室と共有することになる建物で、二階建て、三階建てなどさまざまだ。タウンハウスは一軒家よりは安く、コンドミニアムより使い勝手がいいというメリットがある。タウンハウスは一階部分を食堂や商店にすることができるからだ。

このシーロム通りはバンコクでも見所のある地域ともいえ、通りの一部は高層ビルが建ち並ぶビジネス街である一方、一部はバンコクの旧市街へと繋がる古き良き街の面影を残す。通りの東にはバンコクのオアシスでありつつ風水に難があるとされるルンピニー公園があり（詳しくは三七四ページを参照）、西端は中華街のヤワラーへと続いていく。要するにシーロム通りは古い街と新しい街のちょうど境目にあたるのだ。

Ｍさんのコンドミニアムはいわくつきだったらしく、ここではいろいろなトラブルがあった。特に多かったのがポルターガイスト現象のようなものである。Ｍさんは知り合いに霊媒師がいたので、とりあえず霊視してもらうことにした。

「薄々感じてはいましたが、その霊媒師から三人の男の霊がいると言われました。実は、当時まだ二歳くらいだった上の子も、以前から三人のおじさんがいると言っていたので、すべてに合点がいきました」

その三人の男は、どうもこのコンドミニアムの建設に関わっていた工事夫らしかった。ただ、ここで亡くなったのかどうかまではわからない。この物件を気に入ったのか、なにか思い遺すことがあったのか。

その霊媒師にすぐに祓《はら》ってもらった日の夕方、除霊が行われたことを知るよしもないMさんの娘が「三人のおじさんは出て行ったね」と言ったそうだ。

Mさんは無事に解決したかと思ったが、数日後、隣室の住人から「男性の霊が出た。どうしよう」と相談を受けることになる。三人の男は成仏したわけではなく、ただ隣に移っただけだったようだ。Mさんは「とりあえず霊媒師に相談してみたら」とアドバイスしたという。

ネコの面倒を見てくれる中年男性

その後、Mさんの夫が自ら手がけるビジネスが拡大したことと、子どもたちを日本人学校に通わせるため、一家はバンコク中心のやや古い高級アパートに引っ越していまに至る。Mさんは元々ネコ好きだったので、五匹のネコも一緒に暮らしている。

そんないまの自宅でも家族とは別の存在を確認し始めた。

「いつも視界の端に見えるだけではっきりとは見えないのですが、青い服を着た眼鏡の中年男性が部屋の中に立っています」

タイの伝統的な農民服に藍染《あいぞ》めの上着がある。そういったものなのかもはっきりしないが、間違いなく男性だ。ただ、怖いという感じはまったくない。

「最初は、亡くなった私の祖父がいるのかと思っていました。でも、いまは雰囲気的にタイ人だと見ています。ネコが好きで、いつもうちの子（ネコ）たちを見ているだけだから、特にこちらもなにもしません」

この霊と思われる存在に関して子どもたちは見えていないのかなにも言わないが、夫の部下が用事で寝泊まりしたときに男性の声がすると言ったことが何回かある。また、ネコには見えているようで、ときどき中空に向かって鳴いたり、そこに誰かがいるように甘える仕草をするという。

ちなみに夫には見えないし、彼自身はこういった類《たぐ》いの現象をまったく信じていない。彼らの自宅でMさんから話を伺っている際も、「そんなの信じているのか」と冷ややかな目で僕とMさんを見ていた。

しかし、そんな彼にもまったく霊体験がないわけではない。

ビジネスをさらに安定させるため、外注で製造していた製品を社内生産に切り替えることにしたMさん夫妻は、工場をタイ北部の田舎町に設立した。そのため、いまではその町を第二の拠点とし、子どもたちが長期休業に入れば家族全員、そこで過ごすことが恒例になりつつある。そんな休暇中、山遊びに日帰り旅行で出かけた。その帰りのことだ。

「夫はその辺りは不案内で、カーナビを使って運転していました。でも、指示どおりに走っているのにいつまでも目的地に着かなくて、いつの間にか山奥の細い道を走っていたのです。

チェンマイの山中で、バンコクではほとんど見かけない霧に遭遇した。タイ人は霧に不慣れなので危ない

ナビのマップ上ではちゃんと国道を走っているのに、どんどん地図とは違う場所に吸い込まれるように進んで、ついには古いお寺のような場所に出てしまいました。夫が改めて別の地図で確認したら、そこは火葬場だったのです」

まるで招き入れられるように、そんな場所に入り込んでしまった。それでも彼女の夫は、そのことに関して感じるところも、思うところもないようだった。

霊障が知人にも伝播した？

そんなMさんは「縁」にも霊障が現れる。僕が彼女から話を聞こうとアポイントを取ったその日、なぜか彼女の娘の同級生に不可解なことが起こった。

「その日、同級生の妹が転んで骨を折ってしまいました。『いつも家にいるおじさんが今日は寝てたんだもん』とその子が妙な言い訳をしていたと、その母親から聞いています。でも、母親には誰だか見当もつかない。それでお姉ちゃん、つまり私の娘の同級生に詳しく訊こうとしたら、妹と同じことを言ったみたいなんです。さらにお姉ちゃんは『おじさんと一緒にいる男の子も、おじさんが寝てたから怪我をしたと言っているよ』と話していたそうです。当然、お姉ちゃんが言う男の子のことも母親には誰だかわからない」

家にいつもいる、子どもたちにしか見えない「おじさん」と、この中年男性と一緒にいる「男の子」は、どんなときも姉妹を優しく見守っていたが、その日に限って寝ていたから妹は怪我をしてしまった。「座敷わらし」の年寄り版なのだろうか。僕が霊の話を聞きたいとMさんに頼んだことが巡り巡って、こんな事態を引き起こしてしまったのだろうか。

霊視能力が低下した代わりに得たもの

二〇一九年に入ってからというもの、Mさんは、まったく霊が見えなくなっていることに気がついたという。よほどの霊能力者でない限り、あるいはある程度の訓練がされていなければ、体調や気分などにその能力は左右されることはあるだろう。また、歳を重ねるごとに霊能力が低下するということもよく聞く話だ。

しかし、Mさんの場合、失いつつある霊視能力の代わりに、別の能力が身につきそうな気配がある。先の自宅にいる青いシャツの中年男性にも会わなくなっているのだが、霊が見えなくなってきたいま、今度は声がはっきりと聞こえるようになったそうだ。

「自分に向かって言っているのかどうかはそのときどきで違いますが、とにかくそこにいるかのように聞こえます。常に男性の声で、特にエカマイ通りや伊勢丹、サイアムの辺りでよく声だけが聞こえてきます」

前章で昔からあるタイ版こっくりさん「ピー・トゥアイゲーウ」を最初に実行したのがエカマイ通りだ。ここは通りの起点と終点に寺院がある関係か、気の流れがよくない場所とよく語られている（詳しくは三一二ページを参照）。日系デパートの伊勢丹が入居する商業施設セントラル・ワールド周辺は二〇一五年八月に爆弾テロで多数の死傷者が出た（詳しくは四一八ページを参照）。政治的な不満が増大すると反政府集会が開かれ、軍隊と民衆が衝突するのもまたこの辺りである。サイアムとはBTSサイアム駅の辺りのことで、バンコクの原宿などと呼ばれる最先端タイ・ファッションの発信地だ。ここも一〇年の反政府集会の騒動では商店に火が放たれて大火災になった。

バンコクは南国の街であり、おおらかなタイ人気質も雰囲気で伝わってくる。そのため、一見心霊スポットや体験などとは無関係のようだ。仮に知っていて心霊スポット巡りをしても日本のそれとは違い、おどろおどろしい雰囲気を感じる場所も案外少ない。しかし、精霊信仰がいまも浸透し、敬虔な仏教徒が多い国でもあり、そこかしこになんらかしらのピー（霊）が漂っているのも同じバンコクである。そんな街なので、得体の知れないなにかに遭遇しやすくもある。そんなバンコクは霊能者にはやや生きづらい場所かもしれない。

6―ナコンラチャシマー県の怪談

タイの地方エリアにある農村に伝わる怪談は、日本の古典怪談に似たものが多く、県庁所在地がある中心部はバリエーション豊富で、都市伝説的な実話怪談っぽい話が多い傾向にあると思う。

前章にて、プレートの項の終盤でタイの行政区分を紹介したが、一番大きな括りが県であるジャングワットとなる。県庁所在地がある中心部をムアンと呼び（区分は郡。すべての県でこの郡の名称がムアンになる）、その周囲を囲うように別のアンパー（郡）があり、さらにその中にタムボン、ムーバーンと続いていく。

ちなみに、首都バンコクは県ではなく、首都府という区分になる。そのため、県には必ずあるムアンが存在しておらず、アンパーにあたる区分もケートと呼ばれる。これは東京で説明すると区に相当する。区の下になるのがクウェーンと呼ばれ、○×町といった意味合いがあり、県で言うとタムボンと同じだ。バンコク都には村にあたるムーバーンという区分がなく、日本なら○丁目や番地にあたる番号が割り当てられている。住所を書く場合、番号（あるいはビルなどの名称）、ソイ（小路）、タノン（大通り）、クウェーン、ケート、そしてバンコクと郵便番号の順となる。一般的な会話ではバンコクをジャングワットと数えてしまうが、知事はバンコクだと民選で、県は内務省による任命制などであり、違いが大きい。こう見ると、バンコクは特別な地域であることがおわかりいただけるだろう。

そんなバンコクに次ぐ第二の都市というと、かつてラーンナー王朝があった北部のチェンマイ県だと思われがちだが、県全体の面積や人口を鑑みると、実際は東北部の玄関口であるナコンラチャシマー県になる。日本で喩えると、位置的なものも含めれば仙台といったところだろうか。

ナコンラチャシマー県はタイ人からはコラートと呼ばれる。これはナコンラチャシマーの地域内にかつて存在したアンパー（郡）であるセーマーとコラートが合併したことに由来しているとされる。セーマーは県名ナコンラチャシマーの末尾の部分に残り、通称としてコラートと呼ばれ続けている。タイ語は単語が長いので、会話などでは省略することがしばしばある。だから、公の場以外ではナコンラチャシマーと呼ばず、コラートと呼ぶのが普通だ。

コラートはタイで最も広い面積を有するので観光の見所も多い。内陸の県なので海はないものの、自然豊かな山々にはタイ最大の森林公園のカオヤイ国立公園がある。県内にはほかにも小さな湖や牧場なども点在し、旅行には最適だ。

かつてはカンボジアのクメール王朝の支配下にあった地域でもあり、ムアン（中心部）から車で一時間ほどのピマーイ郡に王朝の遺物であるピマーイ遺跡があることも有名だ。東側に隣接するブリーラム県は、いまや日本のサッカーファンにも知られる名門チームとなったブリーラム・ユナイテッドが拠点を置き、バイクの世界選手権や日本のカーレース・シリーズの一戦が行われるチャーン・インターナショナルサーキットが造られスポーツで人気が高いが、やはりこの県にもクメール遺跡が点在する。たしかにコラートから見てブリーラム県の先はカンボジアなので、昔はクメール王朝の支配下であったことは想像に難くない。

コラート一帯は、一八二六年にタイのラマ三世王と、現在のラオスの首都がある地域を支配していたビエンチャン王国との間で起こった戦火にさらされたエリアでもある。

タイ東北地方は、一四世紀から一八世紀にあった現ラオスの主要民族のラオ族が統治したラーンサーン王朝の支配下にあったこともある。そのため、タイ東北地方を意味する「イサーン」で使われる言語のイサーン語がタイの方言として存在し、これは現ラオスの公用語であるラオス語にかなり近い。しかし、先のビエンチャン王国との闘いがあったことからもわかるように、当時のタイとラオスの要衝だったコラートはタイの中央語（一般的なタイ語）でもなければ、イサーン語でもない、「コラート語」が使われる。ムアン（中心部）ではコラート語が、村によっては会話の言語がコラート語かイサーン語に分かれるという、タイでも珍しい地域だ。

そんなコラートのムアンには、いくつもの怪談があった。

停まらないはずの階で開いたエレベーターの扉

二〇一一年といえば、日本人にとっては東日本大震災の年であるが、タイも同年七月から翌年一月まで未曾有《みぞう》の大洪水に見舞われたことで、世界的に注目された。七月ごろからベトナムなどに接近した台風の影響でタイ北部周辺の降雨量が増加し、洪水が起きた。その洪水は、北部から徐々に南下し、ついにはバンコクの一部も飲み込んだ。この災害で四〇〇人以上が死亡し、およそ九〇〇〇億円もの経済的損害を出したという。特にバンコクの北八〇キロ近辺のアユタヤ辺りにあった工業団地の被害が大きく、日本の自動車や家電のメーカーのほか、当時中国の生産量を抜こうとしていたハードディスク業界が大打撃を受け、世界中のメモリ装置の価格が高騰した。

この災害後、日系企業やハードディスク関係企業の何社かが、バンコク近郊からコラートの工業団地に拠点を移した。南部出身者は、世界的リゾート地プーケット県が近くにあるので、農閑期などに出稼ぎするにもわざわざバンコクにまで来る人は少ない。いまはコラート

ターミナル21の展望台から見たコラート市街地の眺望

に働き口が多いので、東北部も、若い人は南部人のようにバンコクまで来なくなりつつある。

ビジネスチャンスが増大していることで、バンコクのオフィス街でもあるアソークにある商業施設のひとつ、ターミナル21や、これまでライバルグループが展開する複合商業施設のザ・モールに阻まれてデパートの進出ができなかったセントラル・グループがコラートに進出してきた。普通の県では、夜市（ナイトマーケット）はせいぜい一か所であるが、コラートは昔ながらの市も合わせて三か所もあり、街に活気がある。ひとつは街外れになるが、セーブ・ワンという名称で、地平線が見えるのではないかというほど広大な敷地で夜のショッピングが楽しめる。

　残念なのは、コラートは宿泊施設の選択肢がリゾート地とは大きく違うことだ。高級なホテルは軒並み古い。新しいホテルは、世界的に流行している民泊に近いイメージで、アパートを改修した中級ホテルになる。安いところはゲストハウスか、学生向けに日貸しをしているアパート、それから辺鄙《へんぴ》なところにある古いホテルだ。特にコラートの旧市街や国鉄駅とその線路の周辺には古いホテルが多い。

　古いから安いのは当然といえば当然だが、問題は、ときにそれが事故物件であることだ。旧市街の線路近くにあるそのホテルに、僕の妻の友人がムアン（中心部）での用事の際に宿泊した。この話は十数年も前のことである。ホテル予約サイトにも出てこないし、ネットにある電話番号にかけても繋がらないため、すでに廃業している可能性がある。

　僕の妻もその友人もコラート出身で、地元の仲間が市内にもいた。彼女は用事のあと、旧友らとムアンで食事をして、ホテルに戻ったのは夜も一〇時を回っていたという。

　エレベーターに乗ると、当然、自分の宿泊する階のボタンを押すのだが、なぜか押してもいない四階で停まった。ドアが開くとそこは真っ暗闇だ。明かりがなかったのはもちろん、壁も天井も床もすべてが真っ黒だった。さすがに怖かったものの、ついついエレベーターから顔を出して、廊下を覗いてみたそうだ。すると、同じように真っ暗で、妙に焦げ臭かったことが印象に残っているという。妻の友人はそのときは気味が悪いとは思いながらも、特になにかを感じたわけではなく、そのまま自分の部屋に戻り、眠った。

翌朝、チェックアウト時にその話を女性従業員にすると、彼女は青ざめつつ、詳細を教えてくれた。その数年前の夜一〇時ごろに火災が発生し、最も焼け方がひどかった四階で数人の焼死者が出ていたのだそうだ。ホテルは全体を改修したものの、四階だけは電気や水回りに不具合が頻発し、工事業者がピー（霊）を見たと騒ぎ、結局、妻の友人が泊まったそのときも閉鎖されていた。エレベーターも制御システムで停まらないようになっているし、そもそも扉が開かないように廊下側からロックしてあるという。妻の友人は、もう二度とそこには泊まらないと誓ったそうだ。

最も有名な心霊スポットの真実

妻の友人の話を、ちょっと冷めた見方をすれば、タイの怪談にはよくある形式だと言える。タイの実話怪談に、エレベーターの扉が使われていないフロアで開き、がらんどうだったというパターンがいくらでもある。

タイでは工事作業者が建築現場にトタン屋根の小屋を建てて寝泊まりすることは普通だ。日雇い労働者を派遣会社の前に集めて、毎日トラックで送迎するケースもあるが、どちらかというと道路工事など短期の仕事の場合だ。建設現場など長期コースではコスト削減のため、空いたスペースに小屋を造って、そこで生活させてしまう。

高層ビルの工事や改修ではフロアに寝泊まりすることだってある。その際、たとえばビルのテナントが営業中ならシステムを弄《いじ》って、そのフロアにエレベーターが停まらないように設定することもあるだろう。これがなにかの拍子に停まらない階で停まってドアが開いてしまい、作業者を幽霊と見間違えるなどして、という怪談に繋がる。

また、そんな火災が数年前に実際にあったのかどうかをネットで検索してみても、具体的な内容はヒットしない。よくある火災事故であったからか、あるいは、当時はまだネットが普及していなかったので記事が電子化されていないのか。タイは首都バンコクと地方では、情報格差が大きく開いていたので、当時の記事がないのは容易に考えられることでもある。そもそも、小火《ぼや》騒ぎレベルであればコラートのホテルでは日常茶飯事のようで、ネット上では、この地域に泊まるのが心配になるほど、小さな火災ニュースを山ほど見かける。なおのこと、この妻の友人の体験談が眉唾ものになりそうである。

ただ、ホテル火災という点では、ネット上で、かつて本当に起こった大きな事件がひとつだけ引っかかってくる。そして、これこそがコラート人の大半が知っているという心霊スポットになった場所でもある。

このホテルの名前は、たくさんのコラート出身者から聞いた。「ロイヤルプラザ・コラート」である。

コラート最恐の名が高いロイヤルプラザはこの通りの辺りにあったという

コラートで火災というと、このホテルと、二〇年ほど前にあった県内の陸軍施設が思い出される。コラートには商業施設のほかに陸軍の大きな施設もあり、ときどき米軍や日本の自衛隊などと共に大きな合同演習も行われる。そんな軍施設の、あろうことか弾薬庫から出火し、大爆発をした事件があったのだ。

ただ、ロイヤルプラザ・コラートの事故は、有名なわりに記憶違いをしている人が多い。こちらの事件は火災ではなく、実は崩落事故なのである。三階建てのビルを無許可で六階建てに増築したことが原因で、一九九三年八月一三日の午前一〇時一二分、建物は突如崩壊した。死者一三七人、負傷者二二七人を出す大惨事で、いまもタイの事件・事故のワースト五位以内に入っている大事故でもある。

妻の友人が宿泊したホテルで起こったとされる火災は、夜一〇時だ。時間帯は違うが、一〇時というキーワードが重なる。こういった実際に起こったことが元ネタとなって、場所を問わず「ホテルの怪」として伝わっているのかもしれない。

とはいえ、ロイヤルプラザ・コラートは実際にあった人災であり、当時のニュースには、崩壊したコンクリートの下敷きになり、死者のなかには肉片となった身体の一部しか見つかっていない者もいる、とある。そんな死者の亡霊がすでに跡形もなく消えているホテルから彷徨《さまよ》い出て、コラート市内のホテルに現れている可能性はあるだろう。

コラート人の地元愛が強いまじないの門

コラートの旧市街は一七世紀にアユタヤ王朝のナーラーイ王が建設した。当時はラオスやカンボジアにあった王朝との争いに備え、周囲を監視する役目を担った城塞である。

そして一八二六年、この地を治めていた国主たちが不在のとき、その隙を突いて現ラオスのビエンチャン王国を治めていたアヌウォン王がコラートに攻め入った。その攻撃に対し、ターウ・スラナリーが民衆をまとめ、これを撃退した。

ターウ・スラナリーはなんと女性である。副国主の妻がコラートを救った。ターウとは王族や位の高い女性につける敬称で、スラナリー女史といったニュアンスだ。コラートの人々にとってターウ・スラナリーはいまも尊敬し、崇拝する人物となっている。タイ人はなにかあれば日常的に寺院にある仏像を拝みに行くが、この地の人々は新市街と旧市街をちょうど分ける公園に立つ「ヤーモー像」に祈りに行く。ヤーモーとはターウ・スラナリーの通称になる。スラナリーおばあちゃんという意味合いがあり、コラート県人がどれだけ彼女に親しみを持っているかがわかるだろう。

コラートに攻めてきたアヌウォン王の銅像がビエンチャンの川沿いでタイに向いて立っている

アジア人女性はいろいろな意味で「強い」とよく言われるが、タイ人女性も例にもれず、このターウ・スラナリーのほかにも、歴史的に有名な女性たちがいる。たとえばプーケット県のターウ・テープカサットリーとターウ・シースントーン姉妹だ。このふたりは一七八五年にいまのミャンマーの進軍を撃退するなど、民衆をまとめた。

そんなヤーモー像の裏手には、「プラトゥー・チュムポン（チュムポン門）」がある。旧市街建設時に造られた四つの門のひとつだ。コラートの人々はこの門を、地元愛やターウ・スラナリーへの敬意、そしていろいろな願いを込める「願掛けの門」として認識している。彼らはターウ・スラナリーもまたコラート市民を想ってくれていると信じていて、ある種霊的なスポットとして捉えており、特に外国人や県外のタイ人がコラートへ来て親しくなると、この門を潜らせようとする。彼らは一様にこう言うのだ。

「この門を潜った人は、またコラートに戻ってくる」

タイ人は土着性が強く、バンコクに長年出稼ぎに出て生活の基盤がそこにできたとしても、いつかは生まれた村に帰るつもりでいる。日本人が持つ、最期は実家の畳の上で死にたい気持ちに似ているのだろうか。タイ人があまりひとつの企業にどっしりと根を下ろして勤めようとしないのもまた、案外この性質が強く絡んでいるようだ。それほどタイ人は地元への帰属意識が高い。

われわれ外国人にまで戻ってこさせようというのだから、コラートの人はヤーモーの霊に取り憑かれた人ばかりなのかなと、彼らを見ていて思うのである。

上／ヤーモーは24時間、地元民が来るので、夜間はライトアップされる
下／ヤーモー像のうしろの願掛けの門を、地元民は外国人や県外の人に通れと促す

7 古都アユタヤの有名寺院

タイの暴走族は、チューンナップしたバイクでレースをする。

日本の、青少年が徒党を組むタイプの暴走集団とは違って、盗難車を使うということはあまりなく、親が買い与えたバイクを乗り回す。つまり、ある程度は世帯収入がある家庭の子息ということになる。タイの本当に貧しい世帯はその日食べるものにも事欠く有様で、子どもたちは不良になっている暇はないのだ。

そんなタイの暴走集団は、主に中学から高校生で構成され、タイ語ではデック・ウェンと呼ばれる。ウェンとは排気音がタイ人には「ウェンウェン」と聞こえることが由来だとか。一方、こういった暴走族についてくる女の子たちをサーウ・スゴイと呼ぶ。これはタイの漫画キャラクターにいる「すごい！」が口癖の女の子から命名されたという説と、日本のポルノに出演する女性が「すごい」と悶《もだ》えるところからついた説とがある。

あるデック・ウェンの少年が古都アユタヤの近辺で、二〇一二年九月二日の深夜一時、対向車線を走行中のバイクと衝突し、死亡した。その葬儀が同月六日に行われ、デック・ウェンの仲間たちが友人の死を悼み参列している。そのとき、遺族や友人が会場に持ち込んだ少年のバイクにエンジンをかけた。すると、まるで人が乗っているかのようにエンジンが吹か

タイの暴走族が愛用するバイクは125ccや150ccのエンジンで、タイヤが細い

されて、エンジン音が延々ぶんぶんと雄叫びを上げている。そんな動画が報道番組に取り上げられ、亡くなった一六歳のデック・ウェンが喜んでいるのだと締めくくっていた。

映像を見ると、その葬儀はアユタヤ県内の寺院で行われたようだ。やはり宗教施設だとそういった霊的な現象が発生しやすいというイメージもあるが、僕の中ではアユタヤという地も関係しているのではないかと感じた。かつてアユタヤ王朝があったエリアで、隣国のビルマ軍との戦争が起こっているし、古都アユタヤは遺跡でも有名なので、ピー（霊）が集まりやすいのではないか。

実際、アユタヤには霊的な話が多い。アユタヤ王朝は結局、現在のミャンマーにあった王国に滅ぼされ、遺跡群のなかには仏像の首が切り落とされているものが無数にある。いまもその戦火の状況が残っているのだ。

二〇一三年一一月にはアメリカのニュースチャンネルＣＮＮが発表する「アジアの最も怖い場所一〇選」が東南アジア各国で話題になった。タイからも心霊スポットが選ばれ、それがまさにアユタヤの寺院だった。

観光スポットとしても見所の多いアユタヤにある、ＣＮＮの番組で取り上げられた寺院を、実際に見に行ってみた。

三人の国王の墓を荒らしたビルマ軍

外国人が「アユタヤ」と言うと、プラナコーン・シーアユッタヤー県内のムアン（中心部）にある遺跡群「アユタヤ歴史公園」を指していることが一般的だ。バンコクから北に車でおよそ一時間程度の距離にある古都で、アユタヤ歴史公園の中心部は世界遺産に認定されており、たくさんの観光スポットがある。

アユタヤは一三五一年から一七六七年までの約四〇〇年間も続いたアユタヤ王朝として栄えた地域である。遺跡がある市街地はチャオプラヤ河とパーサック川に囲まれ、島のようになっている。ちょうどチェンマイなどの旧市街、すなわち城壁に囲まれた城郭都市のような構造だ。

アユタヤはチャオプラヤ河に沿って北上してきた世界中の商人が集まる国際貿易都市として栄えた。日本の朱印船も来ていて、市街から少し離れた場所に日本人村の跡地がある。ここで山田長政《やまだながまさ》という侍が傭兵の長《おさ》として名を馳せた。この人物の半生を描いた遠藤周作の小説『王国への道　山田長政』には、したたかで賢いタイ人の様子も描かれている。

アユタヤ遺跡は時代の様式にならい赤煉瓦《あかれんが》で造られていたが、いまは大半が崩壊している。そんな遺跡は大別して観光用の入場料を徴収するところと、無料の場所がある。無料のところは野ざらしになっていることもあるし、ほかには地元民らが参拝する現役の古い寺院もあるなど、アユタヤは見所満載だ。

アユタヤで日本人に最も有名な寺院は「ワット・マハータート」だ。ビルマ族の侵略で廃墟となった寺院で、仏像のほとんどが首を切られている。仏像の頭部が木の幹に嵌まり、年々、木の成長と共に上がっていく遺跡と言えば、なんとなく知っているという人も多いだろう（一七四ページ写真参照）。

この寺院の近くにＣＮＮが推す心霊スポット「ワット・プラシーサンペット」がある。シンボルは三つの仏塔だ。

隣接する現役の寺院「ワット・プラモンコンボピット」があり、タイ人の一般参拝客も少なくない。この現役寺院の中には大きな仏像のほか、昔のワット・プラシーサンペットの様子やアユタヤの風景などを捉えた写真が展示されていて、往事の姿を知ることができる。

さて、件《くだん》のワット・プラシーサンペットは、アユタヤ王朝の初代ラーマティボーディー一世が建立し、九代目の国王ボーロマトライローカナート王が宮殿を移して、王族が仏教儀式をする場所とした。その後、ボーロマトライローカナート王とその息子であるラーマティボーディー二世、二世の兄であるラーマティボーディー三世の墓になった。すなわち王家の墓である。シンボルとなった巨大な仏塔が三つ並ぶのは、アユタヤの王が三人も眠るからだ。

そして、アユタヤをビルマ族の軍が攻撃した際に、彼らはここにあった財宝などを戦利品として持ち出していった。その後、その財宝を持ち出した人たちは次々と怪死していったとされている。これはアユタヤ王たちの呪いなのではないか。また、アユタヤ王家の呪いなので、一般的な呪いよりも強いのではないかと言われている。

呪いというと、タイでは黒魔術が主流だ。僕の知り合いのタイ人女性に大学生の娘がおり、その娘がある日から夜な夜な外に出かけるようになったという。タイは治安が悪く、若い女性が外をひとりで歩くのは危険である。知人はあるとき娘が家から出ようとするのを制止したそうだ。その際、娘は力のない声で「行かないとだめなの……」と返した。その目は虚ろで、知人はすぐに黒魔術にかけられていると気がついた。どうも彼女に好意を寄せる男性の仕業らしい。その後、モー・ピー（霊媒師）に頼んで、その術を解いたという。

また、ある日本人男性はタイ人女性に金銭を貢がせるための黒魔術をかけられたという。

上／この3連の仏塔がワット・プラシーサンペットの呪いを引き起こした
下／ワット・プラシーサンペットはビルマ軍により徹底的に破壊されている

ワット・プラシーサンペットに隣接した現役寺院も参拝客が多い

日本円ですでに数十万円を小分けに差し出していたものの、かけられていたことに本人を始め、周囲の人も気がついていなかった。彼が友人らと占い師を訪ね、たまたま診てもらったところ、占い師に指摘されて初めて知った次第だ。占い師はサムンプライ（薬草）でできた茶を彼に振る舞う。急に吐き気がして、黒い水を大量に吐いたそうだ。これを何回か繰り返せば黒魔術は解けると、占い師に言われた。ただ、彼はそれ以降にこの占い師を訪ねていないため、本書執筆時点でもいまだその女性に高額なものを買わされていると、僕は聞いている。

一般人の呪いがこういったレベルであれば、王家の呪いはもっと強いものであることだろう。

いまでこそタイという国は近隣諸国よりも発展しているが、アユタヤ王朝はビルマ族に滅ぼされるような弱小国であった。二〇〇〇年ごろにタイで国産映画ブームが到来した際には、その様子が何度も映像化され、空前の大ヒットを記録している。

たとえば、二〇〇〇年一二月末に、泰緬《たいめん》戦争（一七六五年から六七年）でアユタヤ近辺のバーンラジャン村（アユタヤの隣のシンブリー県の村）で起こった村人の五か月間におよぶビルマ軍への抵抗「バーンラジャンの戦い」を描いた映画『バーンラジャン』が公開され、大ヒットしている。ビルマ軍と少数のバーンラジャン村の人たちが戦う様子が描かれているが、史実でもこの戦争でアユタヤ王朝は滅んでいるので、映画でも圧倒的にビルマ軍にやられっぱなしという内容だ。

また、二〇〇一年には、やはりアユタヤ王朝に実在した女傑シースリヨータイ王妃がビルマ軍と戦う様子を描いた映画『スリヨータイ』が公開された。ラマ九世前国王のシリキット王妃が発案し制作され、空前の大ヒットで得られた興行収入は、タイ古典怪談の代表であるメーナークの夫を描いた映画『愛しのゴースト（邦題）』が二〇一三年に記録更新するまで、タイ映画界のトップに君臨し続けた。

タイ人の愛国心を鼓舞する映画が二〇〇〇年代初頭に次々と制作されたが、それらがことごとくアユタヤが舞台だった。タイ人にとってはそれほど重要な時代であり、また何度もいまのミャンマーに苦しみを与えられた場所である。そのため、小さな寺院でも心霊めいた逸話——深夜に大昔の兵士のような姿の男を見かけたなど、いるはずのない人影の目撃例などがいくつも残っている。なかでも怨念が強いのがCNNの言うところではワット・プラシーサンペットなのである。

実際のワット・プラシーサンペットは……

この寺院は、先のワット・マハータートの裏に位置し、隣はアユタヤで唯一ゾウに乗ることができる施設がある。ワット・プラシーサンペットの前は、ちょうどそのゾウが引き返す地点のようで、多くの観光客、参拝客、彼らを乗せる車のほか、ゾウが常時行き交うという日本ではまず見かけない光景が見られる場所だった。

ワット・プラシーサンペットの開園時間は夕方までだが、夜間にはライトアップされる。となると、本当に雰囲気があるのはライトが消えた深夜になるが、残念ながらこの辺りの寺院は一九九一年から世界遺産になっているため、夜中に侵入することは難しい。そうなると、観光客の多い日中に足を運ぶことになる。心霊スポットといった雰囲気は微塵も感じられないのは残念なことだ。

僕の訪問時はよりによって快晴で、しかも土曜日だったためにたくさんの観光客がいた。日差しは強く、一瞬にして肌がじりじりと焼かれていく。ただ、ワット・プラシーサンペットは入場料を徴収するだけあって、また、アユタヤ王朝でも最高峰の位にあった寺院だけあって、管理はしっかりされている。芝が敷かれ、ピクニックでも来たようなのどかささえあった。草木が香り、郊外の空気のいい北部の山岳地帯に瞬間移動したような気持ちにさえなる。健康的で、心霊スポットとはまったくの対極とさえ感じたほどだ。

はたして地元民、あるいはタイ人たちは、ワット・プラシーサンペットをどう見ているのか。僕はここで働く人に訊ねてみた。

まずはチケット売りの女性だ。アメリカの大手報道チャンネルがここを心霊スポットとして紹介していることをどう思うか訊いてみた。

「ここは普通の古い寺院ですよ」

彼女はあきれるようにここが心霊スポットだという風評を否定し、そもそもCNNに紹介されていた事実も知らなかった。ここでなくてもアユタヤにそういった怨霊の話があるのではないか、と僕は食い下がった。

「古い都ですし、いまもたくさんの人がいますからね。そういったこともあるかもしれません。でも、本当にそういった呪いがあるとしたら、こんなに観光客は来ないでしょう」

彼女自身がそういった話に興味がないようだったので、ほかにも何人かに訊いてみた。しかし、だいたいみんな同じような意見だった。

現役寺院、ワット・プラモンコンボピットの境内にはいくつもの仏像があり、参拝者はみな、それぞれ目的の仏像に手を合わせている。そんな仏像を管理する女性にも訊いてみた。

「ここは市民が祈りに来るところです。昔から今日まで、そしてこれからもですよ。幸せになりに来るところであって、呪いをかけたり受けたりするような場所ではありません」

やはり同じような回答か。

タイで心霊スポットを巡ると、怪談ファンの間では有名な話でも、現地の地元民はあまり知らないということは多々ある。日本のスポットのように、来たらなにかを感じる雰囲気というのもまるでない。熱帯の国なので、おおらかだからというのは一因にあるだろう。しかし、僕自身は、火のないところに煙は立たないと考えている。実際にアユタヤにも心霊スポットや実話怪談的な話、都市伝説のようなものは枚挙に暇がない。ワット・プラシーサンペットにCNNが言うほどに強い呪いがないにしても、敵対する者への怨念はあるはずである。タイ人はときに臭いものには蓋をする傾向がある。南国人なので、面倒は嫌いなのだ。タイ人はこういうとき「サバイ・サバイ」を好む。サバイとは元気とか楽という意味で、タイ語は同じ単語を二回繰り返すと強調を表現する。サバイ・サバイは楽に生きようとか、のんびりしようというようなことだ。

精霊信仰の浸透から見て、信じているか否かに関係なく、タイ人として生活する以上、生活習慣に「ピー」は必ず絡んでくる。ましてや、アユタヤで最も格式が高い寺院遺跡で働いている人たちだ。バンコクでも王宮とワット・ポーを行き交う霊は強いとされる。呪いではないにしても、やはり、なにかあるのではないか。

意識か潜在意識に、彼らはなにか感じているからこそ、その恐怖に目を向けないようにしていて、僕の質問を否定するのではないか。僕はそう思ってしまうのだ。ここまで疑うのははたして行きすぎだろうか。

8 プーケットで起こった津波の新怪談

二〇〇四年一二月二六日、タイ南部の世界的に有名なビーチリゾートでもあるプーケット県を津波が襲い、タイ国内のアンダマン海に面する地域全体で死者五三九五人を出す大災害が発生した。リゾート地で起こった悲劇のため、死者五〇〇〇人超のうち、およそ二〇〇〇人が外国人観光客だったとされる。

この災害発生時、タイ語には津波に相当する単語がなく、巨大な波を指すクルーン・ヤック（鬼の波）と混同されていた。その後はタイでも「ツナミ」と呼ばれるようになったが、当時は大半の人が津波に対する知識はなく、また元々インドネシアのスマトラ島沖で発生した地震が原因であることから微震などなにもなく、地震発生のおよそ二時間半後の午前一〇時三〇分ごろになって、なんの前触れもなく人々は波に飲まれた。実際は津波の前兆である海面が一気に沖へと引いた場所も多いが、気づいた人はいなかった。

この津波によって、プーケット県の一部は壊滅的な打撃を受けた。タイ国内からだけでなく、世界中から救難隊が駆けつけ、日本からは被災国全体に災害ヘリコプターや自衛隊艦船と共に国際緊急援助隊が派遣された。専門家約二四〇人、自衛隊員約一六〇〇人が救援活動にあたった。人的支援のほかにも、五億ドル分の支援が行われている。

二〇〇四年当時、タイの報道は死体写真に対する自主規制がまだ緩い時代だった。新聞やテレビには連日腐乱した溺死体が映し出された。同時に、商店やスーパーマーケットから商品を略奪する際、笑顔を浮かべる人々の姿までモザイクなしに放映され、生々しい生と死がテレビを通して一般家庭にも公開された。

こういった人間の残酷な部分は、まだ表の部類である。表沙汰にならない裏話も、地元民の間、あるいは救援に駆けつけた人たちの間で囁かれた。死んだはずの友人が目の前に現れたり、誰もいない深夜のビーチで、死んだことに気がつかずにはしゃいで遊ぶ白人たちの嬌声が聞こえたりと、いろいろな噂が現地で飛び交った。

当時ソーシャルネットワーキングサービス（ＳＮＳ）もなかったので、裏話は、タイ全土に轟《とどろ》くほどのセンセーショナルな話題にはならなかった。むしろ当時は、被災地プーケットはおろか、タイ全土が混乱しており、さすがに根っからの怪談好きであるタイ人も、怪談話を持ち出せる雰囲気ではなかったのだ。

これは、そんなプーケットの津波到達後の数日間に起きた怪現象を集めた話である。

スマトラ島沖地震と当時の報道

スマトラ島沖地震は、スマトラ島から南南東の沖合およそ二五〇キロの辺りが震源地で、マグニチュード九・一にもなる強い地震だった。東日本大震災が九・〇だったので、同程度かそれ以上と考えてほしい。死者数も東日本大震災は確定的な人数は一万五八九七人だが、スマトラ島沖地震の津波はインドネシアやタイだけではなく、マレーシア、スリランカのほか、発生源から西の方向にあるアフリカにも到達し、全域では実に二二万人が犠牲になったとされる。

このときの津波の速度は東方向、つまりタイやマレーシアに向かった波は西に向かった波と比較すれば遅く、アフリカに向かった津波はジェット機並み（時速約七〇〇キロ）だったとされる。地震発生からおよそ一〇日後にアメリカの航空宇宙局（ＮＡＳＡ）が発表した内容では、このスマトラ島沖地震の影響で北極が約二・五センチ移動し、地球の自転が一日あたり約一〇〇万分の三秒程度速くなったという。

タイ国内では、アンダマン海側の地域で大なり小なり津波の影響があった。そのなかでプーケット県が最大の被害者を出した背景には発生した時期が関係する。欧米人がクリスマス兼新年の長期休暇でプーケットを訪れていたからだ。

世界的に有名なリゾート地プーケットは、タイで唯一の島の県で、広さは香川県の三分の一にも満たない程度だ。タイ国内でも下から二番目の面積であまり大きな県ではないが、一応は県であることからそれなりに海岸線は長く、津波の被害はビーチや地区によって差が大きい。

プーケットは場所によってその印象がまったく違う。高級リゾートホテルのプライベートビーチしかない場所もあれば、漁港しかない地区、歓楽街としてバーが溢れるビーチなどさまざまである。ビーチリゾートでは宿泊施設が小高い丘の上にあったことで津波の難から逃れられたケースもある。一方、深夜には波の音に身を包まれて眠ることができることが魅力の、ヤシの木の下にある竹でできた洒落たバンガローでは、二六日の午前中に波に飲まれた人もいる。歓楽街では津波に流されながらもなんとか建物につかまることができて助かった人や、逆に津波に混じって押し寄せた看板やガラス窓、車などの漂流物と共に洗濯機のように水中で揉まれ、身体をバラバラにされた者もいる。

いずれにしても、午前のゆったりした時間帯に死のカウントダウンが始まっていようとは、誰ひとり思いもよらなかったに違いない。特に当時はスマートフォンもないうえ、タイに地震や津波の警報はなかった。当時現地にいた日本人も、異常なまでの引き波で波打ち際がはるか遠くに下がっていたのを見ても、津波が来る、と瞬時に危険を察知できた人は少なかったことだろう。タイ南部だけでも二八人の日本人も亡くなっているのだ。

死体は沖合や海岸沿いに溢れた。津波に揉まれた死体は、服が剥がれ、身分を証明できるものもあるはずがない。日が経つにつれて、肉体は腐乱するとゴムまりのように膨れ、男女の区別さえつかなくなる。そのため、死者の身元確認には一層の時間を要した。常夏のリゾートで腐敗の進行は待ってくれない。世界中から集まった医師や鑑識のプロたちが不眠不休で働き、働いても働いてもまた届いて数が減らない死体の検分に、数をこなしていくしかなかった。

タイ国内の報道はセンセーショナルな情報を追うことに執念を燃やした。そのときに注目されたのが生と死のコントラストだった。テレビカメラは、死体はそれだけで画《え》になると言わんばかりに、美しく輝く白い砂浜に打ち上げられたどす黒い腐乱死体を映す。一方で、地元の生存者たちが食べていくために商店などから略奪を行う様子をモザイクもかけずに紹介する。ある新聞は、わざわざコメディータッチな字幕をつけて、彼らがさも略奪を楽しんでいるかのように報道した。生と死の狭間にいた人たちを、報道はそのように扱い続けた。

もちろんまともなニュースを流すメディアも少なくなかったが、こういったものは悪行の方が印象に残ってしまうものである。残酷な話だ。

プーケットの津波は、発生時も地獄だったことは当たり前だが、そのあともまた、数か月におよんで地獄が続いたのだった。

史上初？　人でも動物でもないピー

タイ在住の日本人男性は会社の部下と共に、津波の数日後に現地入りした。救援活動を行うためだ。タイでは仏教の教えから来世のために徳を積もうと、よく奉仕活動をする。そのため、災害などが起こると全土から寄付の品が集まり、仕事を休んでも救援に駆けつける人も多い。

その日本人男性が現地に着くと、やはり眼前に広がるのは地獄の有様であった。建物は流され、死体があちらこちらに横たわっている。電柱の上に引っかかっていた死体もあった。そして、日が沈めば、辺りはあっという間に真っ暗闇になった。それこそ比喩ではなく、自分の手元も見えないような暗さだったそうだ。

さまざまな作業を終え、会社の人たちと暗闇の中を宿泊拠点へと歩いていた。部下のひとりがふと気がついたように声を発した。

「あそこになにかある」

懐中電灯の明かりは、壁など反射する物体があるから明るく見えるのであって、なにもない場所ではブラックホールに吸い込まれるように、光源も闇に散ってしまう。ほとんどな

木製のリアカー。タイは金属製のリアカーが多い

にも見えないなかに、日本で言うならリアカーのような手押し車が、なぜか彼らから数メートルほど離れた場所にあった。なにかもかもが流されて瓦礫《がれき》しかないので、懐中電灯は足下を照らすしか使い道がない。それほどに暗いのに、部下には荷車だけがぼんやりと見えたという。

しかも、荷車が見える人と見えない人がいるらしい。見えない人はそのまま歩を進め、荷車を貫通するように通っていく。荷車には、実体がないのだ。

その日本人男性は笑った。

「史上初でしょう？　リアカーの幽霊なんて」

一九九ページで紹介したタイ人の女性霊視能力者オーさんがバンガローでテンガロンハットを見ている。それは亡くなった白人女性のエネルギーのようなものとオーさんの脳がリンクして、物品の霊というよりは「幻」を見ていた可能性もある。しかし、この「リアカーの幽霊」は多数の目撃者がいた。また、バンガローのテンガロンハットはこの津波よりもさらに数年が過ぎたころの体験談である。となれば、ピー・ロットケン（リアカーの幽霊）はまさに史上初の現象だったのかもしれない。いずれにしても、現代の心霊現象は、人や動物、それから「物」であっても、くっきりと目に映るということが当たり前になっているようだ。

そんな彼らはその後もなにかあればプーケットへと足を運んでいた。津波から復興には数年かかった。家族を喪った子どもたちの一部はタイの王室が引き取り、ほかの子どもたちは民間の支援を受け、二〇一九年に入ったいまも援助は続いている。

最初の救援活動では野宿だったが、一年、二年と経てば、さすがに泊まることのできるホテルは再開している。

あるとき、件《くだん》の日本人男性と部下が泊まったホテルは、津波の被害を受けた場所だった。そのホテルで亡くなった人もいる。タイ人の部下が泊まった部屋には津波で亡くなったと見られる人影が立っていたという。ただ、悪さをするわけでもなく、なにかを訴えてくるわけでもなく、ただ、佇《たたず》んでいたそうだ。

自分の死んだ場所を報告するピー

ある日本人の報道関係者から聞いた話だ。

津波の当日、あるいは翌日には屋台で食べものを売る人もいた。どんな状況であれ、生きている人間には食べる必要はあるし、稼いでいかなければならない人もいる。バンコクを始め、他県から支援に来た人たちのなかには、地元民の迷惑にならないよう文字どおり手弁当で駆けつけた人もいたし、ボランティアたちを支援するボランティアが炊き出しを行う場合などもあった。支援も兼ねて、地元に金を落とすという意味で、現地で再開した屋台で食事を賄《まかな》う人もいた。

熱帯とはいえ、バンコクや北部、東北部は一二月から一月にかけては肌寒くなる季節だ。日本やヨーロッパなどの緯度が高く寒いところから来た人にはそれでも暑いのだが。寒い時期とはいえ、さすがに南部のプーケットともなれば気温は高い。津波のあとでも、壊滅的に街が破壊されている以外、日差しはいつもと同じだ。

津波から四、五日が過ぎた、暑いある日のことだ。その報道関係者が青パパイヤのサラダであるソムタムを売る屋台である話を耳にした。彼の目の前にいるソムタム売りの女主人に、実際に起こった出来事だという。その屋台でいつも食べものを買う常連客の地元民が片言の英語で教えてくれた。

観光でタイに来ると、タイ人はほとんどみな英語を話せる印象を受けるが、実はそうでもない。たしかに公立校でも小学校一年生から英語の授業があるし、そこそこにちゃんとした幼稚園に通えば英語を多少でも教えてくれる。だから、日本の教育よりも英語に触れる機会が多く、話せる人はかなりうまく使いこなすが、話せない人は「ハロー」すらわからず、驚くほどに両極端である。そして、残念ながらタイ人は英語ができない人が圧倒的に多い。タイ語には単語の活用変化がないので、英語の格変化を理解できない人は永遠にわからない言語なのだ。そういう事情もあって、片言の英語だったこの話が、当日のことなのか、数日前なのかまではわかっていない。

とにかく、ソムタム売りの五〇代あるいは六〇代くらいに見える女主人に、妙なことが起きた。青いシャツを着た白人男性が話しかけてきたのだという。女主人は売っているものがローカルフードなので、タイ人だけを相手に商売をしていた。つまり英語ができない人だ。それにもかかわらず、ソムタム屋台の女主人はその青いシャツの白人男性が、どこそこに来てほしいと頼んでいるということがわかったという。男性が言っている場所は、屋台からすぐ近くの民家の辺りだ。しかし、そこは津波で瓦礫の山になっているところだと知っていた。女主人がある程度理解した様子がわかると、その白人男性はひとりで先に、その家の方へと歩いて行った。

女主人はまず、近所の人たちに一緒に来てくれるように頼んだ。まさかとは思うが、白昼

道端でソムタムなどを売る屋台。タイの日常だ

堂々、男性に襲われては困る。そうして先の男性が立ち去って数分後、数人で駆けつけてみると、瓦礫の下に青いシャツが見えたという。女主人はその死体の顔を見るまでもなく、先ほどの白人男性だとわかったそうだ。

この話をしてくれた報道関係者によると、この津波の直後から数日間、自分が死んでいる場所を教えに来たタイ人や欧米人との遭遇事例は実はたくさんあって、プーケットの特に被害がひどく、かつ救援が行き届いていないところで頻発したという。

バーが多い歓楽街のあるパトンビーチでは、バーが集合した、いわゆる飲み屋ビルがあるものの、一階は繁盛しているのに二階三階はテナントすら入っていな

大型のビアバー施設は2階より上が閑散としているところが多かった

いことがある。たんに立地が悪いといった理由があるのかと思いきや、トイレや二階にピー（霊）の目撃談が相次いでおり、みんな怖がって店を出せないのだと聞いた。

二〇一九年で津波から一五年経つタイ南部だが、いまでも一二月二六日には毎年プーケットなどで慰霊祭が開催される。津波の被害がひどかった地域には避難経路を示した看板が立てられているし、プーケットに限らず、タイ南部を巡るといまでも地元住民から津波のときの話を聞くなど、地元の人たちにとって一五年はショックを癒やすにはまだまだ短い時間のようだ。

タイでも津波研究が進んでおり、日本や世界の事例を参考に対策などが考えられている。タイは地震がほとんどない国で、タイ近海で津波が発生する可能性は極めて低いが、他国の津波情報によってタイにも被害の可能性があるとなれば、たちまち行政が動き、住民たちはまずは高台に避難して様子を見る。実際に二〇〇五年以降、プーケットでは津波被害はないものの、避難騒動は何度か起こっている。

もしこういった対策や知識、津波に対する知恵がもっと前からあったなら。そう考えると、被害に遭った人やその遺族にとっては無念でならないだろう。爪痕は大きく残ってはいるものの、歓楽街は夜の街を楽しむ観光客の嬌声が溢れる。そんなギャップに、この辺りにいるピー（霊）はもやもやとした気持ちになるに違いない。きっと、亡くなった被害者たちにとってもまだ終わった話ではないのだ。

9 新居建築先の女

僕が初めてタイを訪れた一九九八年は、いま以上に治安が悪く、「不思議」がそこかしこにある国だった。出会ったタイ人たちがどういう考えでそういった行動を取るのか理解に苦しんだこともあるし、科学では説明のできない事象を信じていることが普通の時代だった。

たくさんのプラクルアンを首から提げる男性。人によっては数キロという重さになる

前章にて、タイの座敷わらしであるクマントーンの項でも少し触れたが、信心深い仏教徒のタイ人男性が首からぶら下げている「プラクルアン」と呼ばれるお守りは石や粘土、金属や木製などあらゆるタイプや形状があり、高僧が作った数百年もののアンティークであれば数億円で取引されるなど、熱狂的なコレクターもいる。プラクルアンにご利益があると本気で信じている人たちはひとつだけでなく、何十個も首から提げ、それによって命を守られたと豪語する者もいる。そんな人物の台詞はだいたいこんなものだ。

「このプラクルアンのおかげで、俺は銃で何十発も撃たれたが死ななかった」

これは軍人やタイ・マフィアの言葉だったと思う。

2 国内で起こった本当の怪談

プラクルアンは誰（どの僧）が、いつ、いくつ作ったかというデータと、その効力によって価値が左右される。プラクルアンを好むのは男性で、特に軍人、マフィア、不良少年など、怪我や命の危険にさらされることの多い人がお守りの力に頼る傾向がある。とはいえ、証言者がどんな経歴の人物であれ、銃弾から命を守ったとなればかなりの効力だ。

プラクルアンはいまも各地の寺院で製造されている。まともな寺院ではひとつひとつが手作りで、さらに先着順に無料配布される。また、寺院の増築資金を集めるなどの事情での販売もある（本来、タイではプラクルアンは売る・買うではなく、貸す・借りると言う）。そういった場合は量産型として金型を使って製造し、最後に僧侶が読経で清めるなどして信者に渡される。一〇〇年後にどちらに価値がつく可能性が高いかは言うまでもない。

二〇〇六年にはタイ南部のナコンシータマラート県で円形のメダルのような形をした「ジャトゥカム」というタイプのプラルクアンが注目され、全土で流行した。正式にはジャトゥカム・ラーマテープというもので、その形状によって全方位から吉をもたらすと信じられている。実際にはこのタイプは一九八七年に南部における上座部仏教の中心地とされた同県の寺院「ワット・プラマハータート・ウォーラマハーウィハーン」で初めて作られ、二〇〇七年、タイ全土でブームとなった。このブーム初年度だけでジャトゥカム市場は七〇〇億円規模に達し、特に一九八七年の初回ロットは当初四九バーツ（約一七〇円）だったものが、時価四〇〇〇万バーツ（約一億四〇〇〇万円）になったという。

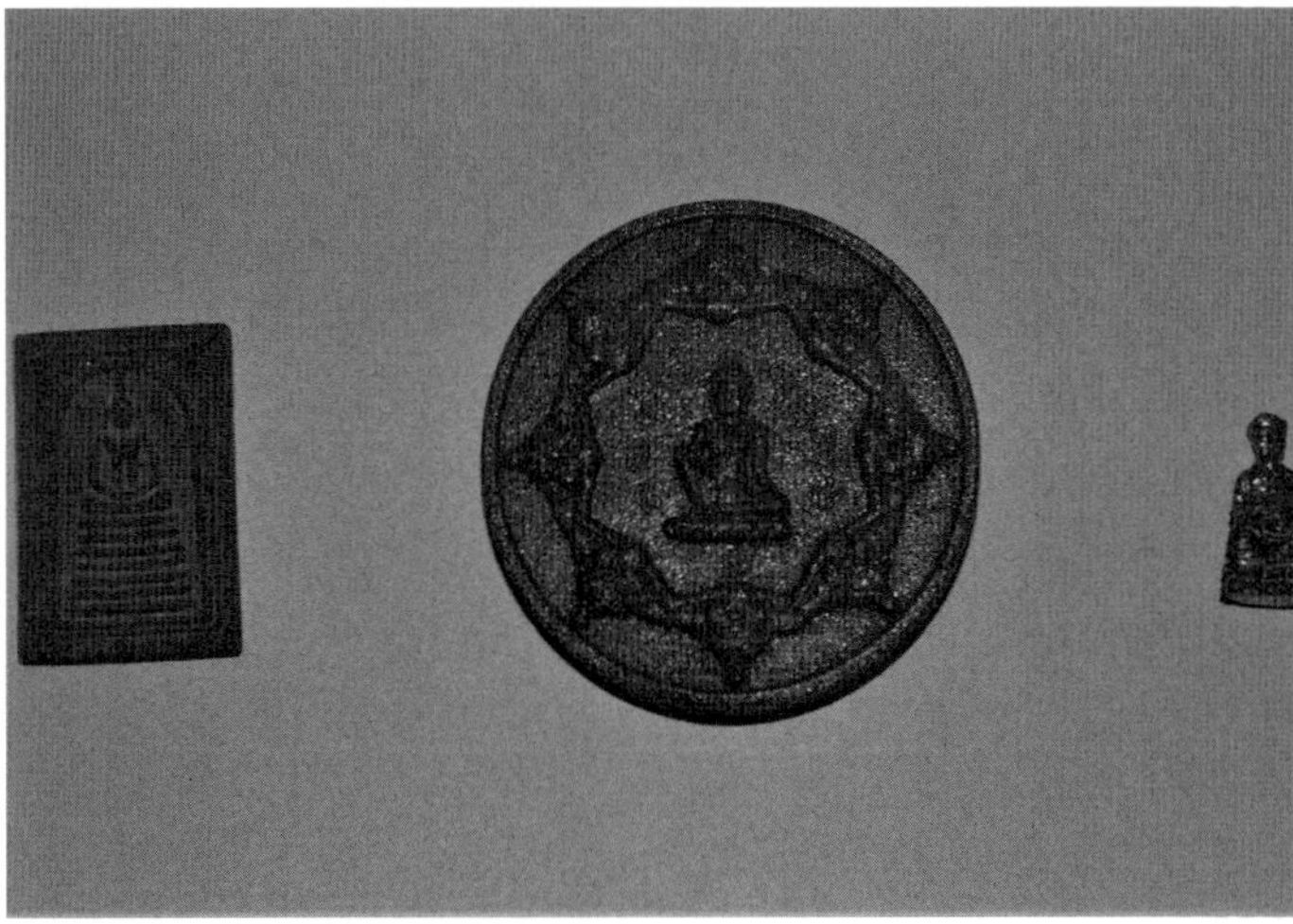

プラクルアンにはさまざまな形状がある。中央がジャトゥカム（著者所有）と呼ばれるタイプ。直径は5.5センチほど

こういった新しいプラクルアンが配布されるときやコレクターがインタビューに出るときなど、先の効力を強調する、とても科学的に説明できるものではない「死ななかったエピソード」が宣伝として吹聴され、タイ人は疑う余地なく信じている。ジャトゥカム流行期、僕は会社員をしていて、帰路にどこかの寺院の宣伝看板を見かけたことをいまだに憶えている。そこには交通事故の凄惨な写真が併用され、この寺院のジャトゥカムでたくさんの人が命拾いをしているといった謳い文句が掲げられていた。常識的に考えてみれば、本当に効力があるなら、そもそも事故には遭わず、弾にも当たらないような気もするが、そんな疑問はタイで

は出てこない。しかも、ジャトゥカム人気の二〇〇七年には、新作ジャトゥカムの奪い合いで殺人まで起こってしまうという、本末転倒な事件も起こっている。

最近はだいぶ減ってきてしまったが、わずか二〇年ほど前のタイは、まだこういった眉唾な都市伝説やオカルト的な話がよくあったし、日常的に信じられていた。タイ在住の日本人でも、特に三〇年、四〇年と暮らしている人は、なんとも説明のつかない、奇妙な出来事に遭遇している人も少なくない。在住日本人のWさんもそのひとりで、三歳からタイに暮らし、二〇歳のときにタイ国籍を取得している、いわば日系タイ人である。彼が幼少のときに両親が家を買ったときの話を聞いた。

パホンヨーティン通りはいわくつきの住宅が多い

Wさんの両親は仕事の関係で沖縄からタイに移住した。いま、Wさんは五〇代前半なので、それこそ五〇年前のことだ。育ちがタイなので、Wさんは日本人学校と家庭で日本語を習得しているし、タイ語も日常的に使うため、完璧なレベルのバイリンガルである。

いまでこそタイの日本人学校は世界で最も大きな規模で、運動会では徒競走は前のグループが半分も走らないうちに次のグループをスタートさせないと、一日で競技が終わらないほどのマンモス校である。しかし、Wさんの移住当時はそこまでの規模ではなく、学校の校舎もそれほど大きくはなかった。現在はラマ九世通りという、中心地からやや外れた住宅街にある。Wさんが通っていた時代は校舎がウィッタユ通りという、現在は高架電車も走り、日系ホテルのオークラ・プレステージ・バンコクや在タイ日本大使館、アメリカ大使館があるハイソサエティーな地域の真ん中にあった。

いまだと滞在ビザと労働許可証は別々に取得しなければならないところだが、その時代はビザが曖昧で両方がワンセットになっており、国籍取得も容易であったり、事業を始めるにもさまざまな法令や手続きが違ったりなど、いまとは制度がまったく異なっていたという。

企業駐在員も大手商社などの社員ばかりだし、もちろん移住者もいるにはいたのだが、そんな時代のタイに好んで住んでいたくらいなので、みんななかなかに個性的な人たちばかりだったようだ。Wさんの少年時代には日本人でも銃器を買うことができたという。ある日、同級生が親の銃を見せびらかすために学校に持ってきて暴発させるという、いまならタイと日本で報道合戦必至の大トラブルも、笑い話で済んだ。

Wさんが一〇歳のころ、両親がパホンヨーティン通りのソイ九に家を建てた。

パホンヨーティン通り、通称・パホンは二〇九ページで紹介したタイ在住の日本人女性のMさんが独身時代に住んでいたエリアで、富裕層の邸宅や洒落たレストランなども多い一方、心霊スポットもある。日本だと廃病院や廃屋などが心霊スポットになっていることがあるが、タイは案外、その系統のスポットは多くない。そんななかで、このパホンには廃病院のスポ

パホン・ソイ9。夜間はしんと静まりかえっている

ットがあるなど、特殊ないわくつきが見られる。

ほかにもこの通りには「出る」と言われる物件が多数ある。たとえばパホン通り沿いのコンドミニアム（分譲マンション）の一室は、祓《はら》っても祓っても霊が帰ってきてしまうと聞いた。ある日本人女性がそこに部屋を借りて暮らしていた間、夜中になるといつの間にか寝室のドアが開いているといったさまざまな現象が起きた。

ある日、部屋のオーナーと相談して僧侶に祓ってもらったところ、一時的には現象が収まったものの、再びドアが開いたり、物音がしたり、金縛りに遭ったりが続く。最終的には、寝ぼけていたのか現実なのかわからないような、まどろんでいるタイミングで金縛りに遭い、ドアが開いて黒い人影が部屋に入ってくるのを目撃してしまった。その女性はそれをきっかけに体調を崩し、結局日本に帰国してしまったという。

Wさんの両親が選んだソイ九は、スカイトレインのBTSアーリー駅に近いエリアだ。近辺は、やや高級そうな隠れ家的なレストランや、外国人向けの高級アパートなどが点在している。それでもソイ九の中は高級住宅街であり、大通りは騒々しくても、一歩ソイ内に入れば静かで過ごしやすい場所になる。

そのころはすでにこの辺りは住宅街としては高級な部類だったが、Wさんの父親が四〇年前に目をつけたその土地は、破格の値段だったという。とにかく値段重視だった彼の父親は、即決に近い形でその空き地を取得した。しかし、安いのにはそれなりの理由があった。上物《うわもの》の建設作業に入ってすぐ、それが判明することになった。

Wさんの前だけに現れる顔の見えない白服の女

工事が進むにつれ、Wさん一家はあることに気がついた。建設現場に住み込みで働く作業員たちが深夜トイレに行く際、同僚あるいは守衛に無理やり一〇バーツを握らせてついてきてもらっていたのだ。小屋は簡易的なプレハブのようなもので、水場は別の場所に造るためだ。

タイはトイレと水浴び場（いまだとシャワールームなど）はセットになっていて、水の部屋を意味するホング・ナームと呼ぶ。昔のホング・ナームは狭くて、日本の公衆トイレの個室の広さとほぼ変わらない。トイレは形状が和式便器に似ていて、日本人の感覚だとトイレで身体を洗い流すようなイメージだ。いまのバンコクだと洋式便器が増え、かつホング・ナームも広くなったので違和感は最小限だが、農村や寺院はいまだに狭いタイプが多く、二〇年もタイに関わる僕でもいまだに慣れない。

大の大人《おとな》がなにかに怯え、しかも金を払ってまでもトイレにつき添ってもらっている。いまでこそ屋台で一食が五〇バーツ前後もかかる時代になった。僕が初めてタイに来た九〇年代後半はこの半額程度の二〇バーツ、あるいは高くても二五バーツだった。タイ人の五〇代六〇代に話を聞くと、四、五〇年前に屋台で「クイッティアオ」という米粉からできた麺類を食べるとき、払っていたのは一杯三バーツから五バーツ程度だったようだ。貨幣価値や物価感覚がいまとは違うにしても、その水準で言えば、特に建設作業員にとって一〇バーツはかなりの大金である。たかがトイレに行くために二食分を払おうというのは奇異な行為ではないか。特にタイは日本と違い、建築・工事関係の職業は給料が安い。それでも一〇バーツを払ってでも、というわけだ。

Wさんの父が作業員に話を聞くと、彼らはみな同じことを言った。

「あの木の下に白い服を着た女のピー（幽霊）が立つ」

Wさんの父親は「はい?」という感じだったそうだが、まだ幼かったWさんはそれを聞いて背筋に寒気が走った。実は、Wさんもたびたび、敷地内に立つ大きな木の下に、白い服で、長い黒髪の女が立っているのを見ていたのだ。ただ、Wさんが見るときはいつもうしろ姿だった。

Wさんの父親はわが家の工事途中に作業員に逃げ出されても困るので僧侶を呼び、その木に取り憑く霊を祓《はら》ってもらい、さらに建物の設計の関係上、木は切り倒した。そうして、そのあとは特に何事もなく家は完成した。

ただし、「何事もなかった」のは建設作業員だけであった。

完成した家は大きく、長い廊下もあった。廊下の突き当たりにはドアがある。タイの建物であり、また四、五〇年前の設計だ。たとえばいまのような大きなガラス一枚のドアというわけにはいかず、ベースは木製で、上と下それぞれの枠にガラスが嵌《は》めこまれているタイプのドアだった。

家が完成し、ここで暮らし始めたWさん一家に、特に災いが降りかかったわけではない。Wさんも何事もなく平凡な日常生活を送っていた。

しかし、その廊下を歩くとき、ときどき彼には奇妙な感覚が起こる。廊下を歩いていると、誰かに見られているような視線を感じ、呼ばれているような気がすることもしばしばあったそうだ。振り返っても誰もいないのは言うまでもない。

この時代の建物なので、廊下にまでエアコンの涼風は届かず、昼間から夕方にかけてはオーブンの中にいるような熱気を感じる。住宅街なので暑苦しい廊下も静寂に包まれ、Wさんが歩いている足音だけがひたひたと小さく壁に反響する。タイの家屋は欧米のように靴を脱ぐたたきが玄関前にない。しかし、日本と同じように玄関で靴を脱ぐことが一般的だ。靴を脱ぐときにはたいてい靴下も一緒に脱ぐ。家の中では素足なので、床に足の裏が吸いつくような音しかしない。

それなのに、Wさんがひとりで歩いていると、ときどき、明らかに自分の足音とは違うタイミングで床を踏む音も聞こえる。このときも、振り返ってみたってそこに誰かがいるわけではない。

そんなある日の夕方、廊下の窓に差し込む明かりが正面のドアに反射し、上のガラスにはWさんの上半身、下のガラスにはWさんの下半身が映って見えた。ところが、映っていたのはひとりではなかった。かといって、ふたりとも言えない。上のガラスにはWさんだけが反射し、下のガラスに白い服の女の下半身──それは白いスカートと、そこから伸びる足が映っていたという。上半身が映るはずの上のガラスに女は映っていないのに、下のガラスにだけ、しかも、Wさんのすぐうしろに女の下半身がついてきている。

これまでうしろ姿しか見えなかった女が、いままさに自分を見下ろしているかもしれない。幼いながらに恐怖を感じたが、一方で幼いがゆえの好奇心に負け、Wさんは振り返ってみた。

誰もいなかった。しかし、視線をドアに戻すと、やはり女の下半身が残っている。Wさんは女の手が自分に伸びてくるのではないかと怖くなり、急いでその廊下を駆け抜けた。

Wさんはそのときも、またそれ以降も、その女の霊の仕業とみられる不運には見舞われていない。Wさんはたんにそこにいただけの霊なのだろうと、いまは結論づけているという。

10―ホテルで起こる奇々怪々

日本人にとってタイは、バックパッカーからお洒落な女子旅にも人気のある旅行先であり、観光だけでなくビジネスでの渡航も少なくない。そんな日本人に向けて、タイには日本人が好みそうな宿泊施設が、ゲストハウスのような安宿から外資系の高級ホテルまで、それこそ星の数ほどある。

しかし、そんな宿のなかには劣悪な環境の施設も少なくない。サービスが悪い。部屋が汚い。建物が古い。そして、幽霊の目撃談があとを絶たない、などである。

スクムビット通りにナナと呼ばれる通りがある。スクムビット通りソイ四の別称で、ナナにはいろいろな、ごちゃ混ぜの、といった意味合いがあるが、本当の由来はこの辺りの地主

スクムビット通りソイ4にあるゴーゴーバー複合施設ナナ・プラザ

であったレック・ナナという政治家の名前が採られている。ソイ四の向かい側はアラブ人街になっており、中東料理やアフリカ料理の店がタイ在住のこれらの国の人々向けに営業する。本格的な店ではアルコール販売がなく、アラブ系やアフリカの黒人らに混じって食事ができる、日本ではあまり体験できない、まさにごちゃ混ぜな国際色を感じる。

　日本人にとっては、特に男性諸氏にナナはよく知られている。ゴーゴーバーという、男たちが酒を飲みながら、半裸の女性を物色するというナイトスポットが近くにあり、夜な夜な客を捕まえようと売春婦が往来にも立っている。欧米式のビールバーも路面にあり、大音量の音楽の中で、男女が性の駆け引きを行う。こ

スクムビット・ソイ4で出ると言われるホテルOの近辺

ういったバーには世界中から負のオーラを身に纏った人々が集まってくる。酒と女とくれば、博打や違法薬物、暴力など、あらゆる悪事がはびこる。欲望渦巻く場所はいたずらなピー・ドゥ（悪霊）の格好の餌食となりやすい。

二〇〇八年五月には、ナナのゴーゴーバーに勤める女性を、近くにあるコンドミニアム（マンション）の五階の部屋で三一歳の日本人男性が殺害し、その男もそのまま窓から投身自殺した。夜遊びに絡んで、こういった事件が年に何度も発生する。それがバンコクである。

こういった売春に絡んだ人たちなど、不特定多数の人々が出入りする宿泊施設でも、心霊に関係した体験談は枚挙に暇がない。

2　国内で起こった本当の怪談

ソイ・ナナの奥にあるホテル

そんなナナにあるホテル「O」は一九九〇年代に開業した、やや古いホテルであるが、しっかりと管理された中級ホテルとなっている。料金もほどよく、サービスも悪くない。さらにナイトスポットが間近にあるため、日本人出張者に人気がある。

このホテルで心霊体験が相次いでいるという。ひとりふたりの体験談だけでない。一時期は部屋番号がぞろ目だとも噂されたが、そうとは限らず、全体的になにかがいるホテルのようだ。

ある日本人出張者は深夜に目が覚めると部屋の角に輪郭のぼんやりとしたタイ人らしき男性の姿を目撃している。最初、ルームサービスが入ってきてしまったのかと思ったそうだが、そんな時間に手ぶらで来るはずがない。さらによく見てみれば小さなコーナーテーブルと壁の隙間に立っている。厚みが数センチしかないということに気がつき、彼はやっとそれがこの世のものではないとわかった。彼は慌ててレセプションへと駆け下り、部屋を替えてもらったそうだ。すんなりと変更が承認されたところを見ると、おそらくそれが初めてのクレームではないということになる。

別の日本人は明るい時間帯にもかかわらず、部屋に入るなり、窓際にこの世の者ではない人型のなにかを見てしまった。

さらに、話を聞いたほかの日本人出張者は深夜に部屋をノックされたという。ドアスコープを覗くと、そこに俯く、髪の長い女がいた。顔は見えず、微動だにしない。東南アジアでは男性ひとりの宿泊客に、従業員が小遣い稼ぎで売春婦を斡旋しようと部屋を訪ねてくることがよくある。ナナという場所も場所だし、その人もきっとそうなのだろうと思い無視した。しかし、部屋のドアは再び叩かれる。もう一度ドアスコープを見れば同じように女がいる。面倒ではあったが直接断ろうと、その人はドアを開けてみた。

そこには誰もいなかった。ホテルの廊下は長く、ドアを開ける短い時間でどこかに隠れることはできない。嫌な予感がしたその人はすぐにドアを閉めた。鍵をかけ、ドアチェーンを嵌《は》めたときに視界に飛び込んできたのは、ドアと床の隙間から入ってくる女性の青白い手だった。マニキュアなのか、それとも血なのか。指先は真っ赤になっていたという。彼はベッドに飛びこんで毛布を頭からかぶり、がたがたと震えて朝を待つしかなかった。

部屋や廊下での目撃談があとを絶たないが、このホテルで自殺があったとか、殺人事件があった、あるいは霊道とかいった根拠は存在しない。タイの心霊スポットは大概なにか理由や原因があるのだが、ここにはそういったものがまったくない。

とはいっても、人知れずなにかが起こった可能性がある。というのは、タイは法的に緩いのか、客室内で死者が出たときには僕が所属する報徳堂など救急救命の慈善団体に依頼し、私服の隊員が従業員専用エレベーターでこっそりと遺体を運び出すこともよくあるからだ。

実際に僕が所属する報徳堂でも本部の正式隊員がそういった依頼をよく受けている。

観光客が年間四千万人も訪れるタイである。慣れない土地の旅行で疲労から急死する人がいることは驚きに値しない。ましてやナイトスポットの近くにあるホテルだ。高齢の男性の腹上死も珍しくない。タイは道端の薬局にて処方箋なしで勃起不全治療薬などを買うことができる。本物やジェネリック（後発医薬品）、模倣品などさまざまあるが、歳も歳だとただでさえ心臓への負担も大きいだろう。だから、宿泊施設での死亡事件・事故の情報が見つからないとしても、そういった事情から心霊スポットになってしまう場所もある。

ちなみに、このホテルは今も予約サイトなどで普通に宿泊することができる。

タイ人女性が足を引っ張られたホテル

とにかくバンコクのホテルは調べれば調べるほど、むしろなにも起こっていないホテルの方が少ないのではないかと思えてくる。

スクムビット通りだと、ソイ一五にある「M」というホテルは九階の部屋で霊体験をしている人が多い。

また、八八ページでタイ版こっくりさんのピー・トゥアイゲーウを最後に行った場所のすぐ近く、ペッブリー通り沿いにかつてあった「ファースト・ホテル」も目撃例が多かったという。ファースト・ホテルは二〇一〇年ごろにいつの間にかなくなり、今は不動産開発でコンドミニアムが建っている。廃業直前と見られる二〇一〇年には旅行口コミサイトの「トリップアドバイザー」が特集した「世界の汚いホテルランキング」で第八位に選出されていた。ここは一九八八年一月に大火災で一三人が亡くなっており、おそらくそれに関係したピー（霊）が見られたのだろう。

これはほんの一部で、ほかにも数え切れないほどの宿泊施設で心霊現象が起こっている。そんななか、タイ人女性ウィーさんにも話を伺った。他県にある工業製品製造工場の購買部門にいる女性で、ある日、研修がバンコクであり、同僚とスクムビット通りソイ二三にあるホテル「J」に宿泊したそうだ。日本人出張者も多く泊まるホテルである。

研修が終わると食事をして、辺りが暗くなるころにホテルにチェックインした。部屋はきれいだし、広かった。ちょっとしたスイーツも買い込んであり、相部屋となった同僚とおしゃべりを楽しんだ。そうして眠くなってきたので、ふたりはそれぞれのベッドで眠った。

ふと目を覚ますと掛け布団がすべて足下の床に落ちていた。掛け布団といっても、薄いシーツの間に薄い毛布が挟まっているようなしろものだ。ベッドメイキングできっちりとマットの耳に掛け布団が挟まり、引っ張り出さない限りは蹴っ飛ばしても飛ぶことはないはずなのに。

エアコンが凍えるほどに効いていたので、ウィーさんは掛け布団を床から拾い上げると、再び眠りにつこうとした、そのときだ。また掛け布団が足下の方向へと飛んでいった。得体の知れない恐怖を感じた。とりあえず、もう一度掛け布団を拾い上げた。そして、枕に頭を預けた瞬間、また掛け布団がつま先方向に飛んでしまう。ウィーさんは隣で眠る同僚に声をかけた。

明るくなった部屋で同僚が見ていることで恐怖心はやや薄らいでいた。掛け布団を拾い、ベッドに横になる。次の瞬間、男の手だとわかる強い力でウィーさんは足首をつかまれ、掛け布団と共にずるずると勢いよく足下の方へと引っ張られた。日本の大ヒットしたホラー映画『呪怨《じゅおん》』で女優・伊東美咲が布団の中に引きずり込まれるシーンがあったのを思い浮かべた僕は、それを動画で見せながらこんな感じだったのかとウィーさんに訊ねた。

「まさにこんな感じだった。ただ、布団と一緒に私は床に放り投げられただけだけど」

ウィーさんと同僚女性はそのまま荷物をまとめ、ロビーに行った。レセプションの従業員にわけを話すと、やはり、特になにか言われるわけでもなく、すんなりと別の部屋に入れてくれたという。そのときのスムーズさが一番怖かったとウィーさんは言った。

余談だが、その映画『呪怨』における布団に引きずり込まれる場面は、直前に霊に追われて怖くなった伊東美咲が布団をかぶるシーンから繋がっている。タイの映画館で上映された際、引きずり込まれた瞬間、館内にタイ人女性たちの悲鳴が聞こえたものだが、その前の布団をかぶるシーンでは、なんとタイでは大爆笑となった。タイは気温の関係で、寝るときに布団を掛ける習慣が一般的でないことと、怪談などに寝室の話がほとんどないからだと思われる。

こういったホテル側の素直で迅速な対応はよくある話で、科学的には説明できないので手の施しようがない、あるいは祓《はら》っても解決しないのであきらめているなど、ホテル側も現象を把握したうえでのことなのだろう。

チェンマイではあの人の幽霊が現れる

バンコクに限らず、国内のホテルでも心霊の話は尽きない。たとえばタイ北部の都市チェンマイにある「インペリアル・メーピン・ホテル」は、ナイトマーケット（夜市）に近いことで人気になっている。料金的には中級ホテルクラスだが、サービスや設備は高級ホテルに近いと言っていいだろう。

この「インペリアル・メーピン」にある有名な歌手の霊が出ると言われている。それは「歌姫」と呼ばれた台湾出身の歌手、テレサ・テンのことだ。テレサ・テンはこのホテルを定宿にしており、スイートルームにいつも泊まっていたという。そして、一九九五年五月八日に、気管支喘息の発作が原因でこのホテルで亡くなった。

テレサ・テンの死後、深夜になるとこのホテルの廊下に彼女の美しい歌声が響くと噂が立

上／チェンマイのナイトバザールの近くにあるインペリアル・メーピン
下／館内の廊下は一見普通だが……。インペリアルはかつては高級ホテルの部類だった

った。しかも、エンターテイナーであったことからか、死してもなおサービス精神が旺盛で、中国人には中国語、日本人には日本語にその歌が聞こえるのだとか。

テレサ・テンがチェンマイによく来ていた理由にはさまざまな憶測がある。チェンマイは当時、タイの麻薬の生産地ともいわれた「黄金の三角地帯」が近かったので彼女が好んだドラッグが手に入りやすかったとされる。そのため、死因は病死ではなく、実はオーバードース（過剰摂取）ではないかとまで囁かれた。

また、彼女の父親の関係で、中国からチェンマイの山中に逃げ、身を隠している国民党軍の村とコンタクトを取るためという噂もあった。

実際に僕はテレサ・テンの幽霊話を確かめるために、二〇一四年にこの「インペリアル・メーピン」に宿泊している。残念ながら、その時点ではなぜかこのホテルは中国人とイスラエル人に異様に人気になっており、夜な夜な廊下は部屋から漏れる彼らの酒盛りの嬌声でいっぱいだった。

翌朝、レセプションの女性にテレサ・テンの話を訊ねると笑われてしまった。そんな話はないと否定し、実際には亡くなったのはホテルの中ではないとまで言われた。体調を崩したのはこのホテルでも、病院に搬送されたのち容態が悪化して亡くなったという。

ただ、話を聞いたレセプションの女性はその時点で二〇代前半くらいだった。当然、テレサ・テンが倒れた姿も、その女性が働いているときに見たものではない。また、テレサ・テンという歌手の存在だって、タイ人ならあまり知らないはずだ。スムーズに答えるじゃないか、と僕は思いながら聞いていた。僕のような人が多いからなのか、実際に起こる心霊現象への対応マニュアルが存在するのか。

噂を流されたオーナーの切実な叫び声

安宿も心霊ネタには事欠かない。バンコクの下町であるラチャダーピセーク通りには安いホテルも点在する。

他県に住む知人はバンコクに来るたびにその辺りに宿泊するのだが、心霊体験もよくあるそうだ。窓の外に人が立っていることは頻繁で、電話がかかってきてなにやらわけのわからない叫び声が聞こえるということも一度ではない。しかも、それは彼だけでなく、同じ部屋のリビングのソファーで眠る、彼が経営する会社で雇うタイ人運転手も同時に目撃していることばかりである。

その人はタイ中央部の端の県、サラブリー県に住む。日本で言えば、ちょうど群馬県や栃木県に相当する。この人に教えてもらった、ムアン（中心部）にある、直訳すると「お金持ちのホテル」という意味の名を持つホテルは、サラブリー県の人は誰も泊まらないという。

このホテルの隣に「ワット・トーンプムプアン」という、古都アユタヤに続くパーサック

サラブリー県の心霊ホテルとして有名な「お金持ちのホテル」は、たしかに寺院と隣接している

川の畔《ほとり》に立つ寺院があるからだ。ホテルは元々この寺院の墓地か火葬場があったところに建ったため、特に寺院側の部屋の窓の外に霊が立っていたり、ポルターガイスト現象で部屋が荒らされるなどがよくあるという。

ネット検索をすると、タイのネット掲示板「パンティップ」に二〇一六年、オーナーらしき人物が相談を書き込んでいた。ピーの噂が立ち、客足が減っているという内容だ。タイ人は無記名の掲示板でも相手に真摯に答える傾向にある。ところが、この相談に限っては「古いから仕方ない」、「リノベーションすればいいじゃん」といった、冷たい回答ばかりだ。

そんなホテルに足を運んでみると、華やかな名前とは裏腹にホテルは外観からしてなんだか薄暗い雰囲気を醸す。ジャングワット（県）のムアン（中心）にあるにもかかわらず、なぜかこのホテルの前だけ、スマートフォンの電波が入らなくなるという謎の現象も起こった。客室の窓は完全に外が見えないように真っ黒のスモークフィルムが貼られている。これは窓外を浮遊するピー（霊）の目撃談が相次いだために貼られたと噂されている。

開業して数十年なので建物自体が古いのもそうだが、全体的にどんよりとしていて、改装しろという意見もわからなくもないと、現地で見て思った。

バンコクの殺人事件が起こったラブホテル

そのサラブリー県の知人からバンコクのパタナカーン通りにある「チムプリー」というホテルの話を聞いた。パタナカーン通りは先に紹介した、火災で一三人の死者を出した「ファースト・ホテル」があるペッブリー通りを東へと進むと、自動的に接続する大通りだ。

この「チムプリー」はいわゆるラブホテルである。ここのオーナーはメディアには語らないが、オフレコでは「うち、出るんだ」と嬉々として認めているとその知人から聞いている。日本から来た人がタイ人女性を連れ込めるホテルを訊いてきたので、知人が教えた。そして翌日、その日本人から「なんか変だったのですぐにチェックアウトした」と言われたそうだ。

水のあるところ、それから欲望渦巻く歓楽街は霊がよく出ると聞く。ホテルもそうだし、たしかにラブホテルならありそうだ。実際、僕も結婚する以前、知り合ったタイ北部の女の子とラブホテルに行ったことがある。

タイのラブホテルは基本的には車で横づけする構造になっていて、ただベッドと簡易的なシャワールームがあるくらいで、日本のように趣向を凝らした内装は少ない。そのホテルは、トンブリー・エリア——前王朝のトンブリー王朝があったバンコクの旧市街で、チャオプラヤ河の西岸にあった。当時、その女の子は別の子と一緒に暮らしていた。迎えに行くと、その同居人が別の友人らとヘロインを楽しんでいた。その女の子は気を遣ってくれ、近くのラブホテルに行ったのだった。

とにかく古いホテルで、ライトはオンとオフしかない。窓もないので、明るいか暗闇かの二択だ。そもそもの待ち合わせが深夜だったので、そのままふたりで眠ったのだが、たぶん夜中の二時か三時、突然彼女が叫び出した。

「怖い、怖い！　見てあそこ、ほら！　怖い」

何事かと明かりを手探りで点けてみたものの、なにも見えない。彼女もぎゅっと目を瞑ったままだ。しばし落ち着かせて、再び眠ろうとした。その数分後、彼女が「怖い！　来る！」と再び叫ぶ。今度はスイッチの位置を把握しているので、すぐに明るくできた。

僕はぞっとする。

振り返ると僕の位置を把握していたかのように、その子は白目をむいたまま僕の方を見て

上／出ると噂のラブホテルのチムプリーの客室内　下／チムプリーは基本的には徒歩では入りにくい

いたのだ。北部の子なので肌が色白でなお怖い。のちに聞いたところではヘロイン中毒者にはこういった症状はないので、たんに心の病だったのか、それともホテルに巣くうピー・ドゥ（悪霊）にやられたのか。とにかく、そのときは気持ちが悪くて、すぐさまチェックアウトし、彼女を家まで送って帰宅した。

これが僕のタイで最初で最後のラブホテルの思い出である。そういったホテルにはそれ以来行っていないので、懐かしさもあって、その「チムプリー」に足を運んだ。ネットで検索してみると、ホームページもないし、出てくるのは他県の同名のホテルばかりだ。チェーン店かと思うとそういうわけでもない。

唯一、その「チムプリー」が検索で引っかかってくるのは殺人事件のことだ。死体を回収する様子が画像つきで上げられているのだが、二〇一二年九月一〇日、四四歳の夫が、四〇歳の妻が浮気しているのではないかと疑い、殺害した。部屋番号は一三三号室だ。ここを狙っていけばピーに出会えるのだろうか。

しかし、ここを教えてくれた知人の話では、タイ人女性を連れ込んだ日本人はその部屋でピーを感じたわけではないそうなので、必ずしもその殺人部屋で霊が出るわけではないようだ。しかも、僕がいつそのホテルに行っても、その部屋はなにかしらの理由で閉鎖されているか、先客がある。昼に行っても、深夜に行っても、である。なかなかその部屋に入れないので、計四回ほど足を運んであきらめ、試しにほかの部屋に入ってみた。ベッド周りの壁と天井には鏡があった。出そうな雰囲気はたしかにあった。

11 タニヤの怪奇現象

タイで怪談を蒐集する場合、最も効率がいいのはインターネットの掲示板や怪談を扱うサイトから調査を始めることだ。ただ、所詮はネット上で交わされる議論である。そこに血が通っているかどうかはわからない。当事者の感情、あるいは当事者のように書いていても、又聞きのケースもある。場合によっては他人の書いたものをすべてコピーしているだけのものもタイ語サイトはかなりの数に上る。信頼性の高い、また臨場感のある怪談は対面で本人の口から聞くしかない。

とはいっても、僕のように長くタイに住み、タイ人の知り合いがたくさんいるならともかく、観光レベルではなかなか怪談を聞かせてもらえる機会には恵まれないだろう。そんなときに勧めるのは、飲食店や夜の店である。食堂やバーの店員、あるいはカラオケ・クラブなどでホステスやボーイたちに話を聞く。日本人向けのクラブなら拙いながらも日本語ができるので、ある程度、タイ人の霊現象への考えを知りつつ、実体験を聞くことができる。ただ、

タニヤ通りの移り変わりは早く、もうこの看板もだいぶ入れ替わっている

極めて男性向けの方法になるが。

日本でも水商売の世界には霊がつきものであろう。タイも同じで、たくさんの女性が霊体験を持っている。勤め先や店外デートのあとで訪れる客が宿泊するホテルでの体験はこちらが思っている以上に興味深いものもある。彼らの情報を総合すると、バンコク都内に心霊現象の起こらないホテルはないのではないかと思うほど、各地で日々、霊体験が生まれている。

タニヤ通りのそばにある老舗ホテル「M」

タニヤ通りにある日本人向けのカラオケ・クラブに勤めるヨーという二二歳の女性がいた。

タニヤ通りは別名「ソイ・イープン（日本小路）」とも呼ばれる。夜間、路地の左右にはひしめき合うようにカラオケ・クラブや和食店、バーが連なる。ざっと数えただけでも八〇軒ほどはある。これらのクラブのうち多くがホステスを店外に連れ出し、デートができる。このデートは身体の関係も含んだもので、要するに買売春である。

ヨーは東北地方出身で、タニヤには一九歳のときに来た。親にはレストランで働いているという、この職業の女性の定番の嘘をついて金を稼いでいた。褐色ではあるが、その分、張りのある艶やかな肌をしている。目はくりくりと大きく、大人びた顔つきをしているかと思えば、笑顔は幼い。

そんなヨーをある夜に指名した日本人男性は、ひとりではなく複数での来店だった。観光で来たため、タイ語も英語もほとんどできない。ヨーはカタコトだが日本語ができるので、選んでくれた男性は喜び、連れ出し料を払ってホテルへと誘ってくれた。

売春が絡んだ外国人向けのバーや、タニヤのような日本人向けのカラオケは連れ出し料を払うことで女性と店外デートができる（同性愛者や女性向けに男性を連れ出せる店もある）。タイでは管理売春は違法なので、店側は女の子のドリンク料や早退の罰金として客から連れ出し料を受け取り、あとは客と従業員の個人間の契約というスタンスになる。客が気に入った女性を連れ出す際はホテルで支払うチップ（つまり売春の料金）を交渉する。近年は三〇〇〇バーツ（約一万円）前後からとなるが、一、二時間のショートと数時間、あるいは朝

ヨーが体験してしまったホテルの外観

まで一緒にいてもらうロングといった希望・条件で料金が変わってくる。

ヨーの客の仲間もみな連れ出しをし、仲よく全員でホテルに向かった。タニヤから歩いてわずか三分程度の距離にある老舗ホテル「M」だ。連れ出された女性のなかにはヨーと仲がよかった同僚も含まれていた。

ホテル裏手に寺院がある。都心では規模が大きい寺院「ワット・ホアランポーン」だ。葬儀場もここ一〇年くらいで何部屋も増設しているほど利用者が多い。その影響からか、このホテルは心霊現象が頻発しているとは以前から噂があった。しかし、ヨーはその時点ではそのことを知らなかった。ただ、振り返ってみれば部屋に入るとなんとも言えない不気味さはあったような気がしたと言う。

男性とヨーの行為が終わり、再びシャワーを浴びると男性は明日のゴルフに向けて寝ることになった。

ヨーもうつらうつらしていると、窓の外から「ウォラヌット、ウォラヌット、開けて」と聞こえてきた。ウォラヌットはヨーの本名だった。

タイ人はほとんどの人が本名と呼び名――つまりはあだ名であるチューレン（遊びの名前）を使い分ける。実用面で言うと、タイ人の本名は宗教関係の言葉からつけられるため長く呼びにくい。文化的背景は精霊信仰の影響で、生まれたときに悪霊にさらわれないよう、人間だとはわからない名前で呼ぶためだ。

まれに本名が短く、チューレンも本名という人もいるし、逆にあだ名の方が難解な場合もある。また、日本人と同じように成長の段階や環境で変わることもある。タイは小学校が六年間、中高もひと繋がりで六年、そして大学となるが、小学校、中高、大学、会社でそれぞれ呼ばれ方が違う人もいる。夜の商売だと源氏名を新たに作ることもあるし、すでに同じ名前の子がいるためにママさんに無理矢理変更させられることもある。

ヨーがウォラヌットという名前だということを知っているのは、一緒にホテルへ来た仲のいい同僚ひとりだけだ。それにしてもなぜ窓の外から声をかけてくるのだろうか。しかもいつもは使わない本名だ。ベランダ伝いに来たのだろうか。部屋に入った男性とふざけて外に出て、締めだされたのかもしれない。

「ちょっと待って」

ヨーはそう言って窓を開けようとした。ヨーがベッドから起き上がろうとしている間も「ウォラヌット、開けて」と催促の声が聞こえる。

窓に手をかけたとき、ヨーはぞっとした。窓が開かない。タイのホテルは防犯や自殺などのリスク管理の関係から窓が開かないホテルが多い。同僚だって窓の外に出られるはずがない。しかし、そんなことはむしろ些細なことだ。この六階の窓の外にはベランダなんてなかった。立つ場所はないし、そもそも誰もいない。

ヨーはすぐに荷物をまとめ、客に黙って出てきてしまった。当然、もらうはずのチップはもらえないままに。ホテルの外に出たヨーは怖くてたまらず、同僚にも切り上げてもらい、一緒に帰ってもらおうと電話をかけた。しばらく呼び出し音が鳴り、同僚が眠そうな声で出る。

「なに、もう寝ようと思ってたのに」

「起こしてごめんね。でも、あんたが私を呼ぶ声がして怖くなって出てきたの。悪いけど、あんたもお客さんに断って出てきて。一緒に帰ってよ」

「え、私、今日はショートだったから、もう家にいるけど」

ヨーは身体の震えが止まらなくなった。

2　国内で起こった本当の怪談

リアルだけど薄い男性

タニヤ通りのカラオケ・クラブは一九九〇年代に増え、たくさんの店が現れては消えていった。

タニヤという名称はランドマークになるビル「タニヤ・プラザ」からついていると見られる。スカイトレインのＢＴＳサーラーデーン駅の目の前にあるこの通りにはカラオケ・クラブ、日本式スナック、和食店、旅行代理店、ゴルフショップがひしめき合う。カラオケは大元のイメージは銀座などの高級クラブの雰囲気だったのだろう。実際、二〇〇〇年代初頭までは料金設定が高く、企業駐在員しか入れないような場所だった。その後、ある店が飲み放題のセット料金を用意し、門戸を広げたことで、他店も追随した。セットであれば高めでも一時間三〇〇〇円前後で楽しめる。その分、かつてのような高級感はなくなり、日本でいうキャバクラのような手軽なナイトスポットになった。元々、シーロム通りやタニヤ・プラザの日系企業の日本人を顧客ターゲットにしていたので、いまでも日本人向けに特化した店が多く並ぶ。

ただ、タニヤがいまのようにクラブ街として名を馳せる以前から密集しているビルは老朽化が激しい。店舗によっては、排水の問題か店全体が汚水の臭いを漂わせていることもあるし、エアコンの効きが悪い店は男女の体臭やタバコ、アルコールの臭いで辟易することもあ

ソファーを少しだけ壁から離していたカラオケ店の別の一室

る。

　掃きだせないほどに堆積した欲望の念は、ビルそのものに霊を呼び寄せるようである。僕が話を聞いたワンさんは、ある店の一角にある、不思議なソファーの配置の事情を教えてくれた。一時期は日系企業駐在員の御用達の店として知られ、他店よりも多くのホステスを抱えていた人気店だ。残念ながら話を聞いたあとにオーナーが変わり、本書の執筆時点では閉店してしまっている。

　その店は一階にほかの客とカラオケを共有する大部屋、二階にいくつもの個室を持っていた。その二階の、ある部屋のソファーはなぜかひとつだけ壁にぴったりとつけず、拳ひとつ分の隙間が空けられていた。ほかの部屋はすべて壁際にぴったりとソファーを寄せているのに、だ。

「ここに中華系の男性が立っている目撃談が多いのです。四〇代くらいでしょうか。電気関係の施工業者、ホステス、ママさん、オーナー、多数の人が見かけています」

白いワイシャツを着た男性が俯き加減でなにをするでもなく、ただそこにいる。電気工事の施工業者に至っては、開店前の日中に訪れ、工事が終わるまでの間、本当にそこに男性が立っていると思い込んでいたほどにはっきり見えていたという。

それが生身の人間ではないとわかるのは、その人物に厚みがないからである。現代タイは富裕層の多くが中華系の移民の子孫だ。その霊が中華系とワンさんが言うのは、たんにその霊が色白だからという理由だ。それだけはっきりと見えながらも厚みがまったくない。

当初は数人が知るのみだったが、そのうち従業員の間で噂になる。しかし、立っているだけで悪さはしないことから、怖がる人は少なかった。慣れてくれれば恐怖心もなくなり、徐々にその中華系の男性のピー（霊）の登場パターンを考える者も出てくる。

そして、わかったことは、その男性の霊が出る日は必ず店が繁盛するということだった。だから、その霊がゆったりと立てるようにと、そのソファーは当初よりも広く壁からの間隔を開けて置かれるようになったのだという。

死者が出勤してくるカラオケ店

アールというチーママに聞いた話だ。タニヤ通りのカラオケは日本式なので、ママと、セカンドの立場になるチーママが店を切り盛りする。ちなみに、タイ語でもママを「ママさん」と呼ぶ。欧米のスタイルのバーでもママさんと呼ぶ店もあるし、ゲイのボスだとパパさんと呼ばれることもある。

アールはすでに四〇代も後半だが、彼女がまだ若く、ホステスをしていたころの話だ。タニヤのなかほどにある小さな店に入店したばかりのある日、早く着きすぎて店のソファーでひとり座っていると、つい眠ってしまった。そのとき、ふと気がつくと黒いドレスの女性が音もなく入ってきて、アールの顔を覗き込んだ。アールは寝ぼけ眼であいさつをすると、女性は奥のロッカールームへと進んでいった。しばらくしてママが出勤してきたので、アールは自分のほかにもうひとり出勤していると伝えた。ママもロッカーへと行ったが、誰もいなかった。

タイの古い建物は店内から直接抜けられる非常階段が存在しない。店も無銭飲食を防げるので好都合だ。だから、黒いドレスの女性が奥へと行った以上、またアールの近くにあるドアに来ない限り店から出ることはできない。

アールはまだ従業員全員の顔を把握していない。でも、寝ぼけていたとはいえ、ちゃんとあいさつをしたし、顔は見ている。ママは心得たかのように一枚の写真を持ち出してきた。

「この人でしょう?」

ママが指す女性は、まさにアールが見た女性だった。しかも、アールが見たのと同じ黒いドレスを着ていた。

「この人、数年前に自殺しているの。いまでもときどき出勤してくるのよ」

ママは慣れたように説明した。その女性は日系企業の駐在員とつき合っていたが、日本へ帰任になるために別れた。治安や子どもの教育を理由に単身赴任で来る人も少なくない。なかには、束の間の独身を気取って、タイ人女性と同棲する人もいた。日本人男性がタイ人女性に財産を貢いで一文無しになるという話は掃いて捨てるほどあるが、一方で、タイ人女性も本気になったあとで日本人男性の帰任で失恋することだってある。

タイ人は南国らしく陽気な一方で、ストレスに弱い。ちょっとした失恋で自殺する人もいる。タイ保健省(日本の厚生労働省に相当する)の発表によると、二〇一八年に自殺を試みた人はおよそ五万三〇〇〇人で、そのうち死亡したのが約四〇〇〇人だという。徐々に増加傾向にあるようで、今後社会問題化する可能性もある。

二〇一一年七月にはバンコク都内のアパートからタニヤで働く女性が身を投げている。彼女は昼間大学に通いながらタニヤで働いていたが、ある夜日本人客と海水浴に出かけようとしていたところ、同棲中のタイ人の恋人に制止され口論となり、衝動的に飛び降り自殺をしている。痴話喧嘩で身を投げるくらいなので、失恋で自殺することは想像に難くない。

アルコールとカラオケでのストレス解消、性欲、金への執着、欲望のすべてが詰まったようなタイの歓楽街に霊はつきものである。その黒いドレスの女性は欲望の渦に巻き込まれたのか、自ら飛び込んだのか。きっと今でも自分を捨てた男性、あるいはよく似た人を求めて彷徨《さまよ》っているに違いない。

愛情の海原に消えた日本人

バンコクのラチャダーピセーク通りは、商業施設が乱立し、日本人も多いスクムビット通りから北に向かった、バンコク中心地に最も近い下町エリアだ。学生や新社会人など、あまり裕福ではない若者向けのアパートが多数あり、タニヤで働く女性もこの辺りに部屋を持つ人をよく見かける。そんなバンコクのアパートには日貸し、あるいは時間貸しをしているところもある。

そんなラチャダー通りの裏手に「愛情の海原」(意訳)というアパートらしくない名前のアパートがある。僕がまだ独身だった当時は日貸しをしていて、カラオケで働く女性に連れて行かれたことがある。部屋自体はごく普通のアパートであった。

二〇〇〇年に僕は一年ほどタイ語学校に通っていた。当時は夜遊びのことは知らなかったが、同じクラスで勉強していた日本人男性Rさんに夜遊びを教えてもらい、夜の店に通い詰めた。ときには交友関係の広いRさんの友人も参加し、そのなかにYさんという人物がいた。

そのうちYさんとはふたりで遊ぶこともあるほどに仲よくなった。そもそもYさんとRさんは共通のカラオケ嬢の取り合いになり、話し合いをしたことで意気投合したらしいが、元々よくは思っていない間柄だ。だから、YさんはRさん抜きで僕と会うようになっていた。

それからしばらくして、Rさんが食事中にこんな話をし出した。

「カラオケの子から聞いたけど、『愛情の海原』のある階のある部屋は入居者が次々に死んでしまうんだって。最初は飛び降り、次に入った人は首つりで、最後の人は行方不明……」

僕はなぜ急にその話をし出したのか、わからなかった。だが、Rさんはこう続けた。

「アドレス帳をあとで見たら、Yさん、その部屋に住んでいるんだよ。それで電話してみても全然繋がらない。髙田くん、Yさんがどうしているか知ってる？」

言われてみれば、たしかにその少し前から連絡が途絶えていた。当時携帯電話はタイにもあったものの、所有している人が圧倒的に少なかった。通話料も高く、また電話機も欧米からの輸入品で、中国製の安い端末などもまだない時代だ。当時僕は貯金を切り崩しながらの生活だったので、なおのこと携帯電話には手が出ない。だから、数週間くらい連絡を取り合わなくても特に気になることでもなかった。

それに一九九〇年代から二〇〇〇年代初頭にかけて、タイ国内には変人とも言えるような日本人も少なくなかった。社会不適合者というか、自分勝手というか、つき合いたくないような日本人もいた。そんなこともあって、ぷっつりと連絡が途絶えても、急に消えてしまう人はよくいたので、僕もあまり気に留めていなかった。

ただ、初めて会ったときの印象から、Yさんのイメージが徐々に崩れていったという、思い当たる節はあった。温和な顔立ちと話し方だったのだが、だんだんと、乱暴な物言いになり、よく言えば勇ましい感じ、悪く言えばがさつな雰囲気になった。それを僕は友だちとしての距離感が縮まったくらいにしか思っていなかった。

Rさんと話していると、ストレスなのか、霊障なのかで変わっていくYさんが妙に納得できてしまい、怖くなってきた。僕はそのときに食べた食事はなんだったか、どんな味だったか、そもそもどこで食事をしたか、もはや憶えていない。ただ、Rさんのそのアパートの話だけは妙に記憶に残っている。

単純に飽きたから帰国したり、ビザの関係で再入国できなかったとも考えられる。また、このころには日本人経営のヤミ金のような業者もいたようだし、タイ女性の虜になって、あと先考えずに貢いでしまう男性も少なくない。それによる借金で追われて逃げたとか、そういうこともあり得るだろう。ただ、それにしてもRさんがした「愛情の海原」の噂話とYさんの失踪がリアルにイメージできてしまい、いまでもYさんを思い出すと胸騒ぎがして、落ち着かなくなるのだ。

3／タイ現代怪談巡礼

聞くと見るとでは話が変わってくることだろう。ここまで読み進めていただいた以上、実際にタイの心霊スポットはどんなところなのか、現地に足を運んでみようではないか。ときに心がざわついたり、おかしな現象が起きたりなど、ピー（霊）の仕業を感じることも、あとになってみればしばしばあった。

ここではそんな実際に行くことができる、バンコク都内にある心霊スポットを夜な夜な回ってきたので、みなさんにもぜひバンコク・ホラーを疑似体験していただきたい。

亜細亜熱帯怪談マップ③

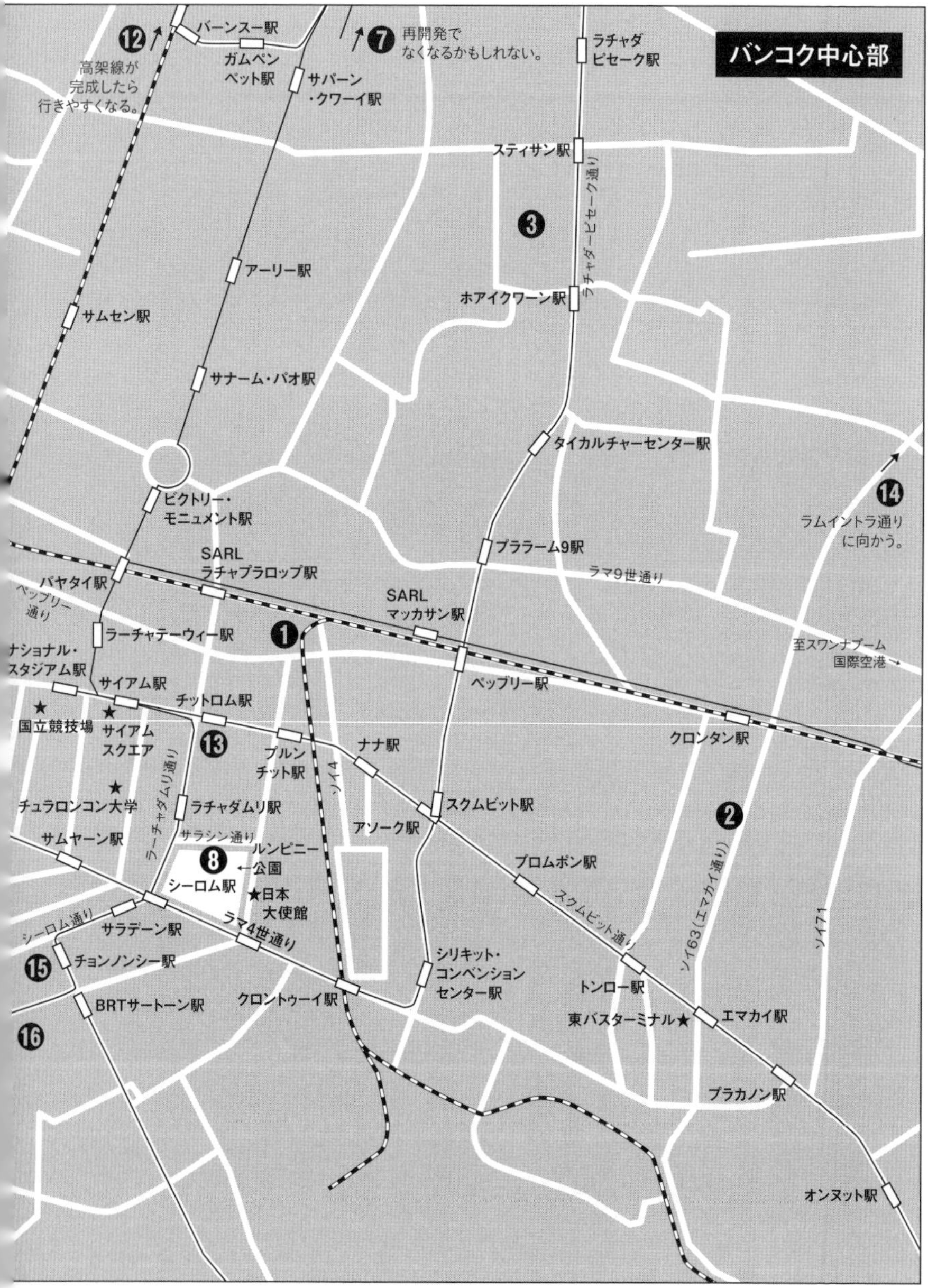

バンコク中心部
12
高架線が
完成したら
行きやすくなる。
バーンスー駅
ガムペン
ペット駅
サパーン
・クワーイ駅
7
再開発で
なくなるかもしれない。
ラチャダ
ピセーク駅
スティサン駅
ラチャダーピセーク通り
3
アーリー駅
ホアイクワーン駅
サムセン駅
サナーム・パオ駅
タイカルチャーセンター駅
ビクトリー・
モニュメント駅
14
ラムイントラ通り
に向かう。
プララーム9駅
SARL
ラチャプラロップ駅
ラマ9世通り
パヤタイ駅
ペッブリー
通り
SARL
マッカサン駅
1
ラーチャテーウィー駅
至スワンナプーム
国際空港→
ナショナル・
スタジアム駅
サイアム駅
ペッブリー駅
チットロム駅
国立競技場
サイアム
スクエア
13
クロンタン駅
プルン
チット駅
ナナ駅
ソイ4
チュラロンコン大学
ラーチャダムリ通り
ラチャダムリ駅
スクムビット駅
2
アソーク駅
サラシン通り
サムヤーン駅
8
ルンピニー
←公園
プロムポン駅
シーロム駅
日本
大使館
スクムビット通り
ソイ63（エマカイ通り）
ソイ71
シーロム通り
サラデーン駅
ラマ4世通り
チョンノンシー駅
シリキット・
コンベンション
センター駅
15
トンロー駅
クロントゥーイ駅
BRTサートーン駅
東バスターミナル
エマカイ駅
16
プラカノン駅
オンヌット駅

バンコク
⓱
Thailand

↑❺
MRTパープルライン
が便利。
チャオプラヤ川
❹
❻
チットラダー宮殿★
シー・アユタヤ通り
旧市街
ピンクラオ通り
カオサン通り
❾
❿
★民主記念塔
⓫
マハチャイ通り
王宮★
サムヨット駅
ワット・
マンコン駅
ホアラン
ポーン駅
（国鉄）
サナーム
チャイ駅
イサラパーブ駅
ジャルンクルン通り
ヤワラー通り
ホアランポーン駅
中央郵便局★
スリウォン通り
ウォンウィエン・ヤイ駅
クルン・トンブリー駅
ウォンウィエン・ヤイ駅

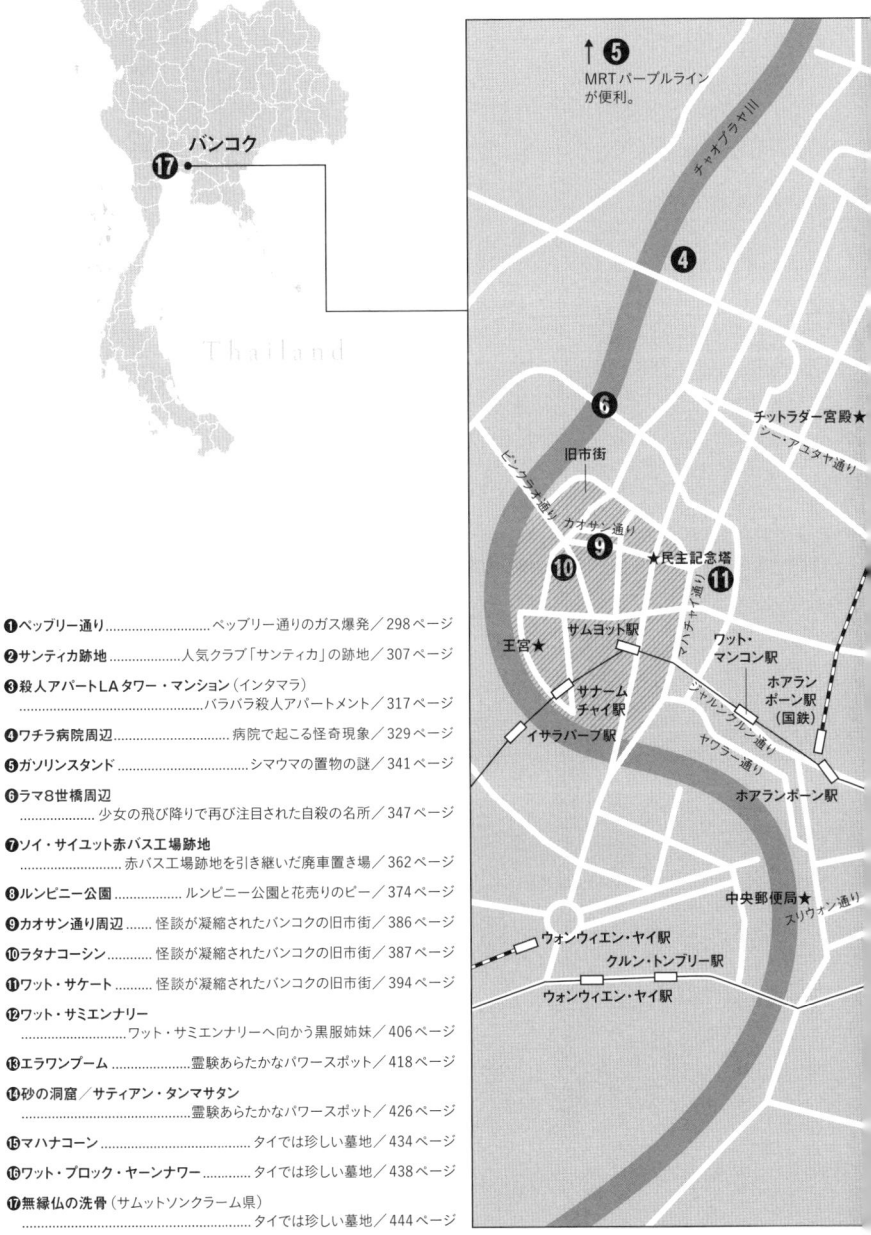

1 ペッブリー通りのガス爆発

昼間、そこを通ってもまさかここがタイ人の霊感を持つ人が嫌がるほどの心霊スポットだとは誰も思うまい。日系デパートの伊勢丹の北側を走るニューペッブリー通りをわずか九〇〇メートルほど東に進んだ場所にある、バンコクでは普通の大通りの一角だ。

まだタイがいまほど日本人に注目されていなかった一九九〇年代に入ったばかりのころ、大きな事故により、当時タイ史上最大の死傷者が出た最悪の交通事故現場となった。当事者ならともかく、無関係の人が多数巻き込まれたことで、無念の死を遂げた死者たちの声がいまも聞こえてくるのだ。

あまりにも凄惨だった事故は、のちに香港ホラー映画の場面でも利用され、その映画はさらにハリウッドでもリメイクされたほどである。

そんなバンコクの中心地の、いつも普通に通るような場面にある、トップクラスの心霊スポットに行ってみた。

映画でも扱われるほどの交通事故とは

タイ人の霊能者によれば、ここでは昼夜問わず男女のうめき声が聞こえ、引きずり込もうとするような力を感じるという。だから、ちょっとでも霊感のある人はよほどのことがない限り、ここを通ることはない。

上／まさにここが事故現場だ。この壁に向かってタンクローリーが横転した　中／現場から高速道路出口を見る　下／信号から高速までの間が火の海と化した

しかし、一方ではバンコク中心地の主要な通りとして、特に日本人は在住者だけでなく観光客でさえも、日常的に利用する道でもある。商業の中心地である伊勢丹近辺から日本人向けの店が多いスクムビット通りに向かうには、一方通行などの関係でほかのルートは使えず、ここを通るしかない。それほどに要所であり、同時にたくさんの交通量のあるエリアでもある。

そこへの行き方は伊勢丹の北、タイ最大の服飾専門市場とされるプラトゥーナーム市場の目の前にあるペップブリー通りを東に進んでいくだけである。プラトゥーナーム市場から事故現場のある高速道路高架線までの間には、三つの交差点がある。交差点に繋がるその三つのすべての通りが都会のパワースポットであり、さまざまないわく因縁もあると噂されるルンピニー公園に繋がっていて、公園の邪気がこの事故現場に流れてきたのではないか、とも考えられる。そんな交差点そばに、問題の高速道路の出入り口がある。

いまでも使われているこの高速道路の出口は、高架上から一直線に約五〇〇メートルを下って、ニューペッブリー通りと直角に交わる。一九九〇年九月二四日の夜一〇時、この坂を猛スピードで降りてきた連結型のタンクローリーが、通りの出口を曲がりきれずに横転した。タンクローリーは車体を横にしたまま滑ったことで、その摩擦によりタンクに穴が開いたと見られ、内部にも熱が溜まった。積み荷の計四万リットルのＬＰＧガスが漏れ出し、連結のまずひとつめのタンクの二万リットル分が瞬時に爆発した。その時点でちょうど近くの赤信号で停止していた車が火に飲まれ、車内で多数が死亡している。また、運よく車外に逃げ出した人も結局、炎に巻き込まれて死亡したか、全身の皮膚がただれるほどの火傷を負ったという。

わずか数分後には燃え盛る炎によりもうひとつのタンクも大爆発し、近隣一帯が火の海となった。このときには車だけでなく近くの建物にも火が燃え移り、その火災で亡くなった人も多数いる。火は電線を断ち切り、周囲は停電した。そのため、建物の三階を超えるほど高く燃え上がった火炎の色が空に映って見え、まさに地獄そのものだったという。消火には当時の設備不足もあって、実に二四時間を要した。

当時のニュースを掘り返してみると、死者八八人、重傷者だけでも三六人だった。この事故は、報告書の名称から「仏暦二五三三年ニューペッブリー通りガス爆発事件」と呼ばれ、当時の新聞記事の紙面画像をいまもネットでも観ることができる。

事故を起こしたタンクローリーも耐久検査などを受けていない違法操業であったことがわかっている。あまりにも凄惨な事件だったこともあって、香港の映画にこの事故場面が使われた。

その映画は『THE EYE（邦題・the EYE【アイ】）』で、二〇〇二年に香港・シンガポールの合作映画として公開された。のちにハリウッドでも同名タイトルでリメイクされたほど話題になった、角膜手術を受けて視力を得た女性に、ドナーが持っていた霊視能力がついてしまい、数々の心霊現象に悩まされるというホラー映画だ。オリジナル映画の後半は、角膜の提供者の出自を探るために舞台をタイに移し、主人公はこの爆発事故に巻き込まれる。

元々この映画は、監督のオキサイド・パン、ダニー・パン兄弟が、タイで一九八九年に起こった一六歳の少女が角膜手術を受けた一週間後に自殺したという事件から着想を得て映画にしたとされる。ただ、この角膜手術の自殺事件は実際にタイで起こっているかは不明だ。パン兄弟は出身の香港の新聞でこの事件を読んでいるため、中国国内か、タイ以外の国で起こった事件の可能性もある。

この交通事故は当時タイ最悪の死傷者数だったが、その翌年一九九一年二月にタイ南部のパンガー県で発生したものが現在（執筆時点）もタイ最悪の交通事故になっている。プーケット県で製造された電気雷管を積んだトラックが横転し、一時間後に大爆発を起こしたのだ。事故発生直後に近隣住民による散らばった積み荷の略奪が始まり、警察官の制止を聞かなかった人々が巻き込まれ、死者二〇七人、負傷者五二五人を出した。

「事故」で言えば、なんの因果かやはり一九九一年に起こった「ラウダ航空〇〇四便墜落事故」の死者二二三人がタイ史上最も多い死傷者を出したものになる。先のパンガーの事故は二位で、ペッブリー通りの爆発はワースト八位だ。「事故」で括るとビル火災や船舶の沈没、航空機事故が規模も大きいため上位に入るし、先のパンガーの事故も直接被害というよりは二次災害の死者が多い。そう考えると、ペッブリーの被害者数はタイの交通事故史上ではいまも最悪クラスだと言っても過言ではない。

現場はどこの大通りでも見る普通の風景だが……

大量の死傷者を出した現場は、それを知らなければなんの変哲もない大通りでしかない。いまも交通量は多く、相変わらず朝夕は大渋滞である。しかし、深夜になると、交通量はがたりと減って、オレンジ色の街灯が灯るだけの、不気味な雰囲気の場所へと変貌する。

高速道路の高架横は、ほとんど使われていない国鉄の貨物専用線路になっている。タイの主要な港であるチャオプラヤ河のクロントーイ港に荷揚げされた貨物を運ぶための線路だったのだが、いまはまず列車が走ることはなく、線路脇にあるスラム街の不法占拠民が、日常生活のため、それから高架電車のＢＴＳプルンチット駅に行くために徒歩で利用する。ちょうど事故現場から線路を挟んだ反対側のスラムには、「写真を撮ったら殺す」と警告が書かれている家もあった。日常的に外国人観光客や興味本位でやってくる者も多く、物珍しさで写真撮影をするのだろう。一方で、迷惑に感じているスラム住民たちはピリピリしているといった、不穏な場所だ。

事故現場の真横にある高速道路高架下は、いまもなにもない空き地が広がる。事件後の心

この線路をまっすぐに進むとBTSプルンチット駅に出る

霊現象の噂からなのか、スラム街の住民もここには住宅地を広げていない。ただただ陽も当たらずに草木も生えない、かび臭い広場になっている。実際に降り立つと、ここの土臭さと雰囲気から、道路上ではなく、むしろこっちが心霊スポットなのではないかとさえ思わせる。

僕自身も何度もこの場所を車で通っている。事故車両と同じように、高架上からここに降りたことも数え切れないほどある。一直線の下り坂であり、一瞬の怖さはあるものの傾斜角はそれほどきつくないため、ついつい油断する。

なにより、この坂道の下にはニューペッブリー通りの交通に合わせた信号が設置されている。タイの信号は赤で一度引っかかると数分間も待たされることは口常で、ニューペッブリーの慢性的な渋滞を考えると、できればここで止まりたくないという気持ちになる。つまり、高速の上から見下ろせる位置に来た時点で信号が青になっていると、ついアクセルを踏んでしまうのだ。「魔が差す」とはまさにこのことで、青信号が見えた瞬間に焦燥感に駆られることが、まさにここに巣くう何者かの力によって引き寄せられているような印象を受ける。実際、タンクローリーの運転手も青信号が見えていたために加速したとされている。

ちなみに、この出口は左折しかできない。この信号が青になっていると、左に曲がってすぐの信号はこの青に連動して常に赤だ。このため、巻き込まれた左折車も多く、合計で四三台が焼失している。

そんなタンクローリーが下ってきた高速出口を背にすると、ニューペッブリー通りを渡った側に巨大広告塔が立ち、高速道路に向けて大きな企業広告が打ち出されている。広告塔の下は高い塀に囲まれ、その中には営業しているのかしていないのかわからないような車の修理工場がある。

事件当時、ここには女性専用アパートが建っており、女子大生や看護学生が住んでいたという。バンコクには女性専用のアパートは意外に多く、決して珍しいことではない。特にこの地域は中心部でありながら、エリア的には中流層以下の住民が多いことで家賃が安かったと見られる。あの事故当時、タンクローリーは高速出口で横転し、滑るように女子寮の前に突っ込んでいった。そして、この寮の真正面まで数メートルのところで大爆発を起こしているのだ。

そのため、このアパートにいた女性も多数が犠牲になった。この周囲のアパートはこの女子寮を含め、全部で五一部屋分が焼失したと当時の新聞記事に載っている。

本来はこの広告塔の塀の中は私有地で公開されていないが、地主に頼み込めば見せてもらうことができる。ただし、霊能者が嫌がるほどの場所だ。地縛霊の強さは並大抵ではないそうだ。ある女性はこの塀の前を歩いていたときにふとスカートを引っ張られたという。またある人は腕を下へ下へと引かれ、まるで地面に押し込まれるようだったという。

ここで霊体験をした人の証言はほとんどが低い位置からの接触だったという共通点がある。まるでピー（霊）が地面に横たわった状態から腕を伸ばしているかのようでもある。

当時の報道写真を見ても、大火傷を負いながらもなんとか生き延びた人は、服も焼けてほぼ裸の状態でふらふらと歩き、亡くなった人は地面に横たわっている。火災の激しさから放水が間に合わず、また警察やレスキュー隊も火炎で近づくことができなかったことから、死体は後回しで放置するしかなかったようだ。だからなのか、ここで霊に触れられる人はみな、下から手を伸ばすようにつかまれているのかもしれない。

ある日突然、なんの前触れもなく死んでしまった人々の魂が、いまも火炎地獄の中でもがき続けているのだ。

2 一人気クラブ「サンティカ」の跡地

タイ最恐心霊スポットはどこかと訊かれたら、「サンティカ跡地」とタイ人の心霊スポットマニアは答えるだろう。二〇一四年ごろには「サンティカ」のサの字もネット上の心霊スポット紹介サイトには存在しなかったが、それ以降になって急激に幽霊の目撃情報が相次ぎ、二〇一九年初頭時点では一番怖いのはここだと紹介するランキング・サイトが多数ある。

サンティカとは二〇〇九年へと変わる年越しカウントダウンまで営業していた、当時人気のクラブ「サンティカ・パブ」である。たくさんのタイ人や外国人が訪れ、ニューイヤーを祝うべく、すし詰めになるほどの人でごった返していたなかで火災が発生し、死傷者多数の大惨事になった。建物も消防関係などの基準も満たしていなかったなどさまざまな理由があり、この日をもってこのクラブはなくなってしまった。

その後は特にここが話題になることはなかったが、いつしか若い亡霊が多数目撃されるようになり、タイで最も怖いスポットになった。そんな「サンティカ跡地」に深夜、足を運んでみた。

二〇〇九年をわずか三〇分しか生きられなかった人々

サンティカはバンコクのエカマイ通りのなかほど、エカマイ・ソイ九の辺りにあった。
タイには三つの新年がある。一般的な一月一日、中国の春節（中国旧正月）、四月のタイ旧正月だ。タイ人が重要とするのは四月の旧正月だが、イベントが大好きな人種なので、祝祭日はなんであれ大いに楽しむ。タイは国民の九四パーセントが仏教徒とされるが、クリスマスやバレンタインデー、ハロウィンには各地でイベントが開催される。特にカウントダウン・パーティーは最も盛り上がり、バンコクならどのクラブやディスコも入場規制がかかるほど人が集まる。

そんなときにサンティカで火災が発生した。この日、収容可能人数およそ五〇〇人の店内には倍の一〇〇〇人は詰め込まれていたという。

タイのクラブやディスコはバンドによる生演奏があり、あろうことかこの日のサンティカは屋内のクラブでありながらもステージで花火を使用したのだ。バンドの演奏に合わせて花火が点《つ》けられ、その火がステージの幕などに引火し、あっという間に燃え広がった。

多くの客がそれを演出と思い込み、逃げ遅れたことも被害が拡大した一因だとされる。気づいたときにはかなり危険な状態であり、また逃げ場も少なかった。東南アジアではよくあることだが、安全性を無視して強盗や無銭飲食を避けるために非常口を作らない建築物も多い。そういった建物は、タイにおいても日本の消防法のような規定の基準を満たしていないので違法操業となる。

こういったナイト・エンターテイメントの店は麻薬売買の温床にもなるため、警察が目をつける。そして経営者は賄賂《わいろ》を払って見逃してもらうという図式ができあがる。このサンティカはそもそも住宅として認可を得ている建築物だったといわれ、クラブとして経営することは最初から違法だったが、警察も見て見ぬふりをしてきた。同時に、この土地はこの日契約期限で、サンティカはいずれにしても閉店の予定だったという。この違法操業により、経営者ら六人がのちに逮捕されている。

逃げ場はひとつしかなく（実際にはほかに三か所ほどドアがあったが、ほとんどの人が知らなかった）、詰めかけた客は一斉にたったひとつの狭い出口へと殺到した。間口はわずか二・五メートルしかない。しかも、当時超人気店だったので酔客がバンコク各所から続々と集まってきており、入ろうとする人、逃げようとする人で大混乱になったようだ。

そうして将棋倒しが起こり、また勢いよく燃えだした炎や煙に巻かれ、次々と客たちは亡くなっていった。のちの報道写真などでは典型的な焼死体の姿――いわゆるボクサー型姿勢で亡くなっている死体ばかりが写されている。焼けることで筋肉の収縮が起こり、肘を曲げて腕が胸のあたりで縮まっている形になるのだ。

助かった人は入り口付近にいたり、早めに気がついた人たちだ。なかにはトイレに逃げ込んで生き延びた人もいたという。また、一酸化酸素中毒で早い段階で動けなくなった人たちを踏みつけて逃げた人も少なくない。まさに地獄絵図だ。

出火から鎮火まで数時間がかかり、最終的に死者六七人、負傷者は二〇〇人以上にもおよぶ大惨事になった。死者には外国人六人も含まれ、現場ではなくのちに病院で亡くなった日本人もいる。

サンティカがあった場所で目撃される若者たち

サンティカの火災現場の現在は、金網の柵で囲まれた空き地になっている。当時あった建物は、エカマイ通りから見ることはできない。生い茂る木々に覆われて、その建物が残っているのか、あるいは取り壊されたのかもわからない。

一部の金網が破れており、中に入ることは可能だ。しかし、金網の向こう側はゴミが散乱している。近隣の住民たちがゴミを不法投棄しているのかもしれない。ガラスの破片もあるなど、深夜に侵入するにはやや危険が伴う。

なにより、柵を境界線にして、エカマイ通りと柵の中の温度差が異常で、見えない壁によって拒絶されているようにさえ感じる。エカマイ通りは深夜、あるいは明け方近くにならないと静かにならないほどの交通量で、それなりに騒音がある。しかし、金網から首を中に入れると、急激にその音が小さく感じる。

周辺も不気味だ。跡地の少し南側にエカマイ通りソイ七がある。この辺りには富裕層向けの人気クラブが二軒あり、営業終了となる深夜二時までは音楽が外にもれ聞こえてくる。しかし、サンティカがあったソイ九から先は、急激に空気が変わってくる。音楽で言えば変調したような、ソイ七周辺とサンティカ跡地は距離にしてわずか一五〇メートルしか離れてい

上／サンティカの跡地を囲う柵　中／跡地の柵には花輪がかかっている　下／深夜1時ごろのサンティカ前の様子。深夜2時前後から徐々に車の通行量が減る

ないのに、まるで別の世界のように雰囲気が違う。

そんなサンティカがあった場所では、タクシー運転手らを中心にピー（霊）の目撃情報が相次いでいる。深夜三時、あるいは明け方の、タイの法令ではクラブやディスコも閉まった時間にこのサンティカ周辺で若いタイ人らがタクシーを呼び止めるのだという。客を拾おうと停まってみれば誰もいない、乗せたはずの乗客がいないといったことがあるという。一般車両でも若者の集団を見かけたなどの噂があちこちから噴出している。

若者の亡霊たちがなにか悪さをするというわけではないが、目撃情報が多いために今、バンコクで特に有名な心霊スポットになっているのだ。

エカマイ通りがそもそもよくない場所とされている理由

怪談としてはサンティカのピーはわりとオーソドックスであろう。それでもここが現段階でタイ最恐とされるのは、エカマイ通りそのものの「気」の悪さが影響しているのではないかと感じる。ここは、タイ式こっくりさんのピー・トゥアイゲーウの実験でも少し触れた、あのエカマイなのだ。

この通りは、高架電車のBTSエカマイ駅の下を走るスクムビット通りを起点にし、南北におよそ二・六キロの、それほど長くない道だ。スクムビット通りというタノン（大通り）

に対しての小路で、割り振られたソイの番号はソイ六三になる。しかし、ここは通称としてエカマイ通りと呼ばれる。

通りの西側にほぼ平行に走るトンロー通りがある。こちらもスクムビット通りを起点にしたソイで、在住日本人のなかでも裕福な人、あるいは日系企業の駐在員とその家族が多く暮らすエリアとしても知られる。高級コンドミニアム（マンション）が立ち並び、地価はバンコク都内でも高値の部類に入る。東京よりも料金設定が高いパブやレストランも並び、タイの富裕層が夜な夜な遊びに来るような場所だ。

エカマイも富裕層が暮らす高級住宅があるものの、直線距離でトンローから五〇〇メートルしか離れていないのに驚くほどに発展の度合いが違う。トンローが「陽」であれば、エカマイは完全に「陰」だ。それほどに雰囲気が違っている。

エカマイの気の流れについて語ったのは、バンコク在住の日本人霊能者だ。エカマイ通りの起点・終点が不吉なものに挟まれているからだと言った。

エカマイの入り口には「ワット・タートトーン・プラアーラームルアン」という寺院がある。ここはタイで亡くなった日本人の葬儀がよく行われる。

反対に、エカマイの終点はラマ三世王がいまのカンボジア内で始まろうとしていたベトナムとの戦争のため、一八三七年ごろに物資輸送用に造ったとされるセンセーブ運河になる。ここには「ワット・パーシー」という寺院がある。パーシーは税金のことで、かつては郊外

エカマイ通りの終点にある、元刑場のワット・パーシー

から運河などを使ってバンコクに来た者から通行料を取っていたことから、こういった名称になったとされている。

しかし、ここの歴史はそれだけではない。一八四八年ごろに建立された寺院で、バンコク都内でも屈指の歴史のある現役寺院であるものの、敷地の一部は刑務所だった。それも死刑場も併設した刑務所で、タイの最後の斬首刑が実施されたのもここだ。

タイはこの刑務所を閉鎖したあとは銃殺に移行している。一九三五年から二〇〇三年までで、以降はノンタブリー県のバンクワン刑務所で行われる薬殺刑になっている。

ちなみに、タイの刑務所に関する資料などは、タイの餓鬼であるプレートが出現したとされる寺院「ワット・スタット」の向かいにある「ロムマニーナート公園」に行くといい。ここは一九九一年までバンコク特別刑務所だった跡地を公園にしており、敷地内の一角に「矯正博物館」がある（二〇一九年五月時点では改装のため閉鎖。再開日程は未定）。そこで刑務所の様子が見られるのだが、公園自体も心霊スポットと噂されている。深夜に訪れると足かせとしてつけられた鎖や鉄球を引きずって歩く受刑者たちの亡霊が現れるのだと

上／ロムマニーナート公園の外周には監視塔がいまも残っている
中／ロムマニーナート公園は元刑務所で、いまはいわくつきの公園兼刑務所博物館になる　下／ロムマニーナート公園内には受刑者を収監していた建屋も残る

いう。

このようにエカマイは入り口と出口をいわくに挟まれた希有《けう》なソイなのだ。通り沿いに大衆向けの大型スーパーマーケット「ビッグC」があり、隣はかつて骨董品店だった。ある日本人女性が友人らとルームシェアを骨董品店の上の部屋でしていたときの話だ。もう一〇年近く前になる。特に身の危険はなかったとはいえ、どこにもない鈴の音が聞こえることは日常茶飯事で、ときにはソファーがびっしょりと濡れていることもあったそうだ。別の日には誰も持っていない男物の革靴と見られる靴跡が床に残されていた。ルームシェアをしていた友人のひとりは、占い師に見てもらったところ「真っ暗で未来が見えない」と言われたそうである。

この話を僕はその日本人女性から直接聞いた。多少でも霊能力がある人は、すでに骨董品店はなくなっているのにその跡地前を通ると頭痛がしたり、肩が重くなるといった話がある。これらの話をまとめ、二〇一八年三月、ある雑誌に寄稿したのだが、出版の前日に跡地の二階、まさに彼女たちが住んでいた場所が火事になった。これは偶然なのだろうか。

ほかにも、日本人が自殺したという噂があるコンドミニアムがいくつもエカマイにある。ここはサンティカに限らず、元々そういった霊が集まる場所でもあるのだ。

3―バラバラ殺人アパートメント

悪霊が人を殺人に走らせるのか、それとも人が凶行におよぶことで悪霊がそこに巣くうことになったのか。

バンコクの下町に、地下鉄MRT沿線にあるため利便性が高いことから外国人居住者も多い、インタマラという地域がある。すでに本書でも何度か登場しているラチャダーピセーク通りの西側を走る裏通りにあたり、ドンムアン国際空港に続く幹線道路のウィパワディー・ランシット通りに抜けられる裏道として、小さな道幅ながら交通量は多い。ここに古くからある「LAタワー・マンション」という安アパートがある。世界規模で運営されるホテル予約サイトでも押さえることのできる安ホテルとしても経営されている。

ここでタイ人の水商売で働く女性が同僚女性を殺害して、バラバラにしている最中に逮捕されたというショッキングな事件が起こった。いまも営業は続いているため、タイ国内の心霊ファンはオーナーや居住者に配慮してか、ネットには情報を載せていない。しかし、一部の怪談ファン層からは強く興味を持たれている。

僕はそんな殺人アパート「LAタワー」に実際に宿泊してみた。

インタマラはバンコクの下町の雰囲気を強く残している

嫉妬に駆られた女の凶行が起こって……

　このアパートがいつ創業したのかはわかっていないが、規模や設備の状況から見て二〇〇〇年以前にはすでにあったと見ていい。エレベーターは古く、五階に行くにも数十秒を要するような速度である。ネット環境も設備されておらず、有料でネット回線を引いたところで脆弱な電話回線では動画サイトを満足に観ることすらできない。

　それでも一応プールがあり、一階にはタイ料理の食堂、コンビニエンスストアが入居していて便利ではある。ラチャダーピセークという大通りに近いが、裏手に入った場所なので思ったよりも閑静で、妙に愛着が湧くような居心地のよさがあった。地下鉄ＭＲＴスティサン駅から徒歩五分と立地条件もいい。これで家賃が月額六〇〇〇バーツ（約二万円）ということで、物価が上昇し続けているバンコクでは破格である。

家賃が安いので、タイ人だけでなく、特に夜遊びを好む白人男性、それもかなり高齢の男性に人気がある。タイ人入居者にも水商売で働く女性が多く、どちらが先に増えたのか、需要と供給のバランス感覚がこのアパートにかいま見られる。

そんなＬＡタワーで二〇一二年八月一六日未明に事件が起きた。九階の九一八号室での出来事だ。二四歳の女性がバラバラ殺人を引き起こしたのだ。

この女性はバンコクにあるゴーゴーバーに勤めていた。ゴーゴーバーは水着の女性がゴーゴーダンスと呼ばれるポールダンスをステージ上で踊り、そのステージを外国人男性が取り囲んで眺めながら酒をあおる売春バーである。

タイ女性が売春をするとき、ほとんどが貧困問題を抱えている。近年はバンコクの女子学生が遊ぶ金ほしさといった理由で身体を売るケースも見られるようになったが、まだまだ少数派だ。

タイは所得分配が、タイよりも経済的な規模がずっと小さいカンボジアと比較してもより悪いとされている。つまり、貧富の格差が激しいのだ。タイ国内ではバンコクと地方で平均所得に一万五〇〇〇バーツ（約五万円）ほどの差がある。

タイ統計局が発表している二〇一五年度における所得の平均値が全土では二万六九一五バーツ（約九万四〇〇〇円）、最も低かったのが北部の一万八九五二バーツ（約六万六〇〇〇円）のなか、バンコク単独では四万一〇〇二バーツ（約一四万四〇〇〇円）と突出している。また、タイ人のなかでこの全土的平均収入以上を稼げている世帯は人口の二〇パーセント未満に過ぎない。タイの富はバンコクにいる富裕層だけに集中するのだ。特に低学歴の地方出身者がなんとか大金を稼ごうとすると、売春か麻薬売買、あるいは殺し屋になるしかない。そこで、女性だと、一部の人は売春に従事する。

しかし、家族のためとはいえ、好きでもない男性に身体を許すことは苦痛を伴う。耐えきれなくなった女性は麻薬に溺れていく。一説には、ゴーゴーバーで働く女性の八割近くが薬物常習者であるという話もある。

この加害女性は当時コロンビア人の男性と交際していた。故郷をひとり離れて都会に出てきた寂しさもあってか、彼女はアイスと呼ばれる若者に好まれる覚せい剤の常習者でもあった。同じアパートに暮らし、同じバーで働く親友も一緒に覚せい剤を楽しむし、彼女はその親友にコロンビア人のボーイフレンドを紹介していた。

しかし、彼女はある日、麻薬常習者によくある不安定な精神状態になり、疑心暗鬼に陥る。親友が自分の恋人に手を出しているのではないか、と妄想が膨らんだ。そうして、覚せい剤で酩酊するなかで口論になってしまい、気がつけば勝手に恋敵と思い込んで親友を殺していた。彼女は証拠隠滅を画策し、自室にあった包丁で友人を切り刻むが、ドラッグの影響で錯乱していたこともあって、すぐに外部に犯行がばれ、現行犯で逮捕されたのだった。報道では逮捕直後の彼女の服には血のりと被害者の脂肪が、べっとりと張りついていたという。

殺人があった時間帯に九階に潜入した

このアパートは事件後も通常どおり営業を続けており、一部の心霊マニアから「夜中に女性のすすり泣く声が聞こえる」だとか、「怒りや悲しみの入り混じった、変な気分に苛《さいな》まれる」という話が出ている。ある日、僕はそんなＬＡタワーの一室にひとりで泊まった。

ＬＡタワーは建物の造りが全体的に昔のバンコクのアパートを彷彿とさせる。ナンプラー（タイの魚醤）や洗濯物の匂いが混じった、昔ながらのタイを好む僕としては決して不快ではなく、むしろタイ好きならすぐに虜《とりこ》になる類《たぐ》いの香りだ。

洗濯物の匂いというのは変な話に聞こえるかもしれない。正確には洗剤の匂いだ。独身者が住むようなアパートは台所もなければ、洗濯機を置くスペースもない。二〇〇〇年代の頭は洗濯機を買える世帯すら少なかった。そんなときはコインランドリーやクリーニング店を利用する。バンコクのアパートにはだいたい両方とも一階にあるので、洗剤の匂いが辺りにしているのだ。

泊まるからには最低でも殺人が起こったフロアであることを願ったが、残念ながら賃貸と日貸しでは階が分けられていた。僕にあてがわれたのは五階の五一七号室だ。殺人が起きたのが九一八号室ということは、僕が泊まる部屋の構造をちょうど左右反転したものが事件の部屋の様子になる。

事件発覚には、実は風呂場が関係している。タイのアパートでは、それなりに高級な部類にならないと風呂場にバスタブはない。その分、シャワーのスペースが広めで、女性は友人を殺害したあとに風呂場に死体を引きずり込み、そこで解体作業を始めた。シャワーの水で遺体から出る血液を洗い流すが、人間ひとり分ともなればとめどなく溢《あふ》れ出てくる。いつしか排水口には血と肉片、脂肪の塊《かたまり》が詰まり、次第に血に染まった水が風呂場を越えてフロアへ流れ出ていく。風呂場は玄関の真横にあり、血の混じった大量の水が廊下へと流れ、事件が発覚した。

僕が滞在した日は暑い季節であったが、部屋が北向きのせいか、エアコンをつけていなくても涼しかった。やはり古びた建物で、備えつけの家具も古くてかび臭さが感じられる。こんな部屋で若い女性が殺人を犯したのか。

僕は実際に事件があったフロアにこっそりと行ってみた。事件があった九一八号室は、どうも人が住んでいる様子があり、中に入ることはできなかった。

室内の蛍光灯の本数も部屋の広さに見合っておらず、夜はぎりぎりで本が読めるくらいの明るさだ。昼間でも陰湿な雰囲気なのはタイの古いアパートならよくある環境ではあるが、ここは凄惨な殺人事件が実際に、しかもたった数年前に起きた場所である。より薄暗さに不気味な印象を与える。

ここは昔ながらのアパートであり、入居者には女性目当てと思われる欧米の老人と、水商売の女性が多い。事件が起きた時間帯に再び件《くだん》の部屋を訪れると、逆に賑やかささえ感じた。部屋や廊下から笑い声が聞こえ、タイの歓楽街が寝静まる深夜二時には、帰宅してきた酔客たちの声が廊下に響く。

昼夜が逆転した異質な空間で、ときに亡くなった女性の声が聞こえるというが、少なくとも僕がその場に立った様子では、生きている人々から発散される欲望の騒音に、霊の声はかき消されているようであった。

事件当夜に現場にいた日本人いわく「人間が怖い」

実は先ほど紹介した事件発覚の理由――血に染まった水が廊下に流れ出ていたという件は、一般の報道ではどこにも掲載されていない事実だ。なぜそれを僕が知っているのかというと、まさに事件があった当日、その場に居合わせた日本人滞在者から話を聞いたからだ。

その人物は二〇一一年の東日本大震災を理由にタイに移住を考えた。一一年から一二年にかけて、原発事故による放射能の恐怖に国外に脱出した日本人は少なくない。東南アジアにも脱出日本人は多かったが、どちらかというと女性が多い傾向にあったと思う。やはり女性の方が子を宿したときに影響が出る可能性もあり、男性より敏感だったのだろう。傾向的には珍しかったその男性は元よりタイが好きだったこともあって、地震をきっかけに決意を固め、タイに来た。

その男性は事件が起こる前月ごろからLAタワーに滞在していた。当日、遅くに帰ってきた彼は、事件があった部屋のドアの下から大量の水が流れ出ていることに気がついた。鉄の錆《さび》が混じったような赤黒い水がバシャバシャとドアの隙間から溢れている。彼が帰ってきたのは八月一六日の二時だ。殺害は一時ごろとされているので、つまり、まさにドア一枚隔てた向こう側で加害者が一心不乱に同僚女性の死体を切り刻んでいる真っ最中である。しかし、普通の感覚なら、ドア下から錆色の水が流れているからといって「殺人事件だ！」とピンと来る人はそういない。彼もまた、変だとは思いつつも、その水をまたいで自室に帰った。一時間ほどして、彼は廊下が騒々しいことに気がつき、外に出てみるとたくさんの警察官がいた。事件の詳細は翌々日の新聞を翻訳した日本語のニュースサイトで知ることになる。

この人物が「怖い」と思ったのは、このあとの約一週間の出来事だ。

殺人事件が起こった物件は気味が悪くて住みたくない、という感情は当たり前のことである。彼はあまり気にしていなかったが、事件翌日から続々と同じフロアの住人が出ていき始

上／LAの一室例。事件現場はこの部屋を反転したレイアウト　下／血の水が溢れて発覚したが、それには敷居が高く、どれほど大量の肉片や脂肪が排水口に詰まったかがわかる

めた。しかし退出者が引きも切らないなか、アパート側は淡々と空室に次の入居者を入れていったのである。

タイには事故物件に関して借り手に告知する重大事項説明の義務はない。このアパートはコストパフォーマンスに優れた物件であるため、入居の予約リストにもたくさんの名前が連なっている。アパートとしては空きが出れば埋めていくだけのことだ。

この日本人は特に霊的なものを信じていなかったので、事件自体に関してあまり思い入れはなかったが、アパートの対応には不気味さを感じていた。約一週間後に事件があった九一八号室に次の入居者を入れたのを見て、いろいろな感情が限界に達して退出した。この日本人の退去によってわずか一週間でそのフロアの入居者は総入れ替えになった。事件はたった七日間で闇に葬り去られた。

僕は一泊してからのチェックアウト時、受付にいた女性に訊ねた。

「九階で心霊現象とかはない?」

受付の女性は失笑を交えながら、「あるわけがないわ。そもそも理由がない」と言った。僕は一言「九一八号室でも?」と言うと、女性は「なんの話?」と返した。

「二〇一二年八月に、ゴーゴーバーの女性がバラバラ殺人事件を起こしたでしょう」

すると、受付の女性の顔が真顔になった。

「どうしてそれを知っているの?」

過去の報道をたどれば部屋番号まで検索するのは容易だ。特にタイの報道では現場はもちろん、被害者や加害者の氏名や年齢、実家の住所まで丁寧に報道する。それで知ったのだ。

僕はライターで、ピー（霊）の現象を追い求めていると話した。すると女性は笑顔になる。

「ないない、事件のあとすぐに次の入居者が入ったけど、なにも言う人はいないわ」

イギリス留学経験のある人から聞いた話では、かの地では心霊現象が起こったり、殺人事件があった物件は価値が上がったりするのだそうだ。しかし、タイは日本と同じで、霊現象があったとされる物件は途端に敬遠される。だから、霊障などがあったということは、経営側は口が裂けても言わない。

報徳堂の救急救命活動で殺人犯あるいは被

LAの廊下は昔のタイのアパートの典型という感じだ

害者を目の前にするたびに考えさせられる。仮にどんなに腹に据えかねることがあったとしても、普通は相手を殺そうとまでは思わない。尋常ではないなにかが人を惑わせるのではないかと思えてしまう。

実際にこのアパートには見えない邪気のようなものがあるはずなのだ。というのは、霊感が強く、呪術関係に詳しい日本人ライターがあるとき、このアパートになにも知らずに宿泊した。僕は知らんぷりをして彼にどんな印象の宿泊施設だったかを訊ねた。

「ここはよくない。入り口から、なにってわけではないけれど、嫌な気持ちになる」

もし事件の加害者と被害者となった彼女たちの口論がほかの場所で起こったなら、こういった事件は起こらなかったのではないかという気がしてならない。もしアパートの運営側が言うように九一八号室で霊現象がないのだとしたら、噂される廊下で聞こえる霊の声は、事件とは関係なく存在する悪霊なのかもしれない。

そんなことを考えながら、僕はLAタワーをあとにした。

敷地内は澱《よど》んだ空気をなんとなく感じたが、門から敷地外に出た途端、タイの南国の熱気に身を包まれ、アパート内で感じていたどんよりした気持ちが晴れ晴れとする。やっぱりこのアパートには人を惑わすなにかが潜んでいると、確信した瞬間だった。

4 病院で起こる怪奇現象

世界的に見て病院は人の生死が関わる施設であることから、そこに絡んだ怪談は枚挙に暇がない。もちろんタイでも病院には心霊話がつきものだ。古い病院ならばなおのこと、怪談が噂される。たとえば、国立病院「ワチラ病院（通称ワチラパヤバーン）」はタイの心霊ファンにとっては有名なスポットである。

チャオプラヤ河を渡るグルントン橋のそばにあり、まさにバンコクの心霊ゾーンである旧市街にある病院だ。一九一二年に開院した大学医学部併設のこの病院では、立体駐車場と裏口に体験談が多く、特に深夜になると、この辺りに人々は近寄りたがらないという。

タイは平均寿命が七五歳と言われており、世界一の長寿国日本の平均八四歳よりも一〇歳近く短命である。事件・事故の死亡者も多く、殺人事件の発生件数は一〇万人あたりの割合で、タイは三・二四件で世界第一〇四位、日本は世界第一九四位で〇・二八件とされる（二〇一六年の数値を参照）。これはタイの殺人事件が日本の十二倍にも相当する発生率ということになる。被害者の多くが病院で亡くなるわけで、だからこそ病院に怪談話は尽きないのである。

ここではそんな「ワチラパヤバーン」に実際に行ってみたときのことを紹介する。

誰も駐車をしない病院裏の道路

バンコクの西側にあるワチラパヤバーンは由緒正しき、昔ながらの総合病院である。タイは救急救命活動の主体は現在も中華系の慈善団体が担っており、僕が所属する報徳堂を始め、全国各地に展開する救命組織がボランティア隊員を中心に活動している。

とはいえ、タイ政府がいっさい救急救命の充実に手をつけていなかったわけではない。一九九三年ごろから導入を試みており、東北地方のコンケーン県の病院にトラウマ・センター（外傷センター）を設置している。このとき日本の海外青年協力隊が技術提供をした。タイ国内では、ボランティア隊員らによる搬送時の不適切な対応で半身不随になってしまったり、死亡してしまったりする案件もあったため、まずは活動時の搬送技術と知識をタイ公共保健省の救急部門や慈善団体に教えた。

翌九四年にバンコクにも政府の救急救命部隊が創設された。それがこのワチラパヤバーンであった。しかし、立地的にも救急車の台数的にもバンコク都すべてをカバーすることは不可能で、タイ政府はさらに公共保健省の直轄で「ナレントーン」という部隊を九五年に編成した。一応、二〇〇一年には全国配備されているものの、二〇〇四年のスマトラ沖地震で南部のリゾート地として有名なプーケット県が特に大きな被害を被ったとき、世界にタイの救急救命部門が弱いことが露呈してしまう。全国配備とはいうものの、ひとつの県に救急車が数台といったレベルのため、結局いまも、ボランティアが事故や事件の被害者を病院に搬送する役割を担っている。

ワチラパヤバーンは、そんな事情からタイの救急救命活動に関しては一時期最先端であった。元々病院としての規模は大きく、立体駐車場が併設されている。ワチラパヤバーンの体験談によれば、病棟から立体駐車場へのエレベーターが、ときに押してもいない五階で停まってしまうのだという。がらりと開いたドアの向こうはたとえ昼間であっても真っ暗で、まるで異世界のような雰囲気に体験した誰もの足が竦《すく》むそうだ。「閉」ボタンを押すと、庫内にはひとりでいるにもかかわらず重量オーバーのブザーが鳴り、ドアは閉まらない。そういった体験談がよく聞かれる。

また、ワチラパヤバーンは四方を道路に囲まれているが、病院の真裏にあたるカーウ通りも心霊スポットとされており、そこに車を停める者はいない。ある深夜にここを訪れてみると、たしかに病院を囲む三方の道路には駐車する車があるものの、真裏の通りにだけは駐車する車は一台もなかった。

訪れたこのとき、僕は車から降りて道路の様子を撮影した。深夜ということもあり、車が通ることは少ないが、まったく通らないわけではない。外気は特に暑くもなく涼しくもないちょうどいい気温だったのは、夜中であり、かつ近くにチャオプラヤ河が流れているからだろう。

本当に駐車車両がない、ワチラパヤバーンの裏通り

通りはオレンジ色の街灯で暗めとしても見通しはいい。一方通行の道で三車線もあり、約三五〇メートルの直線だ。念のため車のライトは点けたままに、そしてハザードランプもしっかりと点《とも》した。ところが、である。ときどき通過する車の大半が、なぜか僕の駐車する車に気がつかず、接触直前で急ブレーキを踏む。通りに入ってすぐの死角というわけではなく、なかほどまで入った、しかも街灯の真下なのに、だ。ちなみに車の色は白なので、見落としているとも考えにくい。

さらに、写真を撮っていると僕の数メートルうしろで鉄パイプが落下して地面に当たる音が二回ほどした。カランと大きな金属音がしたのだ。近くにあるグルントン橋の繋ぎ目を車が通過するときの

タイの葬儀のひとコマ。火葬直前に最後の別れをする親族たち

金属音がたしかに聞こえるが、そういった遠くからではなく、間違いなく僕の真うしろである。これは僕だけに聞こえたのではなく、病院の守衛が建物内から顔を出したほどなので、かなりの音量だったことは証明されている。

しかし、背後にはひとりでにそんな金属音を出すようなものはないし、また人影もない。いったいあれはなんだったのだろうか。走行する車が僕の車に気がつかないこととなにか関係があるのだろうか。

車が停まらない通りの謎には、いくつか合理的な事情が重なっているのも事実だ。まず、このワチラパヤバーンの裏の通りは、病院で亡くなった人を納めた棺《かん》桶《おけ》を搬出する門があるからだ。たしかに、

ある病院ではシマウマを定期的に撤去しているが、その数は減ることがない

そういった場所は縁起も悪そうで敬遠したくなる気持ちはわからなくもない。ただ、タイ人の気質から考えると矛盾も感じる。

タイはいまも事件・事故現場では日本ほど現場の様子を隠すことはない。日本で警視総監賞などを受賞した鑑識官がシニア海外協力隊のボランティアでタイに来て「現場保存」の大切さを教えたため、昔ほどいい加減なことはなくなったが、それでも日本と比べると現場と野次馬との距離は近い。つまり、人間の「死」が日本よりも身近なのは事実である。

また、二〇〇九年ごろまで「死体」に関しては非常にオープンな国だった。クライムマガジンと呼ばれる雑誌には、これでもかと殺人事件や交通事故の死体写真が掲載されていた。一八八ページの大学教授Lさんが学生時代に報徳堂に同行した件《くだり》でも説明したが、死者や被害者の尊厳への配慮はなく、生者の好奇心に従ったものだ。そのため、そもそも「死」を隠すという思考がなかった。

もちろんタイ人のなかにも死体写真を見たくない人も少なくない。しかし、クライムマガジンが成り立っていたということ、報道でも死体が登場したことから見ても、タイ人の多くが死体に興味を持っていると言える。そう考えると、ワチラパヤバーンだけ急に嫌がるのは変な話である。

また、このワチラパヤバーン裏通りには高級ホテルである「ザ・サイアム」がある。このホテルと、一方通行であること、病院近辺だからか、この通りは法的に駐車禁止であるから車がいない、という極めて現実的事実もある。

しかし、これにも疑問が残る。タイの交通モラルは交通課の警察官が見ていなければなんでもありという風潮で、世界的に見てワースト一位になるほど事故が多い。逆走はもちろん、私有地でなければ、どこにだって車を停め、駐車違反を気にする人がそもそもあまりいない。しかし、なぜここだけ、これほどまでに頑なにルールを遵守するのか。やはりピー（霊）に関係した事情があるからなのではないかと、僕は思う。

5 — シマウマの置物の謎

ここまで読み進めていただいたなかで、何度も「シマウマの置物」が登場してきた。タイでは死亡事件や事故が起こった場所にはなぜかシマウマが置かれる。陶器や紙粘土など素材はさまざまではあるが、わりとキッチュなシマウマの置物だ。

タイの心霊スポットは、噂と過去の事件や事故になにかしらの因果関係があることが多い。多数の死亡者が発生した、凄惨な事件あるいは事故だった、子どもが殺害された、女性が乱暴されて殺されたなど、死亡案件でも特に残酷なケースを因縁として地縛霊や怨霊としてピーが現れる。もし街中でシマウマが置かれているのを目撃したならば、そこはなにか人が死んだ場所か、霊の目撃情報があった場所である。

本書執筆のためにたくさんの助言と監修をしてくれた丸山ゴンサレス氏がタイの心霊に関心を示したのも、元々このシマウマの置物の謎からであった。ここではそんなシマウマの置物に注目して、その由来などをひもといていく。

見慣れた「あれ」が由来だった？

なぜシマウマなのか。いまだタイでは根強く残る精霊信仰にまつわるものなのか、あるいはタイ独特の上座部仏教に関係するものなのか、という仮説の元、まずは寺院で働く護符刺青「サック・ヤン」の彫り師に訊いてみた。寺院にいる彫り師は厳密には僧侶ではないものの、仏教の歴史や知識に長《た》けていないと就けない職なので、なにか知っているのではないか。

「この風習は昔からあるね。二、三〇〇年前にはあったはずだ。シマウマは走る動物だから、天にウィンヤーン（霊魂）を連れて行ってくれると信じられているためだ」

タイには野生のシマウマはいない。タイにはいない架空の動物のような存在としてシマウマが選ばれ、そういった現場に置かれるのだとこのタイ人彫り師は言った。

タイのプレミアム・ビールであるシンハ・ビールは「シン（タイ語ではハを読まないため、シンと発音）」、すなわち神話に出てくる架空のライオンのような動物がロゴになっている。日本のキリンビールのロゴの「麒麟」が動物園などで見るキリンではなく、架空の神獣を使っているようなものだ。寺院の壁画のほか、企業のロゴなど、タイではいろいろな場面で架空の動物が描かれ、身近にある。そんなもののひとつなのだろう。

しかし、そもそもシマウマはヨーロッパではグレビーシマウマを指し、古代ローマ時代にサーカス団に引き連れられていたらしいが、その後一七世紀まで忘れ去られた存在だったという。そうなると、タイに知識として、あるいは本物が入ってきたのはもっとあとの時代になるはずで、テレビもラジオもなかったころのタイの大衆に周知された動物だったとは考えにくい。

また、別のタイ人に話を聞くと、そもそもの前提である「死者がいた場所」に必ずしもあるわけではないこともわかってきた。シマウマの置物にはもうひとつの意味合いもあったのだ。それは「商売繁盛」である。実際に調べてみると、バンコク都内だけでも何か所か、シマウマの置物が大量に置かれた祠《ほこら》があった。

これらは主にビジネス街、あるいは巨大なオフィスビルの下などにある。この前提と違った祈願にシマウマが使われる発端は、先の彫り師の言葉の意味合いを少しだけ変えて解釈すると合致する。「天に(死者の)ウィンヤーンを連れて行ってくれる」の部分は、死者を弔う生者の気持ちを天に届けるとも解釈できる。それは、イコール「願い」を天に届けることだ。南部プーケットのベジタリアン・フェスティバルで神と大衆を繋ぐシャーマン的存在を「マー・ソン」と呼び、そのマーは馬を指すことから、シマウマも天に駆けていくと考えられているのかもしれない。

そんなタイ人の願いのなかで一般的で現実的な希望は金儲けの成功である。そこで、その祈願をシマウマに託しているのだ。メーナークもいつの間にか徴兵免除の神様、くじ引きの神様、宝くじの神様と段階的に解釈が飛躍していった結果だ。シマウマもそれくらい飛躍してもいいのではないか。

ただ、実際問題、死亡事件や事故のあった現場や、タイの至るところにある神木など、霊的なスポットに必ずと言っていいほどシマウマの置物を見かける。どう見ても商売繁盛の願いとは関係のない場所である。

さらに調べていると、あるテレビ番組で、タイ人の考古学・人類学者がシマウマの置物の由来を語っているインタビューを見かけた。その学者はシマウマの置物は近代に入ってから普及したのだと言っていた。意訳をすると、次のような話だった。

「バンコクは人々の考え方や生活の変化よりもずっと早いスピードで発展している。発展のなかで特にめざましいのは交通網である。道路は国にとっての血管、車は血液だ。悪い血流を断ち切って乗り越えていく、あるいは悪い流れにぶつからない。それはすなわち車にぶつかってしまわないようにすることだ。それに必要なのは『横断歩道』である」

タイ語で横断歩道は「ターング・マー・ラーイ」と呼ばれる。ターングは道や通りを意味し、マー・ラーイはまさにシマウマのことだ。横断歩道の柄をイメージしたから、シマウマの置物が普及し、横断歩道が導入されたのが近代だから、この習慣が始まったのは最近なのだとか。

この説であれば、交通事故、すなわち怪我や死ぬことから身を守るための守護神として、同時に悪い流れを乗り越えて商売に成功するということを両立はできる。しかし、そんな話は怪談的にはあとづけのような気がしてならないのは僕だけだろうか。

「死」に対してのシマウマ置物発祥の地

いずれにしても、学者の説はシマウマの置物は最近始まったことであるということだ。正直、その部分以外に納得がいかなかったので、いろいろと聞いて周っていたら、さらに別の説も存在していることがわかった。どちらかというと僕自身はこちらの説にリアリティーを感じる。それは、バンコクに隣接するノンタブリー県のラタナティベート通りにあるガソリンスタンドが起源だという説だ。

日本製の車両を使う高架電車の路線パープルラインのバーンラック・ノーイ・ターイット駅至近のガソリンスタンド前のこの国道では、死亡事故が相次いでいたそうだ。そこで一九九三年前後に、ガソリンスタンド内の祠《ほこら》にシマウマを置くようになった。これは、近隣住民の夢に祠の主が現れ、お告げとしてシマウマの置物を置くように要求されたためだという。

しかし、当時はシマウマを置く習慣もなければ、そもそもシマウマのオブジェすらそうそう売っているものではなかった。そこで、近隣住民は幼稚園児向けの教材店に行き、小さなシマウマの人形を購入して置いてみる。これが意外にも効果があり、テレビなどでも取り上げられたことから一気に全国区の風習になり、かつさまざまなサイズが作られるようになった。

これがどんどんと拡大解釈され、ついには「人が死んだらシマウマ」となっていったのだろう。

祠の管理人に話を聞いてきた

実際にバーンラック・ノーイ・ターイット駅前にあるガソリンスタンドに行ってみた。バンコク中心地から見ればチャオプラヤ河を渡った西岸にあり、スタンドの目の前にはパープルラインの巨大な高架が大通りを分断している。ガソリンスタンド自体はこれといって他店と違うところはない。ただ、たしかにその一角にだけ大量のシマウマが並んでいた。シマウマの置物は前脚のつま先から耳までの高さが一五〇センチはあろうという大きなものから、数センチ程度の小さなものまである。ガソリンスタンドの隅にある祠を囲うように置かれているが、乱雑にではなく、きれいに並べられていた。

ひとりの白髪でやや小太りの老婆がここを管理していた。彼女が言うには、ガソリンスタンドのオーナーが親戚で、彼女がこの祠の掃除などをしているという。

「これでもだいぶ減ったよ。タイはいま大不況だからね。まずはこういったお参りから財布のひもを締め始めるんだ」

タイは商業施設やコンドミニアム（マンション）が乱立しているが、一方で銀行によるローンが払えなくなった人の差し押さえ物件も増加している。日本のように公共の場は静かに振る舞うといった常識がタイはないので、どこも人々の嬌声や、小売店などの大音量の宣伝音楽などが聞こえて賑やかだが、それは上辺の華やかさなのだ。

以前はとにかく人が多く集まったという。彼女は午前中だけ祠の掃除をして帰るのだが、翌日に来れば、前日になかった山ほどのシマウマや供物があり、それはそれで片づけに苦労したのだとか。いまは日に数人しかやって来ないそうだ。

祠の中には「プー・ジャン」というルーシー（老師）が祀《まつ》られていた。管理人の老婆にこの老師が近隣住民の夢に出てきて、シマウマが増えたのかと尋ねた。老婆は意外にも首をかしげた。

「さあ、シマウマが増えたのはいつだったかねえ。元々、このプー・ジャンは違うところにいたから」

彼女が言うには、この祠は修復などされつつ、二、三〇〇年も前からあったのだという。ただ、最初はここから数キロほど離れた寺院の辺りにあった。しかし、そこが存続できなくなったとき、このガソリンスタンドができたので、移設したのだという。

タイは年中暑いので、日本のように四季や出来事に絡めて過去のことを記憶することが難しい。すべて彼女のうろ覚えなので、正確なところはわからない。プー・ジャンもこの土地

3／タイ現代怪談巡礼

上／死亡事件・事故現場にシマウマを置くようになった最初のガソリンスタンド
下／よく見るとひとつだけシカが混じっている

近隣住民の夢に出たとされる老師プー・ジャン（右）

特有の神ではないので、この祠の歴史は不明だ。ただ、この隣はサイマーと呼ばれる区域で、アユタヤ王朝時代には村落として成立していたことから、祠も二〇〇年前に存在していた可能性はある。

しかし、シマウマがいつごろから増えたのかは、彼女はわからない。同時に、彼女は「シマウマだけじゃなくてほかの動物もいるけど」と言った。よく見ると数百のシマウマに混じってひとつだけシカだったり、祠の前にニワトリの置物があるなど、必ずしもシマウマだけではないが、割合としては一パーセントもない。

「それから、シマウマは交通事故のためだけではない」

とも言われた。先述の通り、商売繁盛祈願もあるのだが、ここの場合はそれだけでもない。健康に関係した願いも聞いてもらえる場所だという。

数十年前、まだ祠が寺院にあったころ、いろいろな病院に通ったものの原因不明で歩けなくなった老人がいたという。そして、このプー・ジャンに何度かお参りに来たところ、みるみる回復したそうだ。

ある人は失業してしまい、次の就職先も見つからずに困窮していた。最近になってタイも社会保障で失業保険や年金が始まっているが、そのころはそんなものもなかったのだろう。あとは神頼みしかなくなったその人はプー・ジャンにお参りに来た。数回ほど参拝に来たあとのある日の夜、自宅の二階から人が歩く音が聞こえた。見に行くとなにもなかったが、庭先を見ると、二階に祀っていた仏像がまるで歩いたかのようにそこに立っていたという。その直後にその人は面接先から採用通知を受け取ったそうだ。

それはピー（霊）なのかと問うと、管理人は冷静に「神の力か、たまたまか」と言った。ただ、思い出したようにこうも言った。

「ピーといえば、このガソリンスタンドは二四時間営業だけど、以前いたスタンドのマネージャーさんが夜中に来て、従業員に『なんで祠に人があんなにたくさん来ているんだ？　祭りかなにかかい？』と訊いたのね。そうしたら、従業員から『え？　誰もいないですよ』と返ってきて、マネージャーさんはそのまま家に帰ってしまって、退職したのよ」

管理人の老婆はほとんど抜けて残った数本の歯を見せて笑った。

二〇一一年に北部から始まった大洪水災害で、このチャオプラヤ西岸も多くが水に沈んだ。このガソリンスタンドも高台にあるわけではなく、ほかの建物と同じ位置にある。しかし、なぜかこのスタンドだけ、水に沈まなかった。神の力や霊現象などを完全に信じているわけでもなさそうなこの老婆も「あれは絶対にこの祠の力だったわ」と認めていた。

霊的な力が強いのか、信じる人たちの気持ちが集まるからなのか、この祠は無名ながらもこうしてシマウマの置物がたくさんある。老婆は不景気で参拝客は日に数人と言っていたが、僕が話を聞いたわずか三〇分もない間に三組の参拝客が来ていた。

たしかに有名スポットや、心霊スポットの因縁となる事件や事故が凄惨であるほど、シマウマの数が多い。つまり、シマウマの数が多いほど、それが霊的にどれほどの強さがあるかのバロメーターとして機能してもいる。ところが、どんなにシマウマの数が多いとしても、タイの心霊スポットの大半は日本のそれと比較しておどろおどろしい雰囲気がない。惜しむらくは、元は子ども向けのおもちゃなので、どこの心霊スポットでもポップなシマウマばかりになっている。怖さを感じないのは、やっぱりシマウマ置物のかわいらしさに原因があると思うのだ。

6 少女の飛び降りで再び注目された自殺の名所——ラマ八世橋

水辺には霊が集まりやすいと言われるが、チャオプラヤ河に架けられた「ラマ八世橋」もまた見えない力が弱った人を捕らえて引き寄せるようで、自殺の名所と呼ばれる場所である。この橋はチャオプラヤ河に架かるなかでも比較的新しい橋であり、川面から欄干までさほど高いようには見えないものの、これまで何人もの人が飛び降りたという。

低予算旅行者の中継地点として世界的に有名なカオサン通りに近く、また橋の近辺にはタイ人や外国人が訪れる人気のパブもある一方で、この橋は悩めるタイ人が訪れ、チャオプラヤ河に吸い込まれていくのである。

以前から自殺の名所であるとはされたが、それほどセンセーショナルにメディアでは扱われず、たんに噂にのぼる程度だったものの、二〇一八年に入ってすぐ、時代を感じさせる手法で自殺した少女が現れ、大手メディアでも注目された。

チャオプラヤにはほかにもっと大きな橋があるが、なぜラマ八世橋なのか。僕は実際に深夜、この橋にひとりで立ってみた。

深夜ラマ８世橋の上に立ってみる

ラマ八世橋があるエリアが醸し出す怪しげな雰囲気

ラマ八世橋はデザインこそ洗練されているが、架けられた場所は絶妙に怪しげな雰囲気を醸している。たとえば、バックパッカー御用達の安宿街のカオサン通りがその代表にあたる。

カオサン通りは、バーンラムプーと呼ばれる地域にある。バーンラムプーは、ラムプーがある川縁《かわべり》の村という意味で、ラムプーはハマザクロという木の一種である。運河沿いにたくさんのラムプーがあったことから、そう名づけられた。

戦前、このラムプーに蛍が集まり、夜は美しい光景が見られたという話だ。日本では蛍は清流に棲息《せいそく》するとされるが、タイではわりと汚い運河にもいることがある。現在もチャオプラヤ河の対岸にあるスラム街のどぶ川に、蛍が飛び交う目撃例もある。

一九四一年一二月の太平洋戦争開戦に伴い、タイが日本と日泰攻守同盟条約を結んだことから、タイも連合国の攻撃対象になった。条約締結直後の四二年一月八日には英国軍がバンコクを爆撃している。これに激怒したタイ政府はその約二週間後の同月二五日に、英米に対して宣戦布告をした。

上／チャオプラヤにかかるラマ８世橋
下／バンコクを流れるチャオプラヤ河。手前がトンブリー地区

最初に英国が爆撃をしたのは、このバーンラムプーに集まった蛍の明かりを日本軍と見間違えたという説がある。史実をつかめていないが、現実的に、このバーンラムプーにはラムプーは一本しか残っていないし、タイ全土でもこの木は戦中に多くが切り倒されたそう

下町バーンラムプーの運河で射撃型の釣り竿で夕食の魚を狙う人

だ。当時、敵国の飛行機が蛍を民家の明かり、あるいは爆撃目標の合図と思い込み攻撃してくるという噂は実際にあったそうで、命には代えられないと、伐採を選択した人が多かったという。

　カオサンの安宿街は一九九〇年代後半に急速に外国人に注目され始めた。観光ガイドには必ず載っているワット・プラケオ（エメラルド寺院）や、シリラート病院にある、日本人のオカルトマニア垂《すい》涎《ぜん》の死体博物館も近く、二〇〇〇年のハリウッド映画『ザ・ビーチ』のオープニングの舞台にもなった。

　九〇年代から二〇〇〇年代初頭にかけてのカオサン通りは、たしかに麻薬や詐欺師などの巣窟で、治安もよくなかった。反面、安宿に外国人が押し寄せ、彼らを相手にしたパブが乱立したことで若いタイ人も集まるようになった。東京なら六本木のようなイメージで、カオサン通りをお洒落ストリートとしてメディアが紹介したからだ。そのため、現在は安宿街よりも、歓楽街と言っても過言ではないほどの賑やかさである。そうしてカオサン通りは「通り」としてだけでなく、「エリア」として近隣の地域へと広がっていき、直線距離で一キロも離れたラマ八世橋近辺まで安宿や飲食店が建ち始めている。

一方で、この地域はバンコクの旧市街（詳細は五五ページ）にあたり、いまでは発展が停滞したような、くすんだ雰囲気を醸し出してもいる。宮本輝の小説『愉楽の園』で主人公・野口が滞在していた黄金旅社は陰鬱としたイメージがあり、記述によれば「黄金旅社は、ラジェダムナン・スタジアムの南側を車で五分ほど西へ行った路地の角」とある。地図で確認すると、まさにラマ八世橋の袂《たもと》が、タイの国技であるムエタイのタイ二大スタジアムのひとつラーチャダムヌーン・ボクシングスタジアムの南側の道路に入り、五分くらいの距離になる。

元より、この近辺はよく言えば「古き良き」だが、成長しない下町なのだ。

この橋で起こった騒動の数々

そんな地域に二〇〇二年五月、このラマ八世橋が完成した。チャオプラヤ河に架かった一三番目の橋で、夜間はライトアップが美しい。高さ一六〇メートルのたった一本の主柱に吊られた四七五メートルの橋は、バンコクの中心地から対岸の郊外へと続く主要な交通網のひとつになる。

川面から欄干までは一五メートル程度で、それほど高いものではない。二〇一五年九月には中国のメディアがコマーシャル撮影でここからバンジージャンプを撮ろうとしていた。その際、計算ミスにより女性モデルが水面に叩きつけられ、怪我で済んだものの事故が発生している。

一方で、衝撃的な自殺も実際に起こっている。二〇〇九年二月二二日にイタリア人の死体が揚がったのだった。当初は殺人事件ではないかとも考えられたが、タイ警察は自殺と断定している。

この白人男性は当時四〇代と見られ、かなりの肥満体型だったようだ。彼はその日の未明にラマ八世橋を訪れ、自身の首にひもを括りつけて飛び降りた。ところが、あまりの体重に首から下がちぎれて落ち、欄干から生首だけが吊るされている状態で発見されたのだ。発見は昼過ぎだったが、おそらくそれ以前からチャオプラヤを通行する船から船員たちが目撃していたに違いない。しかし、誰が本物の生首をぶら下げていると思うだろう。しばらくはまさしくさらし首の状態だったようだ。

このころから、それまで大手日刊新聞でも死体写真をそのまま掲載していたタイのモラルが大きく変わり、死体の写真がメディアを賑わせるということがほとんどなくなっていった。いまでもタイは日本に比べれば死体がテレビなどのメディアに出てくるが、基本的にはモザイクがかかるなどの配慮がされるようになっている。これまでどおりなら、このイタリア人の首もそのまま掲載されたであろうが、大手新聞各社はこの写真にモザイクをかけた。その煽《あお》りを受けて、死体写真をこれでもかと掲載していたクライムマガジンのうち一誌が消滅し、もう一誌はタイトルこそそのまま残しつつ、僧侶や寺院の活動、イベントなどを紹介する、異様なまでに堅物な雑誌に変貌した。

　タイ人が死体写真を好まなくなったのは、メンタルの変化、あるいはスマートフォンの普及が関係しているのだろう。二〇一〇年以降、徐々にスマートフォン利用者が増えた。タイ人はアメリカのアップル社の端末に憧れるものの、大半の人が価格的に手を出せない。そのため、韓国メーカーの、いわゆる「アンドロイド」が人気で、似たようなアプリケーションを使用することから、ソーシャルネットワーキングサービス（ＳＮＳ）もある程度決まったものが人気になる。

　タイでは「フェイスブック」の使用率が高い。近年は「ライン」や「インスタグラム」なども見られるが、いまだフェイスブックが強い。飲食店なども自前のホームページを持たず、店用のアカウントを作って利用する。日本ではフェイスブックは本名で使用することを前提にしているが、タイはそういったルールがないという気軽さもある。

おそらく、こういった個人が発信できる環境ができたことで、死体写真が嫌いな人の声が世間に届いたり、欧米や日本などでは死体の尊厳、被害者遺族の感情に配慮することを知り、死体写真はおおっぴらに掲載するものではないという考え方が広まっていったと見られる。

もちろんそれ以前からネットが普及し始めていたので、そういった死体写真排除の風潮はすでに起こっていたのだろう。その大きなきっかけのひとつ、あるいはその風潮を象徴した事件として、先のイタリア人男性の生首へのモザイクが目立ったのかもしれない。いずれにしても、ラマ八世橋はそんな世間をも変えていく自殺の名所なのである。

少女の自殺で再び注目された名所

イタリア人の自殺以降しばらくは、特にラマ八世橋で話題になった事件はない。もしかしたら目立たない自殺が起こっていた可能性はある。タイは事件・事故が多く、また人間の闇を炙り出すような残虐な事件、笑ってしまう事件など話題が多く、よほどセンセーショナルでないとメディアには登場しないからだ。

ところが、九年後の二〇一八年一月二日に突然、いまの時代に合った、世間を騒がせる自殺騒動がラマ八世橋で起こったのである。この日の深夜二時、酒で酩酊したタイ人女性、ノーング・クリアがわざわざバイクタクシーに乗って、ここまでやってきた。ノーングは年下を指す言葉なので、クリアちゃんといったニュアンスの呼び名だ。

彼女、ノーング・クリアは、タイ南部ラノーン県出身の当時一八歳の少女だ。住まいはラートプラオ通りという下町エリアだった。外国人にとってタイのタクシー料金はさほど高いものではないが、それなりの金額だ。しかし、ノーング・クリアはタクシーよりも割高のバイクタクシーに乗り、わざわざおよそ二三キロも離れたこの橋にやってきている。しかも、乗車賃とは別に五〇〇バーツを若い運転手に払い、彼をしばらくつき添わせた。

イタリア人の騒動から沈黙していた自殺の名所が、なぜ少女ひとりがただ飛び降りただけなのに改めて注目されたのか。

それは、少女が、自らが飛び降りる様子をSNSで生配信したからだ。バイクタクシーの運転手に頼み、橋で音楽をかけながら酒を飲む彼女の様子がその動画には映されている。

もちろんバイクタクシーの彼は、彼女が自殺を企てていることなど知るよしもない。真夜中にひとりで酒を飲んでいる様子も、なにも知らないで鑑賞していれば、ただの出たがり女性が自分を撮影させているだけに思うだろう。彼女が橋の欄干を越えて、カメラに背を向けたときだって、まさかそのまま飛び降りてしまう人には見えなかった。ノーング・クリアは突然、吸い込まれるように画面から消え、欄干の向こうの闇に跳んだ。動画には「あ！」というバイクタクシーの運転手の最後の声だけが残っていた。

ニュースでは、二日後にノーング・クリアが遺体で発見され、引き揚げられる様子が報道されている。

僕も彼女の名前をたどり、フェイスブックを開いてみた。二〇一九年の本稿執筆時点では閉鎖されていたものの、少なくとも自殺した翌月、一八年二月までは見ることができた。投稿内容はこの年齢の女の子にしてはやや落ち着いているというか、暗いというか、そんな印象しかなかった。

後日報道された自殺理由では、よくある話だが、恋人がいて失恋したためという説が有力になっている。熱帯の暖かな国の人間はみな明るい人柄だろうと思われがちだが、実はタイ人はストレスに耐性がない人が多く、ちょっとしたことで自殺する。その数が社会問題になる日本人ほど現状は自殺者数はまだ多くないものの、なんとかならなかったのだろうかと思うほど些細な悩みや問題を動機にしていることもよくある。

僕が参加している報徳堂の活動中、同じチームのボランティア隊員がある日、デジタルカメラの内容を見せてきた。

「高田が活動を休んだ日、首吊り自殺があったんだ。これ、そのときの写真」

二〇代と見られる女性が首を括り、腐乱した状態で発見された。褐色の肌のようだが、腐敗で黒ずみ、風船のように膨らんでいる。そんな画像が数枚あった。僕が驚いたのは、死体の写真ではなく、バット・プラチャーチョンを撮った最後の一枚だった。

バット・プラチャーチョンとは身分証明証のことで、カードには名前や生年月日、日本でいう本籍の住所、顔写真などが記載される。遅くとも一四歳くらいから常時携帯していることが義務づけられている（近年は義務ではないが、小学生でも身分証を発行できるよう法改正された）。ちなみに、外国人もパスポートを常時携帯していなければならず、不携帯を見つけられると、そのまま留置場行きになる。ただ、二〇年いる僕でも捕まったことは一度もないけれども。

タイは出生届けと同時に国民番号が与えられ、徴兵や納税、運転免許証取得などあらゆる場面で管理される。指紋も採取され、警察などの機関では端末に名前、国民番号、住所、指紋のいずれかのデータを打ち込めば、たちどころにその人の素性が判明する。何年か前に、強盗事件の犯人の似顔絵写真が公表されたが、それがフルフェイスのヘルメットをかぶったものだった。要するに、ただのヘルメットのイラストである。しかし、しばらくして警察は犯人逮捕に成功している。おそらく指紋がどこかに残っていたのではないか。

友人のカメラに納まっていたそんなバット・プラチャーチョンの写真だったが、そこにはなんと僕と妻の共通の友人の顔が写っていたのだ。自殺の理由は、夫と喧嘩し、怒った夫が飲みに出かけてしまったから。もちろん彼女の夫も知り合いだし、ふたりには子どももいた。子どものことも気にかけず、彼女はそんな理由で死んだ。ちょっとした喧嘩で数日も帰ってこない夫も夫だが、死んだのは出て行った直後らしい。そのため、発見されたときには腐乱状態だったのだ。所得が低い世帯は田舎の親に子を預け、バンコクで働くことはタイではよくある。幸い、この夫婦も子どもを田舎に置いてきていたので、母親の死体を目にはしていないはずだ。

ラマ八世橋のノーング・クリアに話を戻すと、彼女が自暴自棄になって飛び降りたのにはもうひとつ、深刻な理由があったという報道もあった。それは現代的な事情で、ネット上においてなにかのトラブルに巻き込まれたという説だ。パスワードが必要なSNSかなにかのアカウントを利用し、極めてプライベートな画像などをやりとりしていた形跡があったという。そして、ノーング・クリアの意図しない場所でパスワードが流出し、その画像を種に脅迫を受けていたと見られる。

報道はぼかしているが、売春をしていたか、裸の画像を売っていたなどが考えられる。それが流出してしまい、金品を強請《ゆす》られていたのかもしれない。近年はタイに限らず、東南アジア全域で売春婦たちがハイテク化している。以前は売買春の名所となるストリートに立っていたが、警察などの取り締まりや犯罪に巻き込まれるリスクもあり、SNSやコミュニケーション・アプリを使って売春をするようになった。ただ、こちらはこちらでノーング・クリアのようなトラブルも増えている。

ノーング・クリアの出身地であるラノーン県は海と山に囲まれた自然豊かな土地で、いま、タイ人が老後に住みたい場所として最も注目している県だ。それほど素晴らしい故郷がありながら、都会のしがらみを捨てて帰郷できなかったのだろうか。ノーング・クリアの親戚によれば、恋人の存在は薄々気がついてはいたものの、どこの誰なのかまったく知らないそうだ。ノーング・クリアの葬儀にも現れなかったという。故郷が大好きなタイ人ではあるが、ノーング・クリアはラマ八世橋からチャオプラヤの流れへと飲み込まれてしまった。

ライトアップにより意外と明るかった自殺の名所だが……

なぜラマ八世橋に人は呼び寄せられ、チャオプラヤへと消えていくのだろう。

僕はノーング・クリアが飛び降りた翌月に、現場へ足を運んだ。二月は、タイの夏である四月、五月に向け徐々に気温が上がっていくころではあるが、乾期であることから、昼間の日陰や夜間は涼しい。特に水辺は涼しい風が吹いているだろうと期待したものの、日中の熱気が橋の鉄筋に残っているのか、橋の上はむっとして生暖かい状態であった。

ラマ八世橋は旧市街に無理矢理架けられた大きな橋であるため、車道は川縁から一キロも離れた場所から入る必要がある。一方、徒歩の場合、階段は川縁にある。車用の陸橋を潜る通りに人気のパブが一軒あって賑やかだが、そこから橋へは政府関係の建物が並ぶため、夜は人通りがほとんどない。いても、浮浪者や不良少年ばかりで、この橋近辺を夜間にひとりで歩くには、死ぬ気がない人には勇気がいる場所だ。

ところが、僕が訪れたこの二月は、「ノーング・クリア飛び降り事件」で報道も過熱し、かつ自殺の名所として再び話題になってしまったことから、タイ政府が模倣自殺を避けるために軍隊を派遣していた。警察では手が回らないのか、もしくは軍政であるからか、陸軍のパトロール隊が派遣され、夜間は橋の上に軍人たちが陣取っていた。だから、この時点では治安の悪さを感じつつも、誰かに襲われる心配はなかった。それから一年ほど経った二〇一九年一月に再訪したところ、パトロール隊はいなくなっている。

夜間はライトアップされていて、遠目ではキラキラと美しく見える。実際にラマ八世橋に立ってみても、明るいことは明るい。歩道の幅も広く、陰鬱な雰囲気はまったくない。橋自体も比較的新しいので、アスファルトもきれいだし、深夜でも車の通行量は少なくない。

しかし、欄干から河面を覗くと、昼間は濁っていてコーヒー牛乳のような色をしたチャオプラヤの水面も、夜間は漆黒の不吉な色合いになっている。

チャオプラヤ河はタイ語ではメナム・ジャオプラヤーと呼ばれる。メナムは河を指し、母なる水という意味を持つ。そこから想像すれば、農業国でもあるタイの国土に栄養豊かなチャオプラヤの大河はゆったりと横たわっていると思うだろうが、実際にはこの河の流れは案外に速い。当然、夜間に航行する船はほとんどいない。しんと静まりかえった河面は、しかし莫大なエネルギーを持って蠢《うごめ》いているし、昼間の熱を残した欄干とは打って変わって、橋の下の空間はひんやりと冷たい。

車道を走る車の騒音と、橋の外側の無音のコントラストもまた気持ちを揺さぶるものがある。欄干を境に、白と黒、明と暗といった明確な対が対峙しているような気さえしてくる。現実と夢の境がわからなくなるような、あるいは騒々しい橋の上が実は地獄で、静寂で落ち着いた橋の下を天国と錯覚させるのかもしれない。だから人はここに立つと、つい手すりを乗り越えて飛び立ってみたくなるのだろう。

実際に生暖かく、排気ガスの臭いに包まれた橋に立ち、欄干に寄りかかって河を覗いてみると、飛び込んでみたい衝動に駆られるのは事実だ。死にたいわけではなく、飛び降りても死なないだろう、ちょっと泳いでみるだけだ、という気分になる。

ラマ八世橋の欄干から河を覗いたとき、同時に向こう側からも誰かが覗いていれば、その見えない者の手にわれわれはひきずり込まれるのかもしれない。夜間、ひとりではこの橋の欄干から絶対に下を見ないようにしよう。

7 赤バス工場跡地を引き継いだ廃車置き場

タイの心霊スポットは、ときに現場の部屋番号までわかるその一方で、情報がいい加減なことが多く、科学的な立証が難しいこともあって、全体的にぼんやりとした、曖昧な話が少なくない。そのため、怪談スポットを探訪する際は、場所の特定が困難な場合がある。殺人事件など、直近で因果関係が考えられる場所であれば報道をひもとくと、住所の番地まで把握できる。しかし、こと有名になった心霊スポット情報の多くが「だいたいこの辺りで起こったようだ」といったデータしか入手することができない。

また、番地がわかっても、スマートフォンのマップ・アプリで検索したところで日本の地図ほど精度の高い情報が出てこないのもタイだ。先駆者がピンを打ってくれているとしても、水の上や通りの上、あるいはズームせずにピンを設置するためか、あらぬ場所が指されているということも日常茶飯事である。

そんななかでバンコクは幸い、住所がタノン（大通り）とソイ（小路）で構成されているのでわかりやすい。ソイは番号か固有名称が割り振られるので、そのどちらかがわかれば、あとは現地で場所を突き止められる場合もある。ただし、事前調査でそのソイの名前がなかなかわからないことも多いのだが。

タイの心霊スポットは案外地元では無名であることもよくある話だ。僕は「ソイ・サイユットの赤バス工場跡地」が有名なスポットであると聞いて、現地を訪れてみた。ソイ・サイユットはタノンこそわからなかったものの、固有の名称だったおかげで簡単に見つけることができた。だが、このソイは四キロにもわたる長い道だったため、最初に訪れた深夜には発見できなかった。

別の日、日中に再びソイ・サイユットを訪れると、前回の探索が嘘だったかのように簡単に、吸い込まれるようにしてそのスポットを見つけることができた。しかも、現地取材中になにかに取り憑かれてしまったような状態に陥り、僕の中ではなんとも思い出深い心霊スポットとなった。

廃車になったバスで起こる奇妙な出来事

この「ソイ・サイユットの赤バス工場跡地」はタイ語版の心霊スポット・ランキング各種でいつも上位に入る場所だ。そのあだ名のとおり、昔はここに赤バス工場があったそうだ。赤バスとはバンコク大量輸送公社（ＢＭＴＡ）が運営する都内を走るバス網のうち、エアコンのない、最も安い種類を指す。赤とクリーム色がベースなので、タイ在住の日本人から赤バスと呼ばれる。

ちなみにタイ語では路線バスはロット・メーだ。ロットは車で、メーは英語のメールを指す。つまり、郵便車のことである。諸説あるが、一九〇〇年代初頭、郵便局が都内を巡回する車（あるいは馬車）を所有しており、そのうち人を運ぶようになったことからサービスを分離したものの、名称だけが残ったとされる。そんなタイの赤バスはＢＭＴＡのオリジナル車両だ。エンジンは日本や欧州のディーゼル、ボディーはバス工場自作デザインでありつつ、

バンコクの赤バスの典型的デザイン

車両の土台になるフレームはトラックのものを流用している。

ソイ・サイユットの赤バス工場はいつしか廃業し、そのまま交通事故車両を置く空き地になってしまった。だから、厳密には「ソイ・サイユットの赤バス工場跡地」ではなく、「赤バス工場跡地にある廃車置き場」だ。

タイでは事故を起こし廃車になった車両のうち、持ち主が放棄してしまったものは警察署で保管する。おそらく最終的には鉄くず業者などが買い取るのだろう。タイは交通事故が多いので、広い敷地を持つ警察署ならともかく、バンコク都内の警察署はどこも事故車両を置く場所に苦慮する。そこで、こういった空き地の所有者が事故車両を置かせてあげている

旧正月の帰省時に事故が起こり、今も宴会が開かれているバス

というわけだ。

このソイ・サイユットの空き地には大小さまざまな事故車両が置かれている。心霊現象が発生するという事故車両は二台あり、共に中型のバスだった。

まず一台は敷地の外からも見える白のバスである。このバスはタイの旧正月「ソンクラーン」に帰郷する人々を乗せて事故を起こしたとされる。

ソンクラーンは毎年四月一三日から一五日までで、タイ人にとって最も大切な連休になる。元々タイの暦《こよみ》ではいまの四月一三日ごろが新年だったのだが、それが一八八八年にその暦（太陰暦）が廃止になり、西暦でいうところの四月一日が新年へと変更になった。さらに一九四〇年にグレゴリオ暦が導入されて、タイでも一月一日が新年となる。

いまでこそタイでも自家用車を持つ人が増えたものの、昔は長距離バスで帰省することが当たり前だった。ソンクラーンはタイ中の企業が一斉に休暇に入るため、バスのチケットを押さえることも難しい。そこで、同郷の者同士が集まり、バスをチャーターして田舎に帰る。このとき顔見知りが集まり、バンコクを出発する時点で酒盛りが始まる。その際には自分たちで楽器を演奏して歌い騒ぐ。田舎は娯楽が少なく暇もあるうえ、タイ人は手先が器用なので楽器奏者が少なくない。バスの中では文字どおりのドンチャン騒ぎが繰り広げられる。

実は、タイの年間交通事故死亡者の半数がこの旧正月に出ると言われるほど、この時期は飲酒運転や無謀運転による事故が相次ぐ。

件《くだん》の白いバスはそんなときに帰省の人々を乗せたまま事故を起こし、多数を死傷させたとされる。そのため、数ある事故のなかからこの車両に起こったことをひもとくことは難しい。残念ながらあくまでも噂でしか追えないのだ。

そんな廃バスから深夜になるとときどき、ドンチャン騒ぎの嬌声が聞こえたり、バッテリーもないはずのバスの中に明かりが灯って歌い踊る人々の影が見えたりするという。酒盛りに夢中になりすぎて、いまも自分たちが死んだことに気がついていないのか。だとすれば、彼らにとって不幸中の幸いだったのではないかとさえ思える。

子どもの霊に憑かれたのか？　たんなる気のせいか？

もう一台の心霊バスについては、僕の体験談を交えながら紹介したい。

その日、僕は昼過ぎにソイ・サイユットを訪れた。明るい昼間に来れば簡単に見つけられるかと思ったが、それらしき場所は見当たらない。あるとすればトラの置物が大量に飾られた祠くらい。心霊スポットにいつもある件のシマウマではない。タイ国内には禍々《まがまが》しい雰囲気を放つ祠はそこかしこにあり、僕もさすがにそのトラを特に気にも留めなかった。

自力で見つけることを断念し、車を停めてバイクタクシーの運転手に訊ねる。しかし、地元に精通した彼らでさえ知らない。となると、ネット上に流布された嘘か、あるいはフェイク情報だったとも考えられた。過去にもガセネタで無駄足を踏む経験をしたことがある僕は、あきらめて元来た道を戻るつもりになった。

再び車に乗り込み、バイクタクシーに話を聞いて二〇〇メートルほど走ったところで、フロントガラスの向こうにいたタイ人男性が目に飛び込んできた。木造の古い小屋の前に立つ中年の男性だ。服は薄汚れ、いかにも貧しいように見えた。

僕はなんだかこの人に話を訊くべきだと思い、車を路肩に停めた。目の前には先ほどのトラの祠がある。ちょうど四つ辻の角にあり、隣に男性がいる小屋があった。小屋の前には車や家電の部品が並べられている。廃品を修理して、販売するのがこの人の生業《なりわい》なのだろう。

廃車置き場に隣接するトラの祠

顔を見てみると、わりと柔和な顔をしているので声をかけても素直に対応してくれそうな印象を受け、話しかけた。

「すいません、この辺りに赤バスの工場跡があると聞いたのですが」

「赤バスの工場はもうない」

「その工場跡地に幽霊が出るというのですけど」

「ああ、それは俺の話だ」

ネット上で「ソイ・サイユットの赤バス工場跡地」が有名になったのは、ラジオ番組『ザ・ショック』がこの話を紹介したからだ。僕が話しかけた男性は寝泊まりする自分の小屋から見えるバスの窓にソンクラーンに亡くなった人たちの姿を見て、その情報をラジオに寄せたという。

3 タイ現代怪談巡礼

タイの怪談ファンはみなこの『ザ・ショック』を聴いている。毎夜、深夜〇時から三時ごろにかけ放送される。最近は動画サイトにも放送内容や、現地レポートを紹介しているので、より親しみやすくなった。この番組は、DJポーンとして親しまれるガポン・トンプラップ氏がパーソナリティを務めるリスナー投稿型の心霊ラジオ番組だ。これが始まったのが、前身番組も含めれば一九九二年なので、二〇一九年時点で実に二七年も放送している長寿番組になる。DJポーンは、いわば「タイの稲川淳二」で、タイ国内の有名心霊スポットは、ほとんどがこの番組に投稿された情報に基づいていると言っても過言ではない。

日本では、おしゃべりは女性に多く、男性は口数が少ないイメージが一般的だが、タイは男女問わずおしゃべりが多い。日本の会話とは違い、話がおもしろい人、上手な人とは意外性のあるオチをつけられる人ではなく、ここぞという瞬間に定型的なフレーズ——決まりきった予想通りの台詞を飛び込ませられる人である。

怪談も、タイ人は意外性よりは、パターンが同じでも「来るぞ来るぞ」とわかっているものを好む。だから、よく聞くような怪談でも老若男女問わず、みんな真剣に聞き入り、怖がる。日本の心霊否定派のように「科学的な証拠は？」といった無粋な質問は絶対にしない。寛容であり、怪談好きには寛げるような環境が揃うのだ。

ラジオに電話出演する人たちも素人ながら会話がうまく、案外に聞いていられるもので、長寿番組であることも納得がいく。

さて、話を戻そう。車から見えたこの男性について、容姿や振る舞いに霊感がありそうだとか、特別なことを見抜いたわけではない。ただ、ふと気を留めたに過ぎないのだ。なにかに呼ばれたからとしか説明できないのである。

この男性に促されて小屋の裏口を抜けると、そこにはかの白バスがあった。ちょうどトラの祠の裏手にあり、外からはわかりにくい。僕は見学の交渉に入った。しかし、ここは私有地で別に地主がいるため、その許可は彼の独断では出せない。

敷地の正門に向かうと、そこには民家があり、中の女性に見学したい趣旨を伝える。彼女も使用人だったが、先の男性と違い、地主直轄の雇われ人のようだった。映像を撮るわけではないこと、僕が外国人でありタイのメディアに露出するわけではないことを知ると「ここで飼育しているイヌのエサ代としていくらか寄付をしてくれたらあとは自由」と言った。タイでは使用人が給料の安さを補うために、不正に金銭を要求することはよくあることだ。とはいっても、僕がこの廃車置き場の使用人に提示した寄付額は二〇〇バーツ、日本円にして七〇〇円である。ひとりでゆっくり見学できるのであればむしろ安い入場料だ。

「あのバスがソンクラーンで乗客が死んだバスね。ほかにも人が死んだ車はいっぱいあるよ。これ、あとその乗用車も。あ、そうそう、あの奥に子どもたちが何人か亡くなったスクールバスがあるわ。あとは好きに見て」

ひととおりの説明を終えると使用人はまた家に戻り、テレビの前に座った。

3／タイ現代怪談巡礼

日射しが肌に張りついて剥がれないような、そんな一日で最も気温の高い時間帯ではあったが、草木のおかげか、空き地の暑さはそれほどきつくなかった。

見学の最後に、女性に教えてもらったスクールバスに向かった。ほかの廃車から少し離れた場所にあり、しかも生い茂るススキのような背丈の高い草に囲まれているため、ほかの車両がある辺りからは見えない。草の小道を抜けていくと、まるで草の壁の中に佇《たたず》むようにスクールバスが現れた。ここだけ気温が少し低いようで、なんだか涼しく感じる。敷地の外の喧噪も消えたように静まり、草の匂いと、ほんの少しだけオイルの臭いがしていた。

スクールバスの中には子ども向けのおもちゃが置かれていた。プラスチック製の車のおもちゃである。バスの入り口の横には通学用のカバンもあった。これらは供えられたものなのか、あるいは事故被害者の子どもが持っていたものか、それはわからなかった。事前にネットで調べた内容によれば、通学中に交通事故が起こり、数人の子どもが犠牲になったという。

この日、僕にはほかにいくつものスポット巡りの予定があったので、あらかじめこれらのいわく因縁に関して調査し、それらを日本語に書き換えたプリントを携えていた。バスの前に立ち、僕はもう一度その資料に目を通そうとバッグから取り出した。しかし……。

なぜかその資料が頭に入ってこない。いや、入ってこないというよりは、文字がまったく読めない。一部タイ語のままになっている箇所やバスに書かれた英字や数字は読めるが、日本語だけが読めないのだ。漢字やひらがながただの図形、あるいは線の集合にしか見えな

日本語が読めなくなってしまったスクールバス。この写真はまさに日本語が読めない状態で撮影している

い。資料を読むのはあきらめ、現場の様子をメモに取ろうと手帳を取り出しても、頭の中では日本語で思考しているものの、ひらがなが思い浮かばず、僕のペンは止まったままであった。

二か国語以上を話せる人の多くがたぶん同じ感覚だと思うが、僕はタイ人とタイ語で会話する際は、頭の中で単語をいちいち日本語に訳していない。たとえばバスはロット・メーと説明したが、「ロット・メー＝バス」と理解するというよりは、ロット・メーはロット・メーで憶えている。そうしないと会話に追いつかないからだ。これはスポーツと同じで、訓練や経験の結果だ。

だから、車体の前でも「バス」という日本語の単語は思いつくには思いつくのに、それを文字にすることができなくなったのだ。たんにど忘れならば、プリントの内容は読めるはずなのだ。

しかし、怖いというよりも、取材で来ているのにメモが取れないことに焦りを感じた。指は動くから、カメラのシャッターは押せる。写真は問題なく撮れていたので、自宅に戻ってから思い出せる範囲をメモすればいいだろうと思い直し、僕はその場を去ることにした。

先の使用人女性にあいさつをし、車に戻る。発車させ、元来た道を数百メートルほど進んだときのことだった。急に日本語が戻ってきた気がした。廃スクールバスの前で、日本とは縁もゆかりもないタイ人の子どもたちが僕の中に入ってきていたとでもいうのだろうか。

そのまま車を走らせていると、しばし用を足していなかったことを思い出したので、ついでにメモを取ろうと、大通りに出てからガソリンスタンドに寄ることにした。タイではガソリンスタンドが高速道路のサービスエリアのような役割を兼ねる。バンコク都内も同じで、ただトイレを使うだけでも気軽に立ち寄ることができる。

トイレに入り、小便用の便器の前に立った途端、ズボンのポケットから、

「目的地は右側です」

という女性の声が聞こえてきた。取材に出る際にスマートフォンの地図アプリでソイ・サイユットまでの音声ナビを利用した。しかし、切り忘れていたにしても、これまで一言も発していなかったアプリが、しかもソイ・サイユットからかなり離れた場所で目的地を告げる

とは何事か。
僕は女性の声に従って、ふと右側に目を向けてみた。ひび割れた鏡の中にゆがんだ僕の顔が映っていた。

8 ルンピニー公園と花売りのピー

バンコクの中心地にある「ルンピニー公園」は、ニューヨークならセントラルパークのような存在だ。この超有名な公園は一時期、なにか風水に関係した問題があるのではないかと噂されていた。

タイ語で風水は「フアン・ジュイ」という。タイも日本と同じように中国から伝わっているもので、一般的なタイ人はあまり意識して暮らしていない。しかし、タイの経済を動かしているとされるのは華人（タイ国籍を有する中国系タイ人）たちで、彼らが関わる土地や建物は風水を取り入れたものが多い。ある方角に金色が使われていたり、ほかの方角には水場が設けられていたり、専門家が見ればそれとわかるものがさりげなく配置されているという。

そんなルンピニー公園は、日中は爽やかな顔を見せる憩《いこ》いの場であるが、日が落ちれば、まったく違った顔を見せる公園でもある。犯罪の臭いもあれば、霊的な噂話も存在する。ある霊能者は、強い霊が公園の角に立っていると話していた。僕はそんなルンピニー公園の周囲を深夜、ゆっくりと周ってみることにした。

二〇一〇年には民衆と軍隊が衝突した

ルンピニー公園は、日系企業も事務所を構えるビジネス街を兼ねたシーロム通りの交差点にある。スカイトレインのシーロム線が公園横を走り、車窓から広大な敷地が見える。ここは一九二〇年代にラマ六世王が造った、タイで初めての公共の公園だとされる。約五八ヘクタールの園内には人工池があり、遊歩道が張り巡らされ、小さな林や芝生もあって、都会のオアシスなどとも言われる。簡易的なジムがあり、低所得者層の若者がトレーニングに励む。体育館や図書館なども備え、学生がスポーツを楽しみ、早朝や、涼しくなる夕方にはジョギングや太極拳、バドミントンに興じる高齢のタイ人の姿も見かける。

この憩いの場は、早朝五時から夜の九時までしか開門していない。かつては終日、自由に出入りできたようだが、敷地があまりに広大なため人の目が追いつかず、強姦事件や麻薬取引、殺人などが相次いだ時期があり、夜間は閉鎖されたという。

公園の外に目を向ければ、外周はいまも夜は怪しげな雰囲気を醸し出している。公園は周囲を道路に囲まれている。最も大きな通りは南側にある、中華街へと続くラマ四世通りだ。ほかは、スカイトレインが走る西側のラーチャダムリ通り、北は最も細いサラシン通り、そして東側はルンピニー警察署や在タイ日本大使館があるウィッタユ通りとなる。深夜、ラマ四世通りを除いた三つの通りには、ぽつぽつと女性が立つ。彼女たちは亡霊ではなく、実在する売春婦だ。主にタイ人男性が顧客になるため、せいぜい一〇〇〇バーツ（約三五〇〇円）程度の安価な稼ぎのために彼女たちは身体を張っている。

近年でこの公園が最も注目されたのは、タイの政情不安におけるデモ隊とタイ政府側の衝突である。特に二〇一〇年四月ごろに起こったデモ隊の座り込み運動が長期間にわたり、同年五月一九日朝に発生した、陸軍を中心にした制圧部隊の武力による鎮圧が激しかった。この日だけではないが、この一連のデモ活動に対する鎮圧行動で、わかっているだけで九〇人以上が犠牲になり、一八〇〇人が負傷した。このなかには日本人ジャーナリストの殉職も含まれている。

西側のラーチャダムリ通りを北上すると、二〇一五年八月に爆弾テロで多数の外国人も死傷したラーチャプラソン交差点に繋がる。この交差点には警察病院、高級ブランド専門商業施設のゲイソン・プラザ、日系デパートの伊勢丹も入居する巨大商業施設であるセントラル・ワールド、パワースポットとされるエラワンプームがある。

警察病院の隣はタイ王国国家警察庁の本部があり、その関係で政治的に不満が募ると、大

上／自然が豊かすぎて、巨大なトカゲやヘビなども棲息する
下／ルンピニー公園の正面を守るラマ6世王の像

2010年の陸軍のデモ隊鎮圧行動の結果、各地で放火が始まった。その直後の様子

衆で編成されたデモ隊の座り込みがラーチャプラソン交差点で行われる。二〇一〇年だけでなく、一四年の「バンコク・シャットダウン」と名づけられた富裕層たちの派閥による反政府運動でも、ここで座り込みがあった。

簡単にタイの政情不安を説明しておくと、華人であるタクシン・チナワット第三一代首相が職権乱用で私腹を肥やし、二〇〇六年のクーデターで政権を追われた。その支持者や反対派が入り乱れての騒動が、二〇一九年のいまもなお延々と続いている。

タクシン元首相の支持者層は集会などで赤いシャツを着ることから「スア・デーン（赤い服）」、反タクシン派は黄色を基調にするので「スア・ルアン（黄色い

上／現軍事政権ができるきっかけになった2014年のデモ『バンコクシャットダウン』の様子
下／デモ隊が集まりやすい、セントラル・ワールド前の交差点

服）」と呼ばれる。赤服派にはタクシンの政策で生活が豊かになった中流層や低所得者層が多く、黄色には既得権益が奪われることを恐れる富裕層が多い。政権を取っていれば一方が反政府活動をし、逆が政権を奪えば、攻守交代となる。

ラーチャプラソン交差点でいつも座り込みが始まるのは、警察本部のそばという事情だけでなく、ルンピニー公園から押し寄せる「気」の流れが風水的に悪いのが原因だと言う人もいる。たしかに、このタイミングでタイを知った人の目には、どう見ても平和な公園には映らないだろう。

花売りのピーが立つ交差点

ルンピニー公園の、シーロム通りとラマ四世通りの交差点には、ラマ六世王の銅像がある。公園の南西に位置するのだが、こちらが公園の正門だ。ちょうど反対側の北東の角は、ウィッタユ通りとサラシン通りの交差点で、こちらには門はない。ちょうど、タイ・バドミントン協会の建物があり、門はそこからウィッタユ通り側をやや南に下った位置にある。

この北東の角は切り取られたような、ややいびつな形になっている。そこには大きな木が立っているからだ。公園の外壁を木の外側に作ればいいものを、なぜかその大木だけが締め出されるように外にあるのだ。この木は神木のようで、たくさんの布が巻かれている。タイでは、なんらかの精霊が宿る、あるいは木に関係した不吉なことが自身の身に起こると、その木に布を巻き、動物の置物を置き、女性の精霊のために民族衣装を供える。しかし、この木には布だけが巻かれ、丁重に祀《まつ》られている様子は特にない、まるで忘れ去られたような状態だ。

木が面している道は、昼間の渋滞がひどい。ウィッタユ通りには日本やアメリカの大使館のほか、高級ホテルなどが建ち並ぶため、昼間は交通量が増えるのだ。朝夕も抜け道になるために、たくさんの車が集中してたちまち大渋滞になる。不動産価値としては高級エリアではあるが、しかし一歩、ルンピニー公園の向かい側にある裏路地に入ると、そこは中流よりもやや下の層になる市民たちが暮らす地域になる。

昼間、灼熱の太陽と車の排気ガスで立っているだけでもつらい交差点は、深夜になれば車もほとんど通らない、静かな場所になる。売春婦たちもこの交差点を避けるように立つので、万が一ここで暴漢や強盗に襲われても、誰にも助けを求めることはできないだろう。

この、公園北東の交差点は、なにがあったわけではないのに強力な霊が現れるという。これは僕が、霊の声を聴く能力——霊聴力があるというタイ人に聞いた話だ。

「昼間はいないのですが、夜になると女性の花売りが立っています」

タイの交差点では、寺院の境内、あるいは周辺に暮らす住民が、ジャスミンなどの花にひもを通して花輪「プアン・マーライ」を自作し、手売りしている。長距離バスやタクシー、トラックの運転手が安全運転祈願で購入し、車のダッシュボードの上やルームミラーにかける。お守りでもあるし、芳香剤の役目も果たすもので、一個だいたい二〇バーツ程度（約七〇円）で買うことができる。主に貧困層の住民が赤信号で停まった車の窓を覗いて回り、花輪を売り歩く。ときには親が売っているのを幼い子どもが放課後に手伝う。学校に行かない、あるいは行かせてもらえずに売っている子どももいる。

場合によってはタイ・マフィアの息がかかっていることもあるという。子どもの方が同情を引きやすく、花輪が売れるので、無理矢理働かせる。たかがひとつ二〇バーツではあるが、タイの各地で何十人、何百人と交差点に置けば、それなりの儲けになるのだ。道端の物乞いにも同じシステムがある。いずれにしても、問題なのは子どもの教育機会を奪うだけでなく、ときには赤ん坊をレンタルしていたり、誘拐や人身売買で強制的に働かせていることもある点だ。

タイでは子どもが連れ去られる場合、営利目的の誘拐ではなく、人身売買に利用されてしまう。身代金目的の場合、自分で金を動かせる金持ちの大人が狙われる。もちろん、タイの富裕層は警察などにもネットワークがあるので狙われない。大人で誘拐されるのは多くがうしろ盾のない成金か、同じようにタイの社交界に入っていないインド系の金持ちだ。

とはいえ、深夜の車通りがない時間帯に売り歩くことなどはまずない。花輪売りのほとんどが、午前中に売り切ってしまうし、特にこの交差点はルンピニー警察署がそばにあるので、

上／花売りのピーが出るという交差点は、ルンピニー公園の北東の角にある
下／交差点に忘れられたように神木が立っている。

花輪は用途などによってもいろいろな種類や値段がある

目立ってしまうと無許可営業として取り締まりの対象になるため摘発されやすく、人がいない時間帯にここに立つのはリスクでしかない。ましてや、どの交差点でも夕方でさえ見かけない花売りが、なぜここだけ夜になると現れるのか。

もうおわかりかと思うが、その花売りの女性はこの世の者ではない。

教えてくれた彼に霊視力はないため、女性の姿をはっきりとは見ていないそうだが、明らかに花輪を売りたがる声が、車の窓の外に張りついて離れないのだというう。雰囲気としては、車の窓ガラスにべったりと顔をつけ車内の人に花輪を買うように呼びかけてくるような感じだそうだ。しかし、彼が感じ取った女性の本意は花輪を売りつけることではないようだと言う。

「誰かを捜しているのではないかと感じました。たとえば、誰か——その女性を殺した犯人を捜しているとか。その声の裏には花輪を売るというより強い悪意があります。だから僕はここを通らなければならないときは、彼女に聞こえていることを悟られないようにしています」

タイの街灯はオレンジ色だ。交差点は事故防止のためか、もしくは大使館も多数建つエリアだからか、特に煌々《こうこう》と明かりが灯る。僕には花売りのピー（霊）の姿は見えないが、布の巻かれた木と花売りがなにか関係しているのかと考えた。しかし、調べても調べても、ここでなにか事件・事故などがあったのかどうかは判明しない。花売りはどこから現れて、なぜこの交差点に居着いたのか。あるいは、風水的によくないとされるルンピニー公園の環境がこれにも関係しているのか。

タイでは、たいがい理由のある場所が心霊スポット化するのがセオリーだが、この交差点はタイでは珍しくいわくのわからないタイプのスポットであった。

9 怪談が凝縮されたバンコクの旧市街

カオサン通りは、かつてバンコクが世界でトップクラスに航空券が安いと言われていたころ、多くの低予算旅行者たちが目指した安宿街だ。

二〇〇〇年代初頭以前は「旅人ノート」と呼ばれた情報交換日記が宿に設置され、日本人バックパッカーたちは次の目的地の情報収集ツールにしたり、自分が体験してきたことを書き残したり、アナログで人と人の繋がりを感じさせる習慣もあった。この習慣は、いまやインターネットに取って代わられ、しかもバンコクの中心地に一〇〇〇バーツ前後（約三五〇〇円前後）で泊まれる宿も増え、タクシー代を考えたら都心に宿泊した方がコストパフォーマンスが優れていることにみんな気づき始めた。そうして、カオサン通りは日本人旅行客から見捨てられてしまった。

そんなカオサン通りがあるのはバンコクの西側、地方都市であれば「旧市街」と呼ばれるような、古いエリアになる。バンコクの旧市街の定義はタイの餓鬼「プレート」を紹介する際に説明したので、五五ページを参照にしてほしい。バンコク旧市街はカオサン以外にも見所がたくさんある。たとえばタイの国技である格闘技のムエタイで有名なラーチャダムヌーン・ボクシングスタジアムがあるし、プレートが出没するとされる寺院であるワット・スタット、そしてタイ仏教における最高峰の寺院であるワット・プラケオ（エメラルド寺院）やタイ古式マッサージと涅槃像で有名なワット・ポーなどだ。

バンコクの旧市街はいまも昔の面影が細部に残り歴史も長いので、怪談的な逸話などに事欠かない。バンコクの旧市街とはどんな地域かと思っていた方のため、この魅力あるエリアの怪談を覗いてみることにしよう。

カオサン通りは白人や韓国人が相変わらず多い

陸軍の虐殺からいまも逃げ惑う霊

バンコクの旧市街はコ・ラタナコーシン（ラタナコーシン島）と呼ばれる地域を指す。この地域内でもコ・ラタナコーシン・チャンナイ（ラタナコーシン島の内）とコ・ラタナコーシン・チャンノーク（ラタナコーシン島の外）に分けることができ、それぞれで話題は尽きない。まず、コ・ラタナコーシン・チャンナイ（内側）で注目したい心霊スポットは、王宮前広場「サナーム・ルアン」周辺だ。

一般的な知識として紹介すると、ここは広大なグラウンドで、二〇一七年一〇月にラマ九世前国王の葬儀を執り行うために舗装された。以前は草も枯れ果て土がむき出しの荒れた広場で、日中はたこ揚げに興じるタイ人や、外国人に対して詐欺《さぎ》を働こうとする怪しい人々、三輪タクシーのトゥクトゥクも多かった。現在はバンコクの北側にあるタイ国鉄が所有するチャトチャック公園で開催される週末市場はチャトチャック・ウィークエンドマーケットだが、戦後一九四八年から一九八二年までこのサナーム・ルアンで開催されていた（ただし、一時期は別の場所に移転していたこともある）。

一見、なんの変哲もない広場であるサナーム・ルアンは、行ったことがない人でも「なんか見たことあるかも」と記憶の片隅に残っているかもしれない。というのは、優れた報道写真に与えられる「ピューリッツァー賞」を一九七七年に受賞した、ＡＰ通信のニール・ウールビッチが撮った『Strike Lifeless Body of Leftist Student』という写真が、ここで撮影されているからだ。

これは一九七六年一〇月六日に起こった「血の水曜日事件」と称されるクーデターの一連で起こった事件の一幕だ。サナーム・ルアンの隣にあるタマサート大学の左翼学生と、そ

上／旧市街は通りによっては建物が統一されていて写真映えする　下／2014年撮影のサナーム・ルアン。このときは夜間は封鎖されていたが、日中は自由に出入りできた

れを鎮圧しようとした右翼派学生とタイ政府側の鎮圧部隊との衝突事件である。『Strike Lifeless Body of Leftist Student』には、民衆に捕らえられたタマサート大学の学生が暴行を受け、さらに木に吊されてもなおパイプ椅子で殴打されているシーンが写し出されている。すでに死んでいる学生を取り巻く民衆たちは、子どもを含めて笑顔を見せているなど、実に異様な光景だ。この写真は邦題だと「バンコク路上の暴力」とややマイルドに訳されたが、英語の題名は訳すと「命のない死体を打つ左翼学生」と、まさにストレートに状況を語っている。

このサナーム・ルアンからラーチャダムヌーン通りを進むと民主記念塔（アヌサワリー・プラチャーティッパタイ）があり、そこから北の方に行くと政府関係の建物が並ぶ地域になる。そのため、こういった反政府抗議集会などはどうしてもこの辺りになるのは仕方がないにしても、タイは暴動を鎮圧する陸軍の対応も過激で、表向きはやっていないとは言うものの、民衆に向けて水平射撃を繰り返す。

血の水曜日事件の以前にも、この事件に繋がる騒動があり、一般的には「血の日曜日事件」、もしくは一九七三年一〇月一四日に発生したことから「ヘート・シップシー・トゥラー（一〇月一四日事件）」と呼ばれる。学生などのデモ隊と陸軍が衝突し、学生側の死者は七七人、負傷者はおよそ九〇〇人にも上った。

この一〇月一四日事件で軍は、降参して逃げ出す学生に対しても容赦なく発砲するとい

10月14日事件のメモリアルがカオサン通りの近くに建っている

った虐殺に近いことが行われた。その際、タマサート大学の校舎内に追い込まれた学生のなかにはエレベーター内で射殺された者もいるという。そこはいまも色を塗り替えても赤に戻ってしまうといういわくつきのエレベーターになっているそうだ。

さらに、一〇月一四日事件では近隣の商店や住民らが学生を匿《かくま》うなどの協力をしたという。そのひとつ、サナーム・ルアンの北東側にある一九四三年創業という歴史あるホテル「ラタナコーシン」でも逃げ込んだ学生を匿った宿泊者がいた。しかし、ホテルは建っている場所柄、軍に協力せざるを得なかった。軍は報道機関の目に留まらないよう、射殺した学生らの遺体をホテルのホールに安置する。

この地域で最も有名な心霊ホテルであるラタナコーシンは、きっぱりと噂を否定している

そして、そのホールからはときどき学生らの悲痛な叫び声などが聞こえると噂されるようになった。

ただ、タイの大手新聞『マティチョン』の傘下にある経済誌『プラチャーチャート・トゥラキット』のオンライン版に二〇一七年一〇月九日付で掲載された、ラタナコーシン・ホテルの経理部部長がインタビュー記事で、このピー（霊）の噂について言及している。噂があることは認めているものの、心霊現象の類《たぐ》いは否定し、噂の原因を解説していた。

これはホールを救護施設として開放していたことを認めつつ、学生らは軍の突入に怯え、裏口から逃げ出したりしたことが誤解を生んだからだという。というのは、タイは日本と同じように家にあがる際は靴を脱ぐ。ホテルなので本来は脱ぐ必要はないが、時代もあって多くの学生が入り口で靴を脱いで救護施設に入ったのだ。しかし、軍が逮捕しに、あるいは殺しに来るかもしれないと怖くなり、裸足のまま逃げていく人が続出する。そのため、入っていった人数と出てきた人数に差が生じ、また入り口前には大量の靴が残されたことから、中で殺害されたと勘違いさせたのだ。

とはいっても、このホテルだけでなく、このエリアは心霊的な逸話が多い。カオサン通りの安宿もそうだし、近辺のホテルなど多数でなんらかしらの霊的現象があるとされる。なにもこのホテルだけが特別というわけではないのだ。

二〇一五年前後から、タイにレトロブームが到来している。この旧市街に建ついわくつきの古い建物を改装して、お洒落なホテルにしているタイ人オーナーも増えてきている。旧市街に泊まりたい場合はおすすめだ。

また、このラタナコーシン島内には古い家具店も散見されるので、タイの古い家具などに興味がある人の散策にも適している。

旧市街と外を繋ぐ「お化けの門」

日本人が好きなタイ料理にパッタイがある。やや太めで弾力性の強い米粉麺を炒めた、タ

丘の上に建つ仏舎利がある寺院ワット・サケート

イ風焼きそばだ。パッタイで最も有名なのが、山の上の寺院「ワット・サケート」が見えるところにある「ティップサマイ・プラトゥー・ピー」というレストランである。略した「ティップサマイ」でタクシー運転手などには通じるのだが、支店との区別のため、正式には地名をうしろにつけて呼んでいる。

プラトゥー・ピーは直訳すると幽霊の門である。なぜこんな物騒な地名になっているのか。実は、プラトゥー・ピーは正式な地名ではなく、ワット・サケートの裏門の通称なのだ。

ワット・サケートの正式名称は「ワット・サケート・ラーチャ・ワラマハーン・ウィハーン」で、アユタヤ王朝の時代にはすでに存在していた寺院だ。位置的にはラタナコーシン・チャンノーク（ラタナコーシン島の外側）のさらに外側にある。別名を「ワット・プーカオ・トーン（黄金の山の寺）」というように、ラマ五世の時代に完成した山の上のジェーディー（仏塔）に仏舎利（仏陀の遺骨）が納められているという。

一八四九年ごろのバンコクでコレラが大流行した際、三か所の寺院が火葬場として指定され、このワット・サケートもそのひとつとなった。当時はまだ伝染病の原因解明や対処法がなく、最終的には四万人近くが亡くなっている。一日に約七〇〇〇もの死体を火葬しなければならなかったが追いつかなくなり、ワット・サケートでは死体を切り刻み、ハゲタカの群れに食べさせたという。そのときに死体が運び込まれた門がプラトゥー・ピーと呼ばれ、通称として残ったのだ。

死体のあるところには悪霊が出ると恐怖する点で、日本人の感覚と、タイ人のピーを畏怖する信仰は似ている。しかし、僕としては心霊的な逸話よりも、一七〇年前のこととはいえ、首都のバンコクにハゲタカが群れを形成できるほど生息していたことの方が驚きである。ワット・サケート内には死体を鳥葬している様子のオブジェがいまもあり、プラトゥー・ピーと名づけられた不気味さを実感することができる。

コレラ大流行で鳥葬を行っていたプラトゥー・ピー

失われつつある伝統芸能

寺院の裏門になるプラトゥー・ピーから数百メートルほど北の辺りにナーン・ルーンという地区がある。この地域で二〇一八年七月から九月にかけて『バンコク・バイエンニエル２０１８』という、さまざまな芸術家が集まり、おのおのが確保した地域内の会場で作品を発表するというイベントが開催された。その際、『超常現象館』というタイトルで、複数の日本人アーティストと共にイベントを行った演出家・篠田《しのだ》千明《ちはる》さんから、実に興味深い話を伺った。

篠田さんは二〇〇四年から一二年まで、母校の多摩美術大学の同級生と起ち上げた劇団で中心メンバーとして活躍された演出家である。その後、一二年から活動の拠点をタイに移し、バンコク・バイエンニエル以前からこのナーン・ルーンに関わってきた。

ナーン・ルーンは地図で見ると、コ・ラタナコーシン・チャンノーク（ラタナコーシン島の外側）の外周を形成する運河のすぐ外側にあり、放射線状に敷かれた道路に区切られてきれいな三角を形成する地域だ。ここにはタイの伝統的舞踊「ラコーン・チャトリ」の楽団が暮らしている。

タイ伝統舞踊はこのラコーン・チャトリのほかに「ラコーン・ナイ」、「ラコーン・ノーク」がある。なかでも最も歴史が古いのがラコーン・チャトリだそうだ。一説ではインドから伝わった舞踊で、最初はタイ南部のナコーンシータマラート県に伝わったとされる。一七六九年、トンブリー王朝のタークシン王が南部から楽団メンバーを呼び寄せて広めたので、バンコクでも知られるようになった。その後チャクリー王朝時代の一八三二年にラマ三世王が楽団をバンコクに住まわせたのが、ナーン・ルーンの三角地帯というわけだ。

昔、ラコーン・チャトリは、それこそ娯楽としても大人気だったが、市民の新しい楽しみとしてタイにも上陸した「映画」に取って代わられ、こういった伝統芸能は廃れ始める。特に、ラコーン・チャトリは深刻な問題を抱えており、篠田さんによれば、まもなく消滅する可能性がある芸能であると懸念しているそうだ。

「ラコーン・チャトリは朝から夕方まで、長い時間をかけて演じる舞踊ですが、かつて上演

上／タイの伝統舞踊のひとつで、エラワン・プームに待機するグループ
下／オーンアーン運河。ラタナコーシン島を区切る運河で、バンラムプー運河に接続する

されていたすべての演目・衣装・楽器演奏について知っているのは、現在七〇歳を過ぎているガンヤー先生だけです」

残念なことに後継者もいない状況だ。ならばいまから伝承していけばいいのではないか、とも思うが、数年前に気になることがあったと篠田さんは言う。

「先生はこの二〇年ばかり、毎年踊りに呼ばれる家があります。その家では同時にシャーマンが呼ばれているのですが、それまでなにも言ったことのなかったシャーマンが、先生に『あなたはあと七年で亡くなりますよ』と予言したのだそうです」

予言をしたのは二〇一六年なので、的中してしまえば二三年にガンヤー先生は亡くなるとされる。いずれにしても高齢であるし、タイは平均寿命が日本より一〇歳くらい短い。予言が外れ、なんとか誰かにこのラコーン・チャトリが継承される猶予ができることを願うばかりだ。

ベトナム寺院で行われる知る人ぞ知る奇祭

篠田さんは「芸能と魔術は強く結びついています」と言う。その言葉どおり、ナーン・ルーンではオカルト的な祭りが開催されているそうだ。

ナーン・ルーンの外側にあるパドゥングルンガセーム運河沿いに佇む「ワット・サマナー

ナム・ボリハーン」、通称「ワット・ユアン・サパーンカーウ」の儀式についてだ。通称を直訳すれば「白い橋のベトナム寺院」である。

中華街のヤワラーもそうだが、かつてのバンコクでは、外国人は街の外側――コ・ラタナコーシン（ラタナコーシン島）を囲う運河の外側に居住地を与えられた。華僑のほかにインド系の移民などがいたり、当時はベトナムからの移住者も多くいたので、この辺りにベトナム人の村があったのだろう。一九〇六年に建立されたこの寺院では代々シャーマンが任命されているという。

「四月のタイ旧正月の最後の日に行くと、シャーマンがそこにいた誕生日だという青年にトラを降臨させていました」

篠田さんが目撃したのは、動物霊が憑依したように髪の毛を逆立て、四つん這いで歩き始めた青年の姿だった。青年が家族や親族の代表として神を降臨させれば、一族の災いを祓《はら》い、願いごとが叶うという。その青年は、一三七ページで紹介した北タイ付近で行われる祭り「ピー・ターコーン」のコン・ソンと同じような役割を果たすことになる。

この寺院ではさらに、六月になると周辺に暮らす信者たちのために大きな祭りが開催される。

「祭りではトランス状態に入った信者がナイフで自分の身体を傷つけ、金属棒を舌などに刺していました」

3 タイ現代怪談巡礼

タイ南部のリゾート地プーケット県でも毎年一〇月前後の菜食期間に同じことが行われる（詳細は一三七ページ）。このベトナム寺院もプーケットと同じように、「関帝廟」に宿る神・関帝（関羽）などが降臨する。最後には真っ赤に焼けた炭の上を歩く火渡りをするのもプーケットと同じだ。ただ、こちらはプーケットの祭りとは違い、関羽の誕生日を基準に開催される。

これは、ここにいたベトナム人僧侶のバウアーン住職が始めた祭りだ。タイは周辺諸国と違い、上座部仏教を政治利用するにあたり、厳格に統制している。そのなかで大乗仏教や他国の僧侶の宗派も一部認められており、ベトナムから来た僧侶は「アナム・ニガーイ（アナム派）」として活動が認められた。アナムとは寺院の通称にもある「ユアン」と同義で、ベトナムを指す。ただ、アナム派は完全にベトナムの仏教と一致しておらず、タイで独自に発展したという。

このバウアーン住職は瞑想を得意とし、研究熱心だったようだ。いろいろな研究の果てにたどり着いたのは、欲や業に惑わされずに修行を進めるにはウィンヤーン（魂）との交霊が必要であるということだった。それに成功すれば、輪廻転生から解脱できる。そこで一九四六年ごろから交霊儀式などを行うようになり、四八年、北部のナコンサワン県の関帝廟に招待されて関帝が降りた人々による火渡りを見て、ワット・ユアン・サパーンカーウにも導入したのだ。

ベトナム寺院の住職バウアーンの墓の中に本物に似せたマネキンがあった

ただ、バウアーン住職が持ち込んだ儀式は、プーケットのように神と民衆を繋げるものというよりは、信仰心の強さを示す手段のひとつとして、ということのようだ。

実際に二〇一九年度の祭りを見に行った。開催日すら直前まで決まらず、串刺しなどは見ることができなかったが、火渡りだけは見られた。関帝がいつ降りてくるかは神のみぞ知る、ということで、開催日は誰にもわからないからだそうだ。

火渡りは大量の炭火を作り、その上で市民が寄付と引き替えに名前を書いた札も焼く。この上を関帝が歩けば、その願いが天に届くのだ。境内にある関帝廟で関帝を入れた男たちが、次々と真っ赤な炭火の上を進む。数メートル離れていて

上／関帝の火渡りを待つ信者。貫禄がありすぎて怖い
下／火渡りの準備のため、炭にガソリンをかけて火を放つ

も肌に熱を感じる。彼らは人によっては平気な顔で、人によっては熱そうな顔で歩く。しかし、逃げ出す者はいない。信仰を証明するためなので、たとえ熱くても逃げるわけにはいかないのだ。

二〇人以上のマー・ソン（降臨者）が何度も火渡りをする。最後にはまた関帝廟に戻り、なにやら呟き、ときには踊り出すが、突然、はじき飛ばされるように背後に飛び、神が抜けていく。

帰り際に火渡りをした人の足の裏を見せてもらった。火傷どころか、傷や痕もなにも残っていなかった。

プーケットは祭り自体が観光資源のひとつになっているが、ナーン・ルーンの祭りはこのようにあくまでも地元民のものだ。僕自身も篠田さんから話を聞くまでは、この奇祭がバンコクにもあるということをいっさい知らなかった。バンコク市民でもこの祭事を知っている人はほとんどいないだろう。バンコクは狭いようでまだまだ広いものである。

上／関帝が降りてきて、関帝廟に入っていく火渡り前の信者。地元民だ
下／火渡りが終わると関帝の像の前で震えだし、神がかりが治まっていく

10ーワット・サミエンナリーへ向かう黒服姉妹

都市伝説としては常套《じょうとう》すぎる話題でありながら、近年、なぜかバンコクで目撃情報が再び増えているのが「ワット・サミエンナリーへ向かう黒服姉妹」である。

「ワット・サミエンナリー」はバンコクのウィパワディー・ランシット通りにある寺院だ。ドンムアン国際空港に近く、ここ数年は空港とバンコク中心地を結ぶためのエアポート・トレインの高架線工事で騒がしい場所にある。

この寺院を目指す黒服姉妹の目撃情報が相次ぎ、バンコク都内でも有数の心霊スポットとして有名だった。この地域はバンコクのベッドタウンで、帰宅ラッシュも終わったあとは人っ子ひとり通らないような不気味な雰囲気を醸し出す。

寺から見て線路を挟んだ向こう側にはウィパワディー・ランシット通りがある。タイ国内でも屈指の交通量と、北部や東北部に向かうには通らなければならない幹線道路であることから、大動脈のごとく幅の広い通りになる。大型車が高速で走り抜け、通りの上にはトールウェイと呼ばれる有料道路も通っていて、辺りには車の走行音がうなるように轟《とどろ》いている。寺院の前の静寂とのコントラストが、なお人を不安に駆り立てる。

そんなワット・サミエンナリーに、深夜、僕は降り立ったのだった。

3 タイ現代怪談巡礼

最近盛り返してきた話題の黒服姉妹

「ワット・サミエンナリーへ向から黒服姉妹」は深夜、寺院の前を走るタイ国鉄の線路に黒い服を着た少女たちが佇《たたず》んでいた、という目撃情報が元になっている。

いまでこそ高架線の建設で騒々しいが、陸上にはタイ国鉄の線路が敷設されている。一八九四年三月二六日にタイ国有鉄道が開通したときからあるものだ。

余談だが、毎年この日や国の記念日などの計四回、タイ国鉄がイベントを開催する。その際に中央駅からワット・サミエンナリーの前を通り、アユタヤ方面に走るのは日本の蒸気機関車だ（走行ルートは年によって異なる）。一九五〇年前後に製造された車両をタイ国鉄が大切に整備し、いまだに可動状態なのだ。

路線網が中途半端で、いまも国鉄を利用する人はひと握りだが、かつて周辺諸国がイギリスやフランスによって植民地化されるなか、タイが一度も列強国に占領されることなく独立を保ってこられた裏事情のひとつに、鉄道の存在がある。国内に鉄道を造り、植民地化したカンボジアやミャンマーの物資輸送にそれを利用する許可を交渉材料に、タイは自国を守り続けた。

また戦中に持ち込まれた日本の機関車が、第二次世界大戦後に敗戦国として食糧難に陥った日本へタイ米を送るため、農村からバンコクに収穫物を運んだ。戦後はタイ米と物々交換で一〇〇両の日本製機関車もタイに輸入されている。そんな歴史ある鉄道路線に黒い服を着た少女たちが現れるのだ。

この少女たちの目撃例は一〇年以上前からあった。それがなぜか、二〇一七年前後に改めて話題に上り始めた。これはタクシー運転手たちの発信によるものだと思われる。スマートフォンで配車アプリやマップを利用する運転手が増え、彼らがソーシャルネットワーキングサービス（ＳＮＳ）も使いこなせるようになったからだと僕は見ている。

黒服姉妹は、このワット・サミエンナリーの近辺だけでなく、少し離れた場所でさえ目撃談がある。遠いところだとバンコクの中心部で姉妹がタクシーを拾ったという話もある。姉妹はタクシーに乗ると決まってワット・サミエンナリーに向かうよう運転手に指示し、葬儀に間に合うかどうか心配するような会話をするという。そして、現地に到着する、あるいはその近くに来ると、忽然とその姿が消えている。

この手のタクシーにまつわる怪談は日本でも飽きられるほど語られてきた。核心部分の「タクシーに乗っていたはずなのに消えていた」というのは陳腐過ぎて語るのも憚《はばか》られるほどだ。しかし、タイ人は日本にも同じような怪談があることを知らない。黒服姉妹の怪談の元ネタとなる話さえ知らない人も少なくない。それでも黒服の少女たちの目撃情報が絶えないのは、実際にそういった存在がいるからにほかならないのではないだろうかと思えてくる。

ワット・サミエンナリーに現れる姉妹は実話怪談の部類に入る。神話や仏教の説法などに

上／ワット・サミエンナリーは歴史もあるが、生活に密着した寺院でもある
下／2014年撮影のため、寺院前にはまだ空港行き高架電車の橋桁も建っていない

多少関係したり、タイ人の気質や生活習慣などに強い影響のある精霊信仰に関する古典怪談と違い、知らない人にはまったく無縁のストーリーだ。仏教関連の授業など、学校で習ったりすることで得られる多少の知識で想像できる類《たぐ》いのものではない。それでもなにも知らないタクシー運転手ですら、「乗せたのは黒い服を着たふたりの女性だった」と証言する。ときに深夜にもかかわらず葬儀に急ぐ姿に違和感を持つ運転手もいるようだが、まさか乗っているのがピー（霊）だとは思わずに現地まで来てしまうのである。

近年の黒服姉妹目撃談再燃のなかには、ちょっとだけ新しいタイプも含まれている。たとえば、この寺院に近い辺りで深夜タクシーを待っていたところ、黒い服の姉妹が道路に立っていて、タクシーに乗り込んだところを見かけたというものだ。これまでは運転手が語った話しかなかったが、今回は黒服のピーを乗せるところを外側から見ているという、新バージョンだ。その人物は、少女たちが運転手に「ワット・サミエンナリーまで」と行先を告げるところまで聞いているという。

黒服姉妹の正体とは

姉妹の方に目を向けてみると、このふたりが黒い服を着ていること、葬儀の話題が出てくる理由、線路あるいはワット・サミエンナリーに続く道に佇んでいる姿が目撃されることのすべてに理由がある。

この少女たちの名前は、ティップスックシー家の姉娘チュリーと、妹スリーで、実在した人物である。彼女たちが亡くなったとき、たしかに姉妹は黒服姿であった。それは当時の報道写真でも確認することができた。「確認」とはいっても、二人が生きている姿ではなく、少女たちの死後、変わり果てた無残な姿だったわけだが。

上／「国鉄の日」の臨時列車で日本製SLがアユタヤに走った。2016年撮影　下／55：チェンマイ発のバンコク行き列車。客車は日本のブルートレインが使われている

この姉妹たちが死に至った経緯は次のようなものだ。

ふたりは、親戚の葬儀（一説では母親の葬儀）に急いでいた。その会場がワット・サミエンナリーであった。葬儀に遅刻しそうになっていた姉妹は、自宅のバイクにふたり乗りをして寺に急いだ。そ

して、間もなく寺院に到着しようというときのことだ。左右を確認せずに線路を横断しようとしていた姉妹のバイクに列車が衝突し、ふたりは即死したのだった。

これは相当の不運だった。タイ国鉄は万年赤字で、運営に苦労している。重いディーゼル機関車は速度が出るまでに時間がかかる。そのうえ、バンコクなどの都市部は車の運転マナーの悪さもあって、踏切で線路をまたいだまま渋滞する。また、敷設線路の総距離は開通当初とあまり変わっておらず、いまだ単線がほとんどで、戦前と変わらないアナログな運行システムを利用しており、タイ国鉄はすべてを刷新しない限り高速化が困難で、運行数も増やせない。それほど少ない運行本数にもかかわらず、少女と電車はぶつかったのだ。

四肢がバラバラになった喪服の少女たちのニュースはすぐさまタイ全土に伝わり、いつしか「ワット・サミエンナリーへ向かう黒服姉妹」あるいは「ワット・サミエンナリーの喪服姉妹」としてタイの怪談界隈では「超」がつくほど有名な存在になった。

彼女たちの事故直後の姿を、画像ではあるが、僕ははっきりとこの目で見た。ただし、二〇一三年前後のことで、いまこの画像はネット上にはない。

それ以降も姉妹の目撃談は多く、テレビ番組でも特集が組まれ、情報が上書きされてしまったようだ。また、何度か述べてきたが、タイ人の死体写真への好奇心、あるいは全般的なモラルそのものが変わってきたこともあり、ネット上にかつては溢れていたグロい報道写真は、この姉妹のものに限らずどんどん削除されているようである。そのため、本名はわかるものの、事故の日時など、ほかの詳細は消えてしまった。

気のせいか、鼻をつく臭いが充満した寺院前

僕がワット・サミエンナリーを訪れたのは、ある日の深夜二時だった。

バンコク発の列車はすべて出発してしまい、深夜に地方を出た便は日が昇るころにバンコクに続々と到着する見込みだ。閉ざされたワット・サミエンナリーの門前から直線距離で一〇〇メートルに位置するウィパワディー・ランシット通りを、大型トラックや乗用車が制限速度を何十キロもオーバーしたスピードで疾走していく轟音が聞こえてくる。

バンコクの日中は年間を通して暑いが、雲のない晴れた深夜は熱が放射されるのか、比較的涼しい日もある。この日も昼間と比べて信じられないほど涼しい夜だった。特に郊外で人がいないことが、僕に涼しさ、あるいは寒気を感じさせたのだろう。

一〇分に一度くらいの頻度で、乗用車やピックアップトラック、タクシーが通過する。僕が着ていたのは紺色のシャツで暗い中では黒い服に見えなくはないが、さすがに男だとわかる外見のためか、運転手たちに動揺は見られない。むしろタクシーは空車のランプをつけていることもあって、僕を客として拾いたさそうな顔を向けてくる。

ふいに生臭さが鼻をつく。生ごみのような、あるいは死体のような臭いを感じる。ワッ

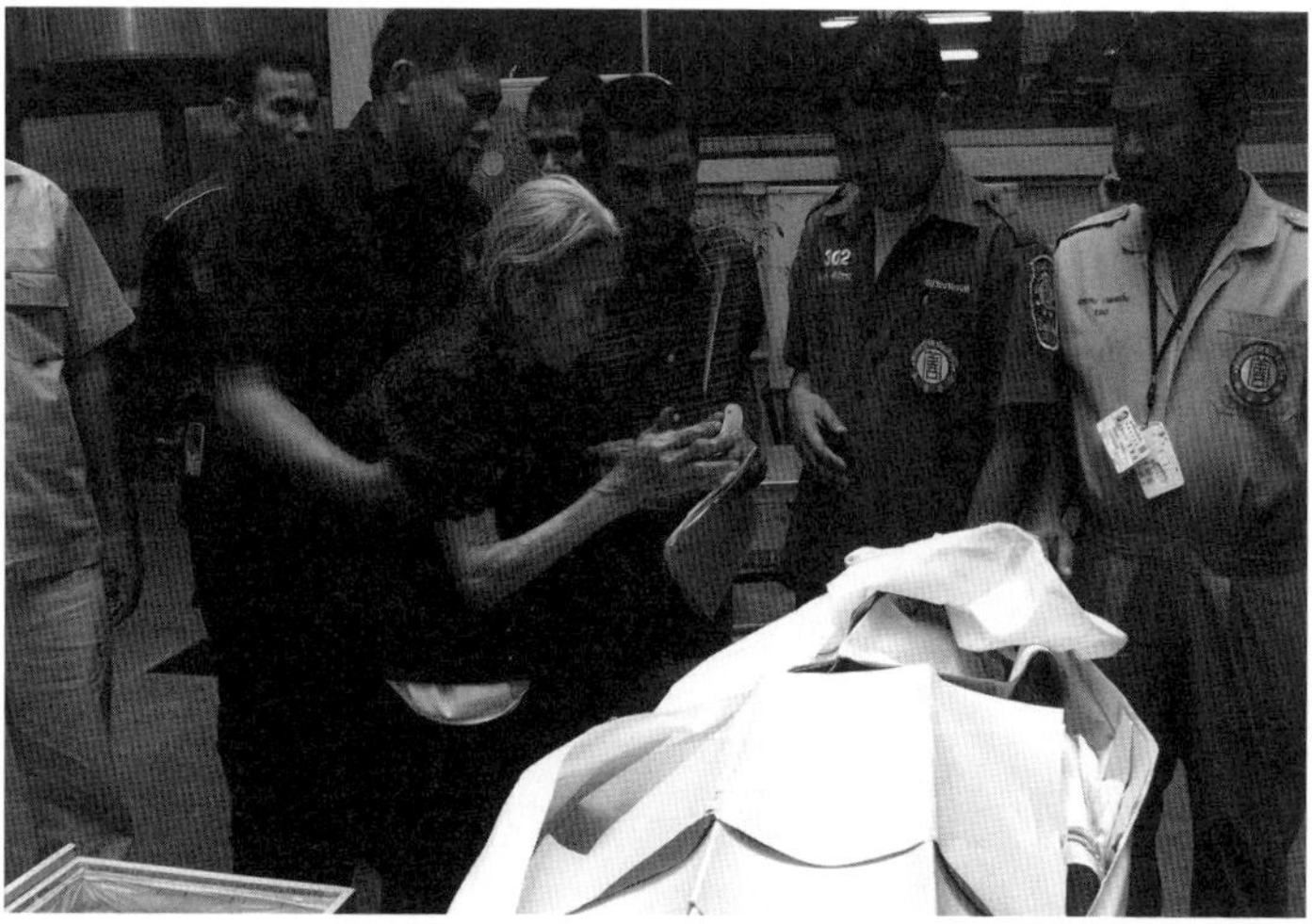

2004年、困窮した老婆が腐敗した遺体と過ごしていた事件。警察病院にて別れのあいさつをした

ト・サミエンナリーくらいの大きな規模の寺院だと、火葬場は間違いなく敷地に併設されている。死臭はそこから流れ出てきたのだろうか。

しかし、寺院の門はすでに閉ざされている。葬儀が行われていることはありえないし、常夏のタイでは数日間かかる葬儀のために保冷装置つきの棺《ひつぎ》を使うことが一般的であるため、死体の腐敗臭が漂ってくるはずはない。僕は決して鼻が利く方ではなく、むしろ臭いに鈍感だ。ただ、報徳堂に所属してから何度か実際の死体に遭遇していて、その臭いは知っているつもりだ。

初めて報徳堂で死体に接近したのは、実際に入隊する直前の二〇〇四年一〇月だった。スラム街に暮らす老婆が、同居男性が亡くなったものの足が不自由で近隣に助けを求めることができず、数日間、死体と共に過ごした事件が起こった。老婆は異臭に気がついた人により助け出された。同居男性の遺体がちょうど警察病院の司法解剖室に搬入されるとき、僕は報徳堂の正規隊員と密着取材のため一緒におり、亡くなった老人の姿を目の当たりにした。真っ黒に腐敗した死体だが、髪の毛は異様なまでに白さが際立っている。近づいて見ると、それは髪の毛ではなく、頭髪があったであろう部分にびっしりと群がる無数のウジ虫だった。

腐乱した老人の死体から感じたのは、死臭というのは危機感と恐怖を同時に抱かせるような、不吉な生臭さだということだ。イヌやネコのような小動物の腐乱死体から放たれる肉が腐った臭いを超越し、目を背けたくなるような人間独特の臭みである。よく、死臭が着ている服につくと経験者は語るが、僕としては、服についてしまうというよりも、脳にまとわりつくほど、記憶にこびりつくものなのだと思う。

僕は黒服姉妹たちが出没するといわれる寺院の前に立ち、改めて周囲を見回した。以前来たときはまだ高架はなかったが、足を運んだ時点では間もなく駅ができようとしている状態だった。この高架線のおかげか、この姉妹に限らず交通事故多発地帯だったワット・サミエンナリー前の交差点兼踏切は、だいぶ静けさを取り戻し始めている。それでも二〇一七年、一八年と二年連続で女性が列車に撥《は》ねられて亡くなる事故が起こっている。

僕は深夜に死臭のような腐敗臭を、間違いなく嗅《か》いだ。死んだ少女たちが僕の周囲に立っていたのか。あるいは、そのあとに亡くなった人の霊が近づいてきたか。もしくは、ただの気のせいだったのか。

僕は、見えない黒服姉妹に怯《ひる》んでしまい、すぐさまその場をあとにした。

11 霊験あらたかなパワースポット

タイは昔——それも何百年も前から外国人に対して寛容なお国柄で、いまも首都バンコクともなれば、日中に街で見かける人の半分くらいが外国人であることもよくある。しかし、タイ人の多くは敬虔《けいけん》な仏教徒であることから、保守的な部分も少なくない。

かつてバンコクが世界中の低予算旅行者の「聖地」のごとく人気を博していたころ、日本人バックパッカーたちはこぞって汚い格好をしていた。九〇年代の某人気テレビ・バラエティ番組が企画したユーラシア大陸横断ヒッチハイクを真似ているかのようだった。しかし本来、タイは英国の影響を強く受けている国だ。かねてより王室出身者や富裕層は英国などの欧州に留学した。タイの車の通行は日本と同じ左側車線だが、日本の影響はいっさいなく、あくまでも英国から自動車が導入されたのが理由である。

3 タイ現代怪談巡礼

そんなタイでは汚らしい服装は好まれない。寺院は特に神聖な場所のため、女性の肌の露出が多い服すら許されないほどだ。たしかにタイの道端には上半身裸の男や、際どい服装をした若い女性の姿も見うけられる。しかし、タイ人は本来、これをよしとしていない。こういった人たちは底辺の人間と見られ、ときには人としてさえ扱われない。

とはいっても、タイ人は基本的に個人主義で、みな自由な行動を取る。身なりで人間を判断しつつも、それを口に出して否定することはしない。あくまで腹の中で、他人の人間性を身なりによって値踏みしている。ただ、人の第一印象というものはなかなか覆らないので、最初に下手な烙印を押されたら、そのタイ人とはうまくやっていけないだろう。

そんなタイ人の人格や習慣に影響を与えるのが、仏教とそれ以前にあった精霊信仰なのだろうと思う。

この国には、特に仏教に関連した施設がたくさんある。日常的に見かけるところではワット（寺院）がそれだし、神を祀る小さな祠などさまざまな形で仏教の姿がかいま見られる。そのなかでは無形のものもあり、たとえば「パワースポット」も少なからず存在する。

ここでは僕がある日、導かれるようにたどり着いたパワースポットを紹介したい。得られたヒントは「砂の洞窟」という単語だけ。それにもかかわらず、するするとその場所に到着したのだ。

都心にあるパワースポットは危険地帯？

バンコクで観光客にもよく知られるパワースポットというと「エラワンプーム（エラワンの祠）」がある。斜向《はす》かいには日本から進出するデパートの伊勢丹が入居する巨大商業施設セントラル・ワールドがある、商業の中心地だ。

エラワンプームはヒンズー教の神・ブラフマー神を祀るもので、土地神として崇《あが》められている。元は裏手にある高級ホテル「グランド・ハイアット・エラワン」の一九五六年に始まった建設工事で頻発した事故のせいで浮足立つ作業員を落ち着かせるために建立された。

ブラフマーは、日本の仏教では「梵天《ぼんてん》」と呼ばれる神だ。宇宙と生物の創造主とされている。この祠は、本来は土地の神として設置されたが、いまは金運の神として有名になり、近年は中国本土からの観光客があとを絶たない。観光ツアーのひとつに組み込まれているのか、たくさんの中国人がここで商売繁盛や、さまざまな金銭に関係する事柄を祈っていく。

このエラワンプームは、比較的強めの神として崇められていることを忘れてはならない。タイ人の間では実際に願いが叶ったときにはそのお礼参りをする必要があるとされる。そのため、あらかじめ祈願のときにどんなお礼をするかも言っておいた方がいいらしい。かつて、ここで願いが叶ったら裸踊りをすると誓った者がいて、本当に裸踊りをしたという噂も二〇年以上前にあったほどだ。かといって、誰もが裸踊りをするわけにはいかないし、どんなこ

エラワンの呪いがあるとされるブラフマー神

とをすればいいかの選択は難しいところだろう。そのため、この祠には神に祈願あるいはお礼の舞踊を捧げるための踊り子たちが常時待機している。

しかし、観光で訪タイした中国人はそこまで知らず、お礼参りをしていない可能性がある。というのも、お礼を伝えにやってこない非礼に対して、ブラフマー神が怒り、中国人たちに復讐をしたのではないかと囁かれる事件があるのだ。それは、二〇一五年八月一七日に発生した爆弾テロである。

このテロは一八時五五分ごろに発生し、二〇人の死者、一二五人を超える負傷者を出すという大きな事件になった。事件から年月が経ったいまでも具体的な事件の背景はわかっていないが、事件の少し前にタイに密入国していた中国のウイグル族を、タイ政府が中国に引き渡したことに対する抗議と報復のため、中国人が多いエラワンプームが狙われたというのが有力な見方だ。

　エラワンプームはタイ国内なので当然タイ人の犠牲者が最も多かったが、中国人は本土と香港を合わせれば、タイ人を超える死者数になった。近辺はショッピング・スポットでもあるので、日本人観光客も決して少なくない。しかし、日本人はあまりエラワンプームを訪れないこともあり、邦人被害者はたったひとりだけ、それも負傷で済んでいる。

　また、二〇〇六年三月にイスラム教徒がエラワンプームの像を破壊する事件が起こっている。犯人は錯乱状態だったとも伝えられているが、動機は不明だ。なぜなら、犯人はその場で群衆に暴行され死んだからだ。当時のタクシン首相は二〇〇四年ごろから南部のマレー系住民であるイスラム教徒らと武力的な衝突を起こして険悪になっており、この事件の年にクーデターが起きたことから、「エラワンの呪い」で失脚させられたと、一時期は話題になった。

　タイのパワースポットは人に力を与えるものでありながら、同時に礼儀をわきまえない者には牙を剥く存在でもあるようだ。

上／エラワンプームは夜間もたくさんの人で賑わう
下／エラワンプームには祈祷返礼の踊り子が待機している

仏像のパワーが火事から守ってくれた

神頼みや祈願は、具体的な条件をはっきりと言うべきというのが、いまの作法なのだとか。霊を視覚的に捉えることができる霊視能力者などは、霊はぼんやりと見えるものではなく、はっきり、くっきりと見えるものだというのが最近の主流だが、神頼みも同じようである。

たとえば、「幸せになりたい!」といった漠然とした内容ではなく、より具体的に願う必要がある。それも、まずはそこに宿る神に対して住所、氏名、年齢といった自己紹介から始まり、なにを望むかを具体的に声にしなければならない。心の中で思うのではなく、ちゃんと神に聞こえるよう、滑舌よく、大きな声で言わなければならない。僕が若いころ、日本でなら神社での願いごとは他言すると叶わない、とされた。しかし、いまは真逆なのだ。ただ、現実的には周囲に人がいるのに、手を合わせながらそれを堂々と口にするのは恥ずかしく、難しい。そもそも、たくさんの人が同時に願いごとを口にすると、今度は神がすべてを聞くことができないともされる。神と崇められていても、聖徳太子以上に人間っぽさがあるのが現代風なのだ。

こういった祠などで神頼みをする場合、人の願いはだいたい同じようなものなのではないか。健康や金運、女性なら恋愛関係もあるだろう。

いま、バンコクで恋愛成就を祈る場所として最も霊験あらたかとされるのは、エラワンプームの近くにもうひとつあるパワースポットである。伊勢丹の正面にふたつの仏像が祀られる。一方は象の神であるガネーシャで、もう一方の「トリムルティ」がそれにあたる。

トリムルティとは、ヒンズー教における三大神「ブラフマー」「ヴィシュヌ」「シヴァ」は同じくらいの強さの神というコンセプト「三神一体」のことで、これを偶像化したものだ。元々はトリムルティに商売繁盛などを祈る人が多かったようだが、いつしか恋愛の神へと変貌していった。タイ人の幸せは突き詰めれば金銭的な成功になることから、古典怪談で有名なメーナークなど、タイのピー（精霊）は徐々に宝くじの神に変化していくことが多かった。しかし、ここはほかの神とは逆を行く、ちょっと珍しいケースになる。

伊勢丹の前に設置されたトリムルティ

この伊勢丹が入居するセントラル・ワールドが建っているのは王室の土地で、かつては、ラマ五世王の息子であるチュタートゥット・タラーディロック王子の邸宅「ペッチャブーン宮殿」だった。王子は一九二三年に三一歳という若さで亡くなっているが、存命中にはこのトリムルティの像はこの地にあり、これが第二次世界大戦時に連合国側の爆撃を躱《かわ》したという逸話がある。敷地に爆弾が落ちたこともあったが、そのときは不発になるなど、強い力があるとされた。二〇一〇年には、陸軍の鎮圧部隊の一斉攻撃に怒ったタクシン派の反政府集会参加者が、撤退直前にセントラル・ワールドに火を放ったものの、セントラル・ワールド自体は半壊したが、伊勢丹には火の手が回らなかった。これがトリムルティのパワーだと囁かれた。

ただ、このトリムルティに関して多くのタイ人が誤解しているようだ。トリムルティはペッチャブーン宮殿に建立されたというのは実は間違いで、実際にはラマ四世王の時代に「サ・パトゥムワン宮殿」に置かれたものだという。この宮殿は伊勢丹から西に九〇〇メートルほどのところにあり、バンコクの原宿とも呼ばれるサイアム・エリアに隣接する。元々サ・パトゥムワン宮殿にあった像を、一九九〇年のセントラル・ワールドの前身「ワールド・トレードセンター」開業時に移設した。サ・パトゥムワン宮殿が戦時中に爆撃されたという話は聞かないので、トリムルティの力は本当かもしれないという点に誤解はないと見る。

トリムルティへの参拝方法は、周辺の売り子からバラを買い、像に捧げるスタイルだ。毎

上／トリムルティが伊勢丹を守ったと噂される
下／恋愛成就の神になっているトリムルティにはバラが献花される

週木曜日の夜九時半に神が降りてくるので、そのときに一番ご利益が大きくなるという。

このときにも、どんな恋人がほしいか具体的に言うべきだ。似ている芸能人でもいいので具体的に容姿がどんなもので、年収はいくらと、婚活パーティーさながらのプロフィールを挙げると、トリムルティの方でも「じゃあ、彼を紹介してみようかな」となるそうだ。

普通の感覚ではプライベートな願望については恥ずかしくて堂々と声高に言えないが、それを乗り越えた者の願いだけを神は聞いてくれるのである。

邪気を吸い取る白い砂の洞窟

タイには、心霊スポットと同様、いわくつきのパワースポットがたくさんあるが、僕が足を運んだ砂の洞窟は身体の内外にまとわりつく不浄を洗い流してくれる場所として、日本人霊能者に教えてもらった場所である。

その霊能者はすでに日本に帰国しているが、元々は普通の日系企業駐在員の帯同家族としてタイにやって来た奥様で、ある日突然、バンコクの自宅で霊能力が開花したそうだ。彼女が行うのは物件の霊視のほか、除霊ではなく「浄霊」だ。除霊は取り除くだけになるが、浄霊は霊が性質の悪いものになった原因を根本から取り除き、成仏させることだという。

そんな彼女から、知人に連れていってもらった寺院にある砂の洞窟がすごかった、と聞い

邪気を取り除く砂の洞窟。写真や印刷を超えてその効力があるそうなので、邪気祓いにこの写真を触ってみてほしい

た。

「白い砂が敷き詰められているのですが、歩くたびに不浄なものが落ちていきました。穏やかな気持ちになれますし、定期的に行くべきところです」

ところが、彼女はタイ語がまったくできないし、地図が読めない。寺院の名前も地名も、なにもかもが不明だ。わかっていることは、エカマイ通りをまっすぐに行ったところ、という漠然とした記憶だけだった。

エカマイ通りは、起点がスクムビット通りで、北に向かって丁字になっている。ということは、北上しかありえない。そうなればラムイントラ通りという、バンコクのベッドタウンに相当するエリアなのではないか。そうあたりをつけた僕は、まず車でラムイントラ通りに向かった。

バンコクでは、ソイ（小路）の入り口にバイクタクシーが常駐する。バスなどの公共交通機関はタノン（大通り）しか走らないので、住まいやソイの奥からタノンに行く足としてバイクタクシーが利用されるのだ。基本的には常駐するソイを専門にした移動手段なので、運転手はソイの中に関しては精通している。しかし、そこで聞き込みをしても、砂の洞窟について、運転手は誰ひとりとして知らなかった。ただ、ラムイントラ通りソイ六五に大きな寺院があるという情報を得て、僕はそのソイをまっすぐに走ってみた。

幸い車移動だったのでエアコンが効いているが、窓外は陽射しが強い。水滴を垂らせば一瞬にして蒸発するようなアスファルトの道を進み、僕はある寺院を見つけた。平日昼間の暑い時間にタイ人は動かないため、境内は閑散としている。静まりかえる寺院内に、砂の洞窟はない。

今回はあきらめて帰るか。車に乗り、スマートフォンで地図を見ると、高速道路の入り口は寺院を出て左折した方向だと示されていた。それに従って少し進んだとき、ただただ僕の脳裏に閃《ひらめ》くものがあった。

「違う。反対だ」

僕は車をUターンさせ、右折の方向へと進んだ。途中、分岐点が現れたが、ここでも心の中のなにかが右だと叫んだ。そして、二分も経っていないころ、目の前に焦げ茶色の高い塀が現れた。リゾートホテルの外壁のような雰囲気だが、すぐに感じた。間違いない。ここである。

僕は車を近くに停めて、中に入った。入り口から庭園が見え、外壁と同様、リゾートホテルのような雰囲気を感じるが、そこにいるのは白い袈裟《けさ》を着たメー・チー（尼僧）だった。近くにいたメー・チーを呼び止めて訊ねる。

「ええ、砂の洞窟はあちらです」

呼ばれるように僕はたどり着いた。聞けばこの施設は「サティアン・タンマサタン」と呼ばれる宗教施設だった。

日本人はサティアンと聞くと、地下鉄サリン事件など多くのテロ事件を引き起こした新興宗教団体・オウム真理教が山梨県上九一色村《かみくいしきむら》（当時）に置いていた施設を思い出すのではないだろうか。もちろん元々は、あんな禍々《まがまが》しい施設を指す言葉ではない。タイ語の、サティアンは安定した、とか、不変の、とかいった意味合いだ。サティアン・タンマサタンは不変の真理、あるいは不変の真理を求めるといった意味になる。要するに、ここは寺院ではなく、広場のような空間である。また、タイでは女性の出家者であるメー・チーは僧侶と認められていないので、寺院に住めない尼僧たちの生活の場でもあるのかもしれない。

サティアンの中は美しい庭園になっていることもあって、表と比べて数度は気温が低いと感じる。施設内は土足厳禁で、入り口で靴を脱がされた。人が歩く道にはすでに砂が敷いてあり、足下がひんやりとして心地いい。

目的の砂の洞窟は本物の洞窟ではなく、人工岩でできたもののように見えた。その中に砂が敷き詰められている。エアコンもなにもないが、なお涼しさがあって気持ちがよかった。これが浄化されていく感覚なのだろうか。

キーワードだけでたどり着けたパワースポットである。おそらく、最初に訊ねたバイクタクシーの運転手はここを知らなかったのではなく、僕がワット（寺院）と訊いてしまったからサティアンが挙がらなかったのだろう。一般的なタイ人は、質問に対して相手の意図するところを汲み取って答えてくれる人が少なく、質問そのものだけに答える傾向にある。

すべての人ではないけれども、悪く言えば想像を働かせて先回りをする人が少なく、会話が一問一答で終わってしまう。特に外国人だと相手がなにを言っているかそもそも理解できていないこともよくある。タイ語は音の高低で変化をつける声調、息を吐きながら発声する有気音、その逆の無気音など、発音するだけでもテクニックがいる。そして、そんなタイ人の耳はタイ人の発音にしか対応していない人もいる。日本でいう「片言」がいっさい通用しないのだ。二〇年いる僕でさえ、ときにまったくタイ語が通じないときがある。

それでもなんとか、ただのひらめきでたどり着いたわけだ。いくつもの思いつきが重なって、すべてが正しかった。僕の人生ではかなり珍しいことだ。たとえば、東南アジアの空港は入国係官の人数が少なく、入国審査に一時間も並ばされることはよくある。そのとき、いくつか列があった場合、ひらめきで選んだ列は十中八九、進み具合が遅い。そんな運のないこの僕がまっすぐに来られたのだから、これはまさにこの砂の洞窟に「呼ばれた」にほかならないのだといまでも信じている。

12 タイでは珍しい墓地

二〇一六年一〇月一三日に、プミポンアドゥンヤデート前国王が崩御した際は、国民は一年間喪に服したあとに葬儀が行われているが、一般人が亡くなった場合でもタイでは七日間前後の長い時間をかけて葬儀を執り行う。そのため、特殊な遺体保存技術のエンバーミングもあるにはあるが、一般的には冷蔵装置つきの棺桶《かんおけ》が利用される。

葬儀の間は毎日決まった時間に棺の前に僧侶が来て読経する。葬儀会場はバンコクだと寺院に併設される葬儀場が多く、地方では自宅などだ。葬儀が終わると棺桶は近くの寺院へと運ばれ、茶毘《だび》に付される。このとき、亡くなった人物の家族や親族らのうち、特に若い男性が出家して棺桶を運ぶ列の先頭に立つ役割を担うことがある。たった数時間だけ僧侶になるのだ。

大概の寺院には火葬場がある。しかし、日本の火葬場よりも火力が弱いからか、お骨を上げられるようになるまでには一日以上かかる。そのため、火葬用の窯《かま》に点火するまでが葬儀で、参列者はそこで帰り、遺骨を拾うときは家族だけになることも少なくない。拾った骨は海や山に散骨する場合もあるが、多くが寺院のジェーディーと呼ばれる仏塔に納められる。人種としてのタイ人は家ごとに墓を持つ習慣がないのだ。

とはいえ、タイ国内に墓地がないわけではない。ミャンマーとの国境に近い、映画『戦場にかける橋』の舞台として有名なカンチャナブリー県には、第二次世界大戦で日本軍の捕虜として連れてこられて泰緬《たいめん》鉄道建設の強制労働を強いられ亡くなった英米の兵士の墓がある。日本軍が亡くなった連合軍の捕虜や民間の作業者たちのための慰霊塔も造っており、いまは「タイ国日本人会」が毎年法要を行っている。

このタイの日本人会は、チャオプラヤ河の西岸にあるトンブリー地区の寺院「ワット・ブーラナ」に「日本人納骨堂」も持っている。一九三五年に完成し、一八九五年に亡くなった人を筆頭に、現在に至るまでおよそ六〇〇人の遺骨が納められている。

ほかにもバンコク都内に墓地はいくつか存在する。主に中国人の移民の墓だ。かつてバンコクの中心地は、チャオプラヤ河沿いにある、タイで最も格式が高い寺院で知られるワット・プラケオの辺りだった。当時の華僑(タイ国籍を取得していない中国移民)は現在のカンボジア人やミャンマー人、ラオス人のようにタイ国内での地位が低く、いまでこそ政治や経済を牛耳るタイ華人（国籍取得済みの中華系タイ人）ではあるが、華僑だった当時は肉体労働などをするしかなかった。そのころは都の隅に追いやられていたこともあって、与えられていた住まいが、いまの中華街であるヤワラー通り近辺やサートーン通りになる。

そういった事情から、スカイトレインBTSチョンノンシー駅からチャオプラヤ河に面するBTSサパーンタークシン駅の間に中国人の墓地が数か所ある。ほとんどが古い墓地で、新規で埋葬される人はほとんどなくなっているようだが、タイにもいくつか墓にまつわる怪談が存在するので紹介しよう。

サッカーファンの有名人の死が墓に関係していた？

バンコクにおける最も新しい奇怪な噂は、日本人でも記憶にある人もいるかと思うが、英国のサッカーチームのオーナーの怪死である。

タイは二〇〇六年から政治的に情勢が不安定な国で、その元凶とも言えるのがタクシン・チナワット第三一代首相だ。彼はタイ北部チェンマイ出身の華人で、タイの携帯電話の最大手企業を起ち上げた人物でもある。クーデターで首相の座を追われ、国外逃亡中の現在でも屈指の大富豪である。

タクシン元首相は一時期、イギリスの名門サッカーチーム「マンチェスター・シティーF

C」のオーナーになるなど、サッカー好きのタイ人が愛してやまないサッカーリーグに関わっていた。このころからタイの大富豪が外国のサッカーに金を出すようになり、タイの免税店「キングパワー」のオーナーもまた二〇一〇年から「レスター・シティーFC」を買収していた。

タイの国庫の実情は火の車のようだが、経済活動は表向きには活気があり、高級デパートやホテルなどが各地にオープンし、いまも建設中である。見た目では投資が盛んなのだ。

そんななか、二〇一六年八月に、BTSチョンノンシー駅前に「マハナコーン」という高さ三一四メートルの、開業当時はタイで最も高い、複合施設のビルがオープンした。ブロックが欠けてデジタルな様相を呈したデザインが特徴だ。二〇一八年一一月、屋上に飲食店つきの展望台がオープンし、床面の一部がガラスになった内装などが話題になる。このビルの持ち主が同年四月からキングパワーになった。名称も「キングパワー・マハナコーン」と変わっている。

そんなバブリーなキングパワーに関連した衝撃的なニュースが、半年後の一〇月二七日、タイ国内を走り抜けた。キングパワーのオーナーであるウィチャイ・シーワッタナプラパー氏（当時六〇歳）が、英国でチームを視察中、ホームスタジアムから飛び立ったヘリコプターごと墜落死したという臨時ニュースだった。パイロットや秘書など、乗員五人全員が命を落としている。この事故が実はタイでもトップクラスの高層ビルであるマハナコーンの買収に関係しているのではないかと囁かれている。

スカイトレインに乗り、都心部からBTSチョンノンシー駅に向かってくると、左に大きく曲がるカーブの右向こう側に墓地が見える。ここはタイに移住した中国福建省出身者たちの墓地で、どの時間帯でも中に人がいる気配がない。厳密には「霊園」なのかもしれないが、規模的に小さく、また正門には祠《ほこら》や中国式の寺のようなものもあるので、ここは「墓地」と呼ばせてもらう。

新しい噂の対象となるマハナコーンの外観

この一帯は昔の中華系移民を始めとした外国人墓地などがあり、マハナコーンもまたかつては墓地だった土地を開発して建造したといわれる。もちろん、かつて墓地だった土地が必ずしも霊的に悪い土地というわけではないので、日本でいうところの、心理的瑕疵《かし》物件と言える。

実際、マハナコーンの裏、シーロム通り沿いにあったクリスチャン向けの墓も二〇一九年初めに取り壊され、入り口にはキングパワーのロゴをつけた看板が掲げられている。ほかにマハナコーンに隣接するように、先の電車から見えた福建省出身者、客家《はっか》系中国人のための墓地が残っているが、ここもそのうち消滅してしまう可能性もある。

オーナーの死から語られる噂は、開発時にこの土地を鎮魂した僧侶（あるいは霊媒師かもしれない）から、「向こう五〇年間は霊を鎮めるために空き地にしておかなければならない」と忠告されていたことだ。しかし、都心の一等地を五〇年も寝かせておけない開発会社は、僧侶の言いつけを守らずビル建築を始めてしまった。そこをキングパワーが買収し、オーナーが不運の死を遂げる。亡くなったのが一〇月二七日だが、この数日後の一一月三日にマハナコーンの開業（あるいは買収）に伴うお祓《はら》いのような儀式を行う予定だったそうだ。オーナーはその直前に亡くなったことになる。

また、開業当初、ビルの前にはタイ文字を繋ぎ合わせて人の形を造ったオブジェがあった。偶然ではあるが、このオブジェに並んだタイ文字がちょうど「ソップ」になっていた。すべての文字が縦横斜めに関係なくバラバラに並んでいたのに、ソップだけが向きも揃って単語ができあがっていたのだ。ソップとは死体を意味する。このことから、オーナーの死は墓地の祟りだったのではないかと噂されているのだ。

3／タイ現代怪談巡礼

上／クリスチャンの墓地を移転させ、マハナコーン駐車場にしている
下／「ソップ」のオブジェはもうなくなってしまった。マハナコーン前の広場

世界でも類を見ない組み合わせの墓地が有名スポット

マハナコーンがあるBTSチョンノンシー駅の隣にBTSスラサック駅がある。この駅から少し南に下っていくと、いくつか、古い墓地がある。バンコクでは珍しいイスラム教の墓地もあるし、やはりこの辺りで大きな墓地は中華系タイ人が埋葬されている霊園になる。そのなかでも寺院「ワット・プロック・ヤーンナワー」近辺はタイでもかなり知れ渡っている有名な心霊スポットだ。

ワット・プロックの隣にある大きな霊園は、元々は高速道路を挟んで反対側にある寺院「ワット・ドーン」の横にあった「スーサーン・ハイラム（海南霊園）」と繫がっていた。ワット・ドーンはミャンマー系の移民が建立した寺院で、古典怪談に出てくる餓鬼のプレートが徘徊するといった怪談がある寺院だ。周囲はよく言えば昔ながらの下町で、悪く言うとスラム街のような、夜間には歩きたくない治安的な危うさを感じる地域でもある。

スーサン・ハイラムは、昔は僕が所属する救急救命の慈善団体・報徳堂が無縁仏を埋葬していたが、近代化において道端で行き倒れとなる身元不明者が減少したことから十数年前に閉鎖となった。高速道路も建設され、墓地だった土地は完全に分断された形となり、現在海南墓地は外壁だけが残っている状態である。そして、ワット・プロックの隣だけに墓地が狭まり、いまは潮州系華僑・華人の霊園になっている。

上／潮州霊園の墓石はひとつひとつが大きい
下／この通りには霊園のほか、仏教寺院、ヒンズー寺院などあり、ピーの目撃談が多い

中国人の移住は、一八〇〇年代後半から戦前までが特に多く、なかでもバンコクは潮州県の出身者が多数を占めた。潮州県は広東省の一部で、バンコクに初めて王朝を置いたタークシン王の父親も潮州人だったとされる。タイ料理は潮州料理と共通するものが多いことからも、その影響力がわかる。特に米粉麺の料理クイッティアオは中国語では「粿條」と書き、潮州県の名物でもある。読み方は「クエティオウ」という。まさにタイ料理と潮州料理の繋がりの象徴である。

ワット・プロック隣の霊園は「潮州山荘」という看板を掲げ、タイ人には「スーサーン・テージウ（潮州霊園）」と呼ばれる。土地はかなり小さくなったとはいえ、いまも広大な墓地になっている。

そして、ここがまさにバンコク人にも有名な心霊スポットになっているのだ。複数の人たちがグループで墓地内や外の通りを歩いていることが目撃されるが、実際に生身の人間はひとりだけだったという話や、人が歩道に佇《たたず》んでいるように見えたものの、近づく、あるいは遠ざかるときには消えているなどの怪談は枚挙に暇《いとま》がない。地元民も認める、正真正銘の心霊スポットなのである。

このスーサン・テージウは表の看板通り、潮州人の団体・泰國潮州會館が管理している。墓地として現役の雰囲気を出してはいるものの、すでに満杯の状態で、新たな埋葬者はない。仮にいっぱいではなくても、タイはマレーシアやシンガポールと違い、華人は同化政策で完

バスケットボールのコートの横に墓地がある

全にタイ人化したため、中国系タイ人にも埋葬の習慣がなくなっているのだとか。
スーサン・テージウがマハナコーン近辺の墓地と違うのは、ここは人の出入りが活発であるという点だ。というのは、霊園の空いたスペースに簡易的な小屋が建てられ、そこにランニングマシーンなどのジム器具が設置されているのだ。霊園内の小道はジョギングコースという、世界でも珍しい運動公園ならぬ、「運動霊園」になっているのである。たしかにタイの公園はどこもジムが設置され、格安でトレーニングができる場所になっている。だからといって、墓の横で運動をさせるというのは合理的を通り過ぎているような気がしないでもない。
墓にはいまも埋葬された中華系タイ人

が眠るし、昔に無縁仏としてスーサン・ハイラムへ報徳堂によって埋葬された遺体の一部は後述する「洗骨」で掘り起こされ、このスーサン・テージウの小高い丘の下に埋葬し直されている。その数は実に八万人分にもおよぶ。

健康を気にするのは、すなわち死への抗いだ。生と死のコントラストがこれほどまでにくっきりしている運動公園がほかにあるだろうか。ここで運動しても健康になれそうにない。

無縁仏の墓を開けてみると

タイでは、無縁仏は中華系の慈善団体——僕が所属する救急救命活動を行う報徳堂などの墓地に埋葬される。一般的なタイ人、つまり仏教徒だと火葬になり、骨は散骨か寺院の仏塔に預けられる。キリスト教やイスラム教にもそれぞれ墓地などがあり、定められた場所に葬られる。

ただ、かつては路上生活者など、身元がまったくわからない死体があり、処理に困りはてるということがよくあった。そこで報徳堂が始めたのが、身元不明者の遺体の回収と埋葬という仕事だ。報徳堂は元々遺体回収が本業だったのだ。その際は信仰などがわからないので、中国式で埋葬している。

タイには日本の戸籍のようなものがなく、代わりに住居登録証がある。持ち家があればそ

上／無縁仏の墓地。　下／数年ぶりに開けられたコンクリートの棺には白骨化した遺体があった。

こに登記して、銀行の通帳のような形の手帳に個人番号（日本のマイナンバーのようなもの）や氏名、両親の名前などが記載される。持ち家がなければ、実家や親類、知り合いの家に記載させてもらう。かつてはこの住居登録証などの情報がオンライン化されていなかったが、いまは行政のパソコン端末で身元がすぐに判明するようになった。そのため、昨今は身元不明のまま行き倒れる人がほとんどいなくなっている。

ただ、もし無縁仏となった場合には、回収した慈善団体所有の墓地に埋葬され、一定期間が過ぎる、あるいは墓地が満杯になると墓を掘り起こし、遺骨を部位ごとに分けて別の場所に埋葬しなおす。先のシステム化により身元不明者が少なくなったため、掘り起こすまでの期間は五年以上とだいぶ長くなったが、いまでも各所で行われている。

これは中国や日本の鹿児島、あるいは沖縄などに残る風習「洗骨」に似ている。タイの場合は無縁仏を一斉に掘り起こすので、かなり大規模だ。白骨化している場合は泥を洗い流す作業だけだが、ミイラ化や屍蝋《しろう》化している遺体や埋葬されて長くないものは肉が残っている。その場合は肉をカッターで削ぎ取り、頭蓋骨なら頭蓋骨、大腿骨は大腿骨などと部位に分けて集めていく。

僕もバンコクから西に直線距離で七〇キロほど行ったサムットソンクラーム県の無縁仏の洗骨に参加したことがある。

墓は案外立派で、コンクリートでできていた。男女、子どもの三か所に分けられて埋葬さ

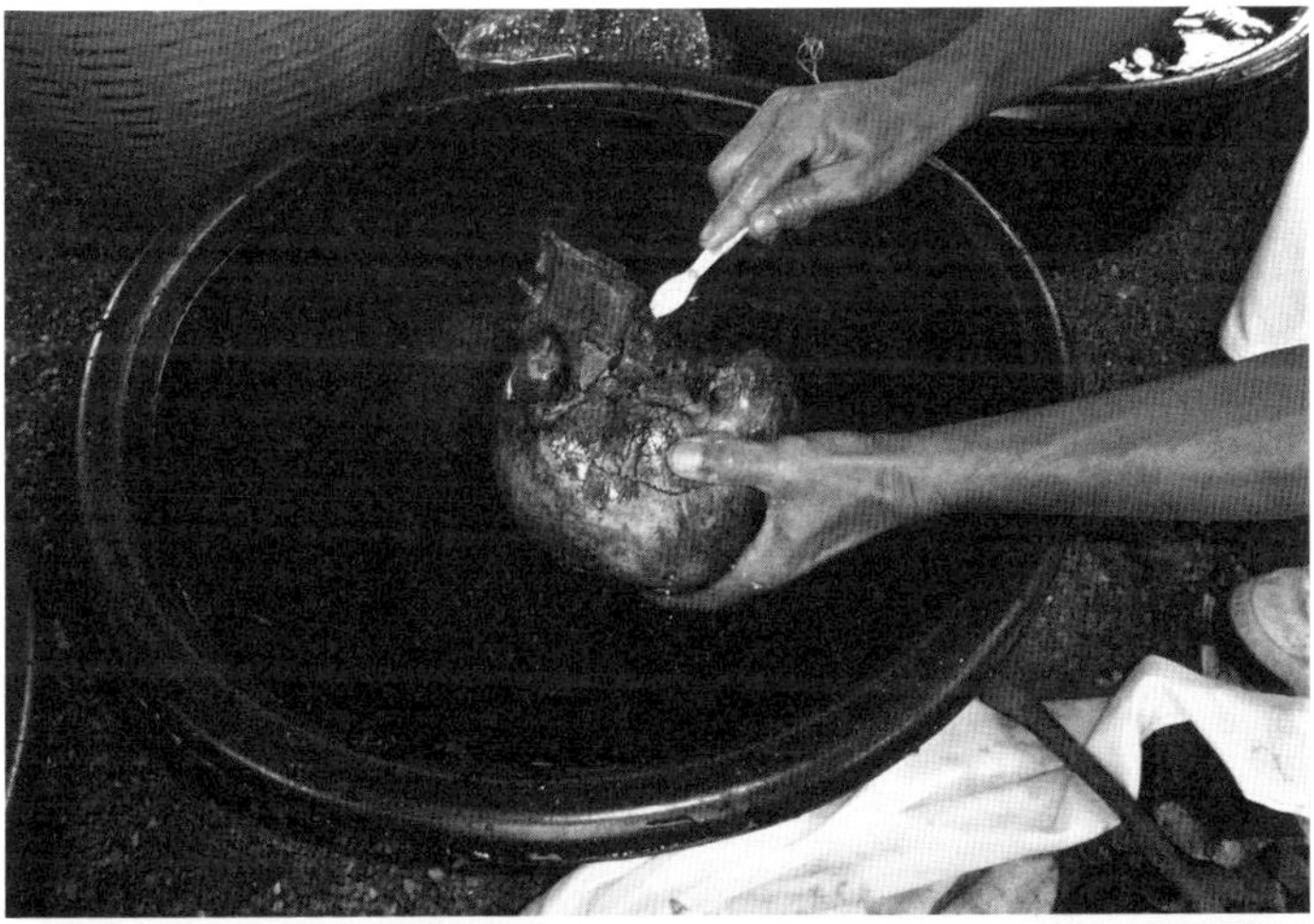

上／歯ブラシなどで洗っている。　下／部位に分けられた人間の骨。

れている。その墓はすでに五年以上新たな埋葬がなかったということで、すべて白骨化している状態だった。

その日は気温三〇度超で快晴だった。容赦なく照りつける太陽とは裏腹に、墓の蓋をバールでこじ開けると、ひんやりと湿った空気と共に、肉が腐敗した臭いが立ち上ってきた。身体全体の原型を留めている遺骨もあったし、細い骨は粉々になっているものもあった。また、死肉を餌《えさ》にしていたのか、巨大なムカデが繁殖している墓もあった。

墓を掘り起こすと、できるだけ取りこぼしがないように骨を拾い、またその場で土や草、ゴミなどを取り除く。それらがある程度集まると、たらいの中でたわしや歯ブラシを使い、まさに洗骨するグループに引き渡される。泥の落ちた骨は部位ごとにきれいに並べられた。

そんな骨のなかにひとつだけ奇妙なものがあった。足首の骨であるが、サンダルと足首が糸で縛られている。タイの仏教では結界を張るときや、僧侶が神秘的な力を信者に分け与えるときにひもを使うが、まるでそのような状態で縛られているようだった。不可解なのは、その骨とサンダルを貫くように、一本、太い釘が刺されていたことだ。

現場にいたタイ人に訊いたが、どんな意図があるのかはわからないと言った。

「ただ、可能性としては、亡くなった男性があの世で浮気をしないようにしたのかもしれない」

彼はそう言ったが、ここは無縁仏の墓である。後日、仏教の知識に詳しい別のタイ人にそ

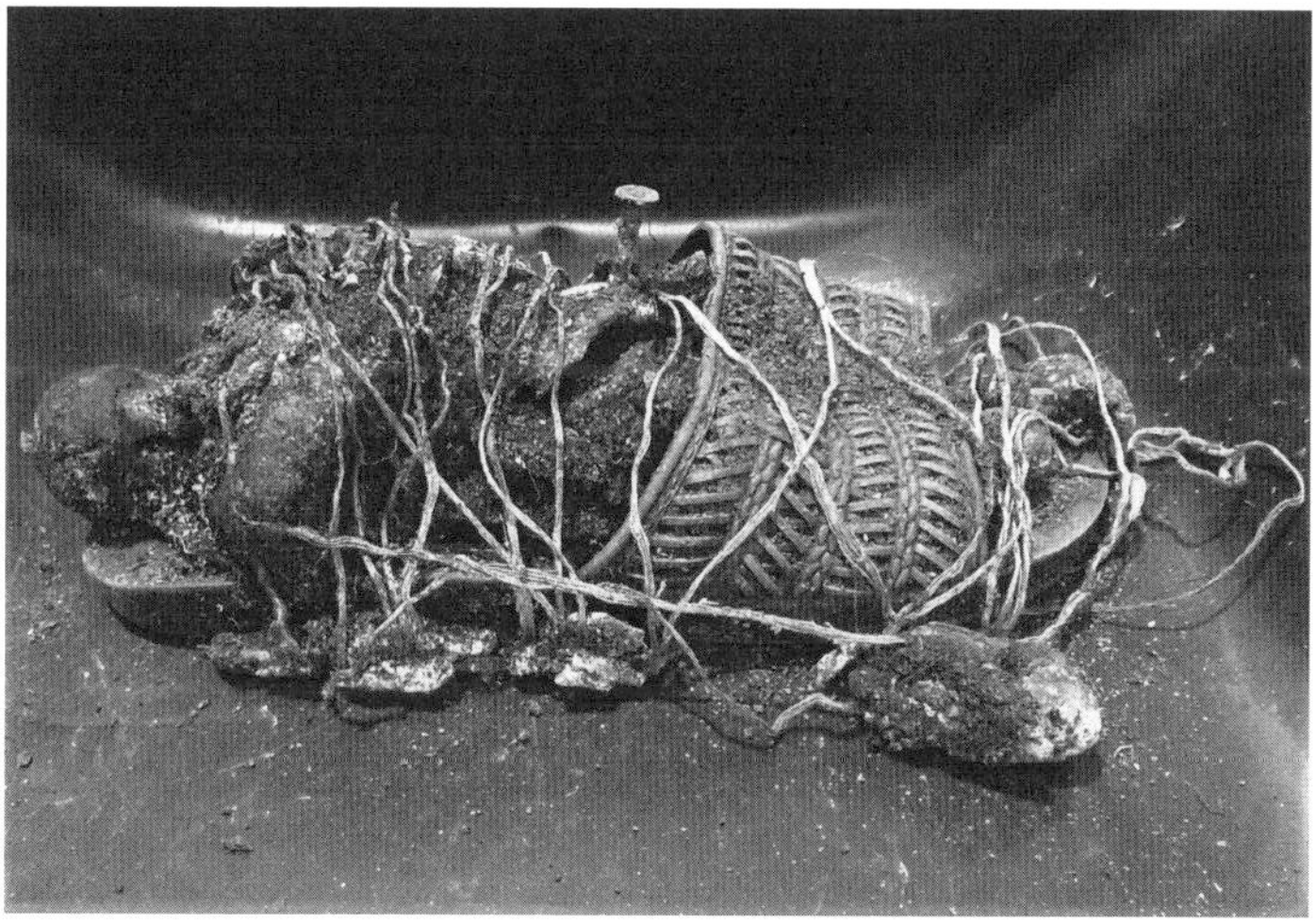
発見された釘が刺された足首

の画像を見せると、やはり意図はわからないと言う。
「タイの仏教にこういうのはないですね。もしかしたら、なにか悪いことをした人で、ピー・ドゥ（悪霊）になって彷徨《さまよ》い出ないよう、ここに縛りつけるために釘を足に刺したのかもしれないです」
この人の見解では、そのサンダルがそもそもタイ人の履くタイプではなく、カンボジア人のもののように見えるそうだ。たしかにタイでは呪術関係の作法や道具はカンボジア発のものが多い。第1章でタイ版座敷わらしとして紹介したクマントーンの本物を作ろうとして逮捕された呪術師は、師匠や子どもの死体の入手先をカンボジアに持っていた。また、タイの護符刺青であるサック・ヤンも、身体に刻まれる経文のような文字はクメール文字に近いものである。だから、この「足に釘」もカンボジアの宗教的な儀式だった可能性は考えられる。

仏教徒が多いタイだが、このあたりは曖昧というか、タイ人らしいおおらかさで適当に埋葬してしまうようである。

4／東南アジア各国編

島国の日本からすると、「国境」を言葉では理解していても実際的なところは想像しがたい。国境を有する国で暮らしてみると、それぞれの国同士の関係でさまざまな善し悪しが存在するが、どの国でも共通するのは、地図上で見られるように文化や習慣がきっちりと線で分断されるのではなく、グラデーションのように徐々に色が変わっていくようだ。

東南アジアは、南国という一見似たような雰囲気はあるものの、国の核を形成する部分はそれぞれで異なり、特色がある。似た地域、と一括りにすることはできないのだ。心霊に関する事柄も同様だ。似ている部分はありつつ、各国でその魅力は違う。ここではそんな東南アジアの八か国の怪談を見ていこう。

1―ベトナム社会主義共和国

ベトナム人もまた日本人と同じように怪談話が好きな国民性だと僕は見ている。ネットや日常の会話の中でも怪談が出てきたり、ときにはニュースでも心霊ネタが取り上げられているようだ。

ベトナムはご存じのように一九五五年から七五年まで延々と戦火の渦中にあった。歴史的にもベトナムは対中国、対フランス、対日本と何百年も独立を勝ち取るために戦い、最後には南ベトナムおよびアメリカ対北ベトナムの「ベトナム戦争」に突入する。分断されていた南ベトナムとの統一の内戦であり、大国アメリカとの戦いだ。米軍死者約六万人に対し、北ベトナム軍と解放戦線側は推定一一〇万人が犠牲になったという激しいものだった。この戦争で、ベトナム国内は軍人だけでなく、南北で二〇〇万人もの民間人も亡くなったとされる。そのため、二一世紀に入ってさえ、いまだ行方不明のままになっている人も数えきれないほど存在する。

そんなベトナムで戦時行方不明者を探すのが霊能力者である。この世の中には科学では説明できない事柄が存在する。まったく信じない人は信じないわけであるが、現実に霊能者が遺族を救済しているのも事実だ。

ここではそんなベトナムにおける、霊にまつわる話を見ていこう。

第三の目を持つ農村の女性

僕がベトナムの首都ハノイで新妻東一《にいづまとういち》氏にお目にかかったのは二〇一七年一二月のことだ。ハノイの一二月は非常に難しい時期で、ある年は気温一〇度を切ろうかというときもあれば、別の年には三〇度近くの夏日が続くこともある。年度だけでなく週によっても違うことがあり、訪越の際には着ていく服を選ぶことが難しい。僕が訪れたこの年は、夜間には一五度を切るか切らないかの、どちらかといえば寒い年であった。

新妻氏は、学生の研究や企業研修向けの特殊な旅行をメインに扱う旅行代理店を営みながら、ときどきテレビ取材のコーディネートも行う。日本のテレビ局の海外取材は、現地在住の日本人などが当地で情報収集し、撮影クルーのアテンドやロケーションのコーディネートを行う。近年は、アジアのどの国も取材許可の申請や、コーディネートに関する法令が厳しくなっていて、専門の企業が対応したり、広く情報を持っている旅行代理店が日本のメディアを受け入れたりしている。新妻氏はそんな仕事のなかで出会ったある特殊能力者と親しくなり、その人物の自伝に関する日本語出版権を有する。

その能力者はホアン・ティ・ティエムさんという女性だ。現在四〇代後半で、二〇〇七

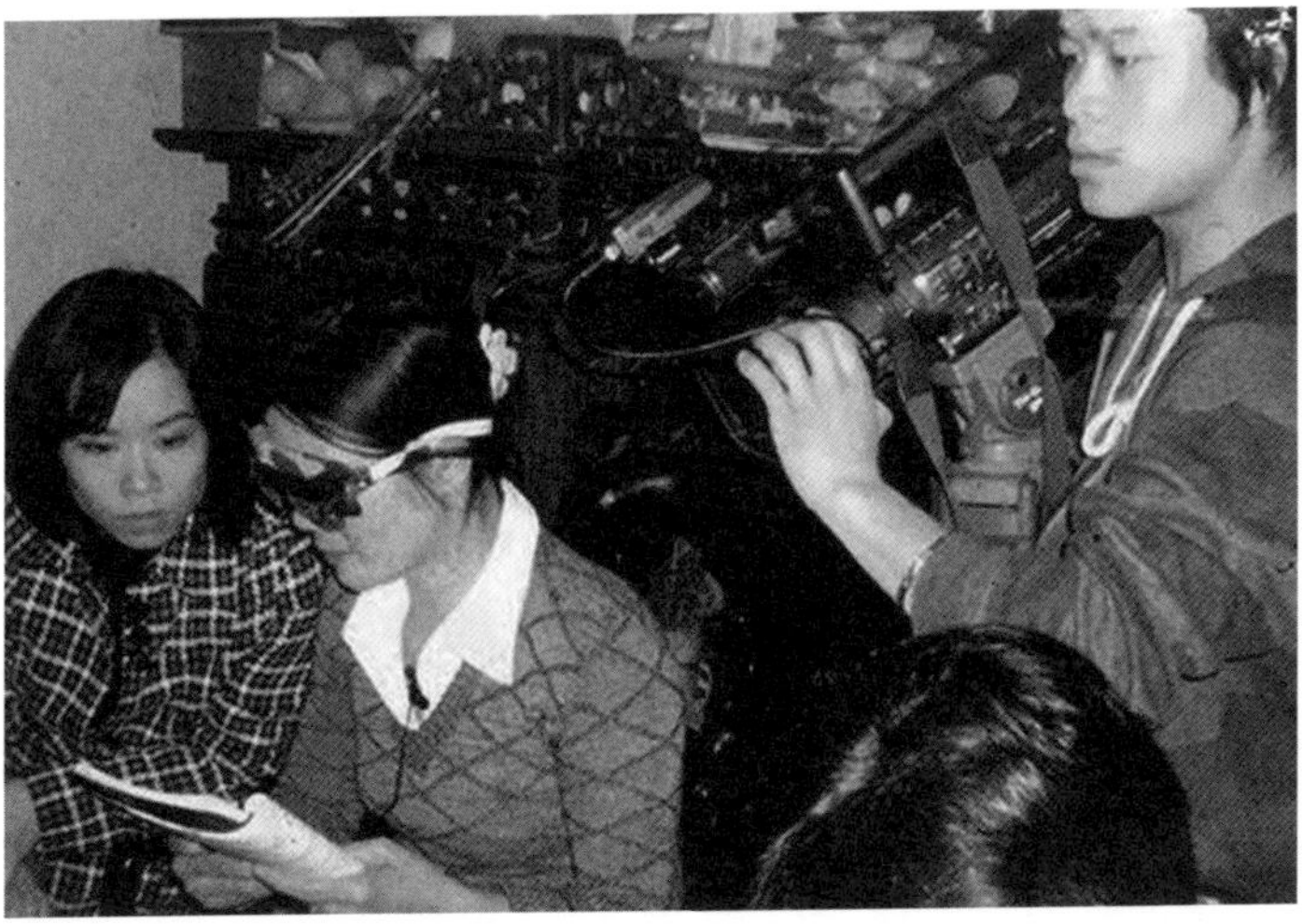

「第三の目」を持つホアン・ティ・ティエムさん。日本のTV取材が入ったときの様子。目隠しされている（撮影：新妻東一）

年七月に日本のテレビでも取り上げられた。それ以前からすでにベトナムでは有名で、噂を聞きつけたテレビ局が新妻氏を介して彼女の身元を突き止め、取材したのだ。新妻氏もこのときに初めてティエムさんに会った。

ティエムさんが持つ特殊能力とは「第三の目」があることだ。昔は「心眼」ともいわれたようだが、詳しく聞くとどうもそれとは違うようだ。心眼とは、文字どおり心の目で物事の本質を見抜くことであり、ティエムさんの場合は、眼球以外のパーツ――眉間・両方のこめかみ・鼻の先から物体を見る。

動画サイトでその番組を確認すると、目隠しをされながらもたしかに目が見えているかのようにカードを探し当てるシーンがあった。当時、ティエムさんはハノイから二時間弱で行けるホアビン省の小さな村に暮らしており、有名になる前はただの農家のお母さんであった。あるとき友人の勧めで瞑想教室に通うようになり、そのときに第三の目が開眼したという。

そうしてベトナムで一躍有名になり、日本のテレビ番組にも数回呼ばれてその能力の高さを見せつけたティエムさんだったが、いまはその能力は封印してしまった。新妻氏によれば「あえて見えなくなったということにしています」という。

有名になったとはいえ、元々ベトナムでもその能力に対して疑問の声があった。ティエムさんはそれに傷つけられてきた。そして、新妻氏の力がおよばないところで日本のテレビ番組側がティエムさんに医学的な検査を受けさせてしまう。たしかにその映像も動画サイトにあったが、医師は原因が突き止められなかったというニュアンスを含みながらも、「アイマスクのわずかな隙間から視力〇・一レベルで外を見ていると推測する」という無理矢理こじつけたような答えを出した。ティエムさんはこれがきっかけで自分の能力を閉ざした。

さらなる能力の開花で行方不明者を見つけ出す

もちろん話はここで終わらない。ティエムさんは別の能力を開花させ、ベトナムの過去と現在を繋げている。

先述のとおり、ベトナム戦争で北ベトナムは勝利したものの、被害もまた甚大だった。日本ではあまり知られていないが、いまだ何十万人という北ベトナム側の兵士や民間人が家族の元に帰れていない、戦時行方不明者になっている。ベトナムは山が多く、米軍の攻撃も激しかったことから遺体がどうなったのかすらわからない状態なのだ。

ティエムさんはいま、ベトナム国内、あるいは隣国のラオスの山中で人知れず亡くなった人々の魂に呼びかけ、居場所を見つけ出すという仕事をしている。亡くなった人の霊に呼応できる霊能力を身につけ、所在が推測される現地で、ときには電話越しに遺骨捜索を行っている。新妻氏自身は遺骨捜索に参加したことはないが、ある場面を目の当たりにしたそうだ。

「ある家族の父親の遺骨をティエムさんが見つけ、その葬儀にティエムさんに誘われて行ってみたんです。そのときに不思議なことが起こりました」

ベトナム戦争で行方不明になった夫であり父親を、その家族は何十年も探してきたが見つからず、最終手段として霊能者による捜索に頼った。このときに担当したのがティエムさんだった。そして、彼女は家族に父の遺骨を返すことに成功した。

死後何十年もしてからの葬儀のとき、死亡した父親の顔さえ知らなかった息子の妻がふらりと立ち上がり、葬儀に参列していた存命の戦友に話しかけ始めたという。新妻さんの目の前で、である。遺族によれば、話し方も亡くなった父親に似ており、家族でさえ知らない戦友の名前と思い出話まで語った。

「しばらくはティエムさんも見ていたのですが、それ以上長引くと死者に身体を乗っ取られるということでお祓《はら》いをしました。そのあと、その妻はそのときのことをまったく憶えていないと言いました」

初めてお目にかかった新妻氏ではあるが、氏が趣味の悪い嘘をつくような人物ではないことは断言できる。

ベトナムではこういった霊能力を持つ人を「ニャーゴイカム」と呼ぶ。ティエムさんだけでなく能力者は数多くいて、研究もされているようだ。主に応用情報科学技術連合と、ハノイ物理院に事務局がある人間潜在能力研究所がそういった能力者の研究や活動を支援している。日本の番組に出る以前の二年間、人間潜在能力研究所はティエムさんの透視能力を研究し、第三の目は本物だと認定していた。そんな事情もあって、ティエムさんもこういった民間団体に所属して、戦時行方不明者の遺骨を探す仕事を引き受けている。

ただ、ベトナム政府は霊能力者の存在を認めていない。そのため、霊能力による遺骨探しはあくまでも民間団体によるもので、ベトナム市民もすべての人がそれを信じているわけではない。基本的には行方不明の家族を探す過程での最終手段として依頼しているようだ。

二〇一三年には、残念ながらこういった霊能力者の遺骨探しが詐欺《さぎ》だったという大きな事件も起きている。政府側も犯人を詐欺師だと断言し、自称霊能力者たちを糾弾した。同時に、ベトナムの科学者も大多数が霊能力による遺骨探しはいかさま師の金儲けだと声明を発表している、とウェブニュースにある。

ところが、その声明の内容をよく読むと実におもしろい言葉が見えてくる。

「霊能力者の遺骨探しは的中率が低い。本物の霊能者であっても、時期などによって的中率は変動し、三〇から七〇パーセント程度の確率でしかない」

霊能者の遺骨探しは詐欺だと決めつけつつ、声明には「本物の霊能者」を暗に認めてしまい、すべてがペテン・いかさまだとは決めつけにくい心情との矛盾がかいま見えるのだ。

嘘かまことかは別にして、ティエムさんのように実際に遺族の心の救済に成功している能力者もいるのだ。その功績は素直に称えるべきではないだろうか。

ホーチミン市の公園の謎

ベトナムの心霊事情もタイに似ているのか、「なにかあった場所」が心霊スポットになりやすい傾向にある気がする。南部の都市ホーチミン市は、住民たちに南国人気質があることと、元々アメリカ側にいただけあって、わりとオープンな性格をしている。そんな彼らは日常的に会話の種に怪談話をする。

南部の都市ホーチミン市にもさまざまなスポットが存在する。たとえば外国人が特に多い

上／ホーチミン1区にあるのどかなタオダン公園
下／運動器具もあり、健康志向のベトナム人に人気がある

一区にある「タオダン公園」は深夜になると男の霊が恋人を探して徘徊しているという。これは英国のガイドブック『ラフ・ガイド』にて二〇一三年に紹介されたそうだが、それ以前から噂はあったようだ。

公園内は、昼間は木々が生い茂り、それらが日陰を作って過ごしやすく、のどかな場所である。出現の理由としてはかつてここで殺された男の霊だということだが、ベトナムは治安がよく、仮に本当に殺人事件が起こっていたとしても報道規制があるため、情報が少ない。ネット検索によれば一九八九年にこの公園で実際に殺人事件があったようだが、それ以外にめぼしい情報は出てこなかった。

しかし、いろいろと調べてみると、おもしろいのは実は本当かどうかわからない幽霊出現ではなく、そこに本当にある「ある物」なのだ。それは「墓」である。

飛行機でベトナムに降り立つと、特に首都ハノイの方は市街地までかなり距離がある。車での移動が必須なのだが、数十キロの道のりのなかでいくつもの墓を見かける。日本のように霊園になっておらず、田畑にぽつりぽつりと置かれているのだ。ベトナムの墓は基本的には土葬で、数年後に掘り出して洗骨するようだ。ただ、僕が見かけた田畑の墓はおそらく古いもので、今は土葬できる場所が限られ、共同墓地などが増えているようである。

ベトナムの墓石には亡くなった人の写真が埋め込まれていることが多い。しかし、このタオダン公園の墓にはそれがない。それどころか、そもそもこの墓がいつ、どうして、誰が造

謎だけが多い、タオダン公園の墓

ったのか、まったくの謎なのだとか。あるベトナムのウェブライターが調べたという記事では、考古学の教授らの協力の下、おそらく一七〇〇年代に造られた墓ではないかという結論を導き出している。まるで城塞のように閉ざされた構造で、数百年前の王族などの墓の様式なのだという。しかし、わかっているのはここまでだ。

普通の公共の公園でありながら、謎の墓を移設せずにぽつんと残してしまうセンスは個人的には好きである。

ホーチミンや首都ハノイで市民が噂する怪談や都市伝説は、ほかには殺人事件や火災などの事件・事故で多数の人が亡くなった建物などで起こる不可思議が圧倒的多数だ。そういったところには霊の目撃談が相次ぐ。この点は、日本にも通じるところがあるのではないだろうか。

兵士や革命家の霊気は強い？

ベトナム国内で邪悪な場所として最も有名な心霊スポットは、南部の島であるコンダオ島に一八六二年に建設されたコンダオ刑務所、別称タイガー・ケージである。ここにはたくさんの革命家が収容され、残虐な手法で処刑されてきた。

ホーチミン市の博物館内にあるベトナム戦争証跡博物館にはその様子が再現されたブースがある。ベトナムは社会主義国であることから、博物館の大半が愛国心を鼓舞するような意図が透けて見える展示品が満載だ。つまり、アジアで唯一、アメリカやフランスに勝ったということを強調する展示品ばかりなのだが、ここだけは主にベトナム戦争で受けてきたベトナム側の被害を並べる。展示品も欧米の報道写真を多く使い、なかには日本の報道カメラマンである沢田《さわだ》教一《きょういち》や一ノ瀬《いちのせ》泰造《たいぞう》の写真や、彼らが使っていたカメラの紹介まであるほど詳細だ。一部分は日本語の解説板もあるなど、ベトナムの博物館では異色だと言っていいだろう。

そんなベトナム戦争証跡博物館に再現されたタイガー・ケージには刑務所内の様子を再現した実寸大の模型やギロチンなどが展示され、現地に行かなくても充分に寒気を感じること

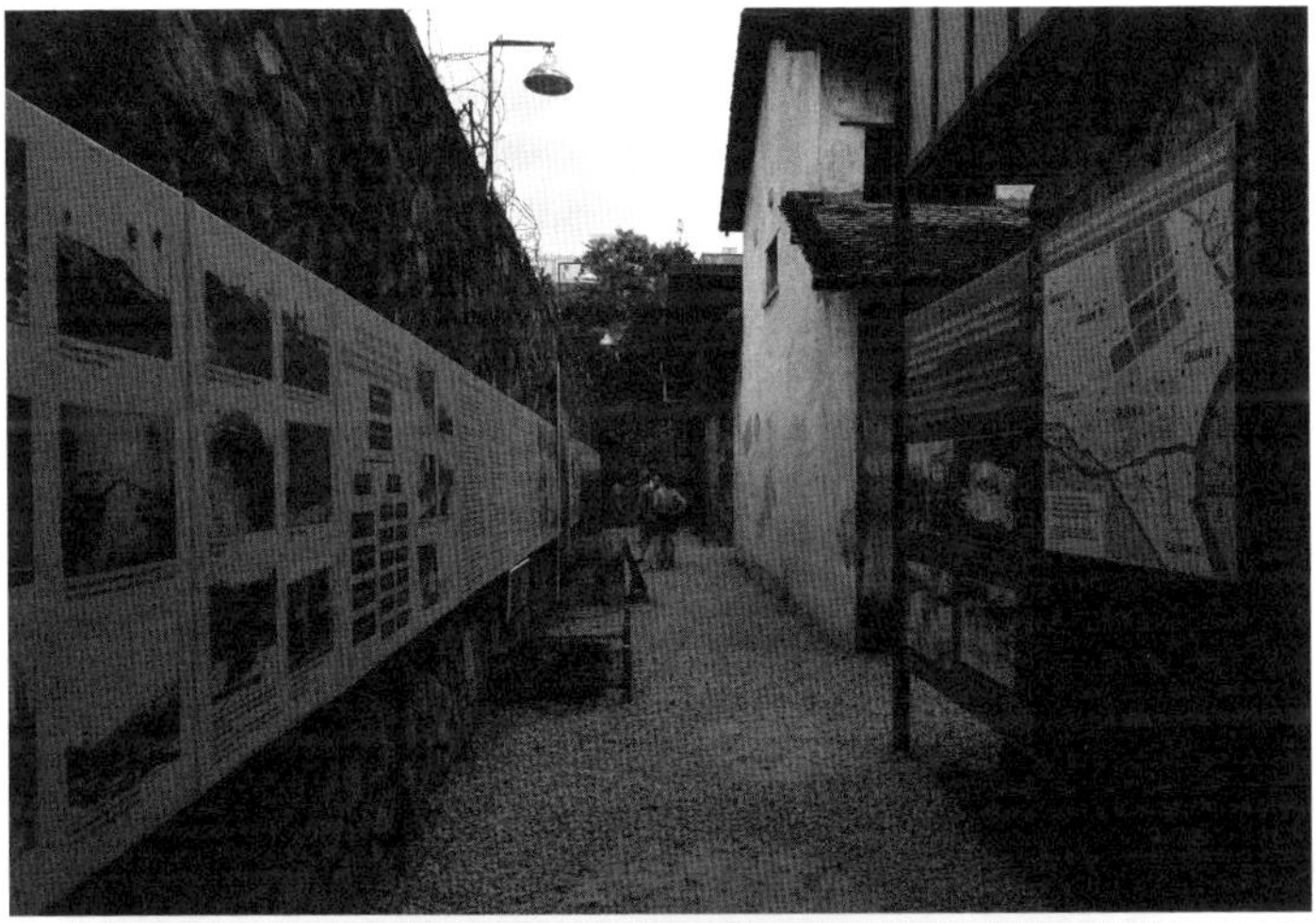

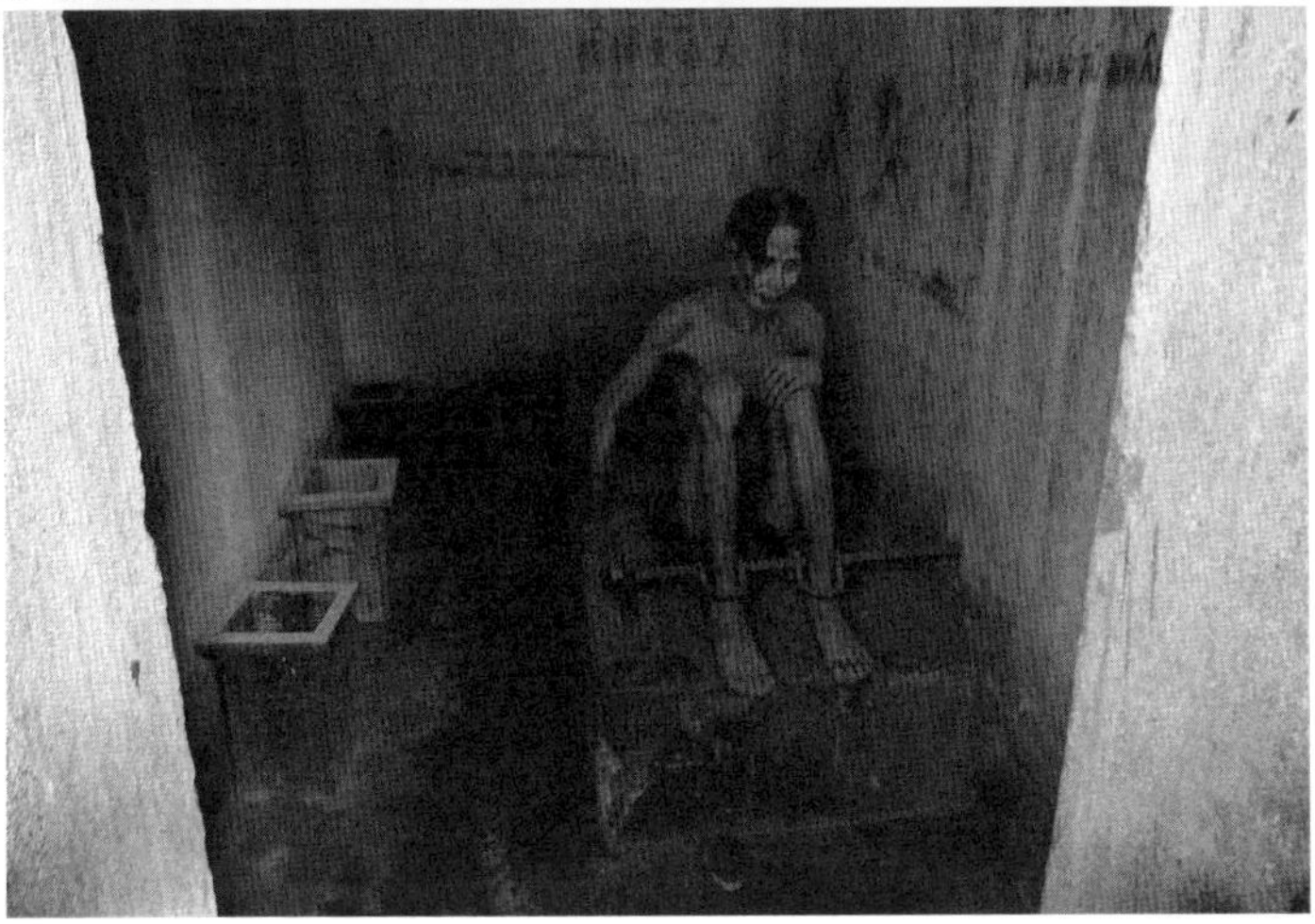

上／タイガーケージの再現展示場といっても、これだけのサイズがある
下／独房の中には当時を再現したマネキンもある

博物館に再現されたタイガー・ケージのギロチン

請け合いだ。再現でも鳥肌が立つような恐怖があるのに、本物の怖さはいかほどか。

　観光で実際に本物のタイガー・ケージに足を運んだ人の一部は、ここの歴史をあまり知らない、ましてや心霊スポット扱いになっていることさえ知るよしもないのに、ここで見えないなにかを感じ、恐怖する体験をしているという。僕の周囲にもタイガー・ケージの入り口や周囲、内部で、気温が高いにもかかわらず冷たい空気を感じた人が何人もいる。のちに僕がここは心霊スポットなのだと教えると、みんな、驚きよりもむしろ納得した顔をする。

　タイガー・ケージだけでなく、ハノイ市内にあるホアロー収容所の跡地に造られた博物館も同じように心霊スポットであるとハノイの人たちは言う。ここは隣にハノイタワーという

上／囚人たちが繋がれたまま談笑している様子を再現した、ホアロー収容所
下／タイガー・ケージと違い、こちらは本物をそのまま博物館にしている

バンコクのベトナム寺院の墓。ベトナム人は墓に写真を埋め込むようだ

高級コンドミニアム（マンション）が建つが、博物館自体は当時の収容所をそのまま残しており、収容されていた人々をマネキンで再現し、当時のリアルな雰囲気が出ている。

ホアロー収容所は一八九六年にフランスが設立した監獄で、のちのベトナム戦争の時代には北ベトナム側の捕虜収容所として米軍や南ベトナム軍の兵士が収容されていた。捕虜たちはここを、皮肉を込めて「ハノイ・ヒルトン」と呼び、それをタイトルにしたアメリカ映画が一九八七年に公開されている。ここに入れられていた捕虜が体験した実話を元にした物語だ。

ホアロー収容所はすべて当時のままであることから、もちろん牢獄や官舎が実寸大であり、等身大のマネキンが並んでいるので、霊がどうこう以前に不気味さがある。この収容所では収容可能人数が六〇〇のところ、最大で二〇〇〇人も収容していた時代もあった。そんな収容所に何年間も閉じ込められたまま獄死してしまった捕虜たちの、故郷に還れなかった無念の怨霊がいまも彷徨《さまよ》っているのかもしれない。

日本でも、第二次大戦時の米軍による本土絨《じゅう》毯《たん》爆撃などで死者が多かった場所のなかには心霊スポットになっているところも少なくないが、ベトナムもまた、現状は心霊スポットの由来をたどれば戦争に関連したところが圧倒的に多いようである。

2―カンボジア王国

僕が暮らすタイは、北をラオス、西をミャンマー、南にマレーシア、東にカンボジアと接する。このなかで首都バンコクから最も近いのはカンボジアになる。バンコクから道のりで二五〇キロ程度、車なら三時間ほど走れば国境に到達する。

近年は東南アジア各国の連携が強まり、個人事業主レベルの小さな商売から、大手企業の進出など、東南アジア内を各国の人々が往来するようになった。そのなかではカンボジアは距離的にも近く、カンボジア自体も経済的な発展が著しいので、今後、この国も東南アジアで大きな役割をはたす国になるかもしれない。

タイはそんなカンボジアと仲よくするべきだと僕は思うが、これが意外とうまくいきそうにない部分もある。カンボジアはかつてクメール王朝があった地域で、タイの一部――東北部のナコンラチャシマー県やブリーラム県などもまたその勢力圏内にあり、いまもクメール遺跡がある。

大昔から接点は確実にあるが、近代のカンボジアとタイは順風満帆な関係とは言いがたく、最近はあまり聞かなくなったが、国境での小競り合いは日常茶飯事だ。両国以外ではニュースにならない程度の銃撃戦などはよく起こっていた。

タイの呪術はカンボジアに強い影響を受けているというし、古典怪談に登場する幽霊や妖怪も似ているものがある。そんなカンボジアはわずか数十年前に激動の時代をくぐり抜けてきた国だ。タイから見て近い国でもあり、遠い国でもあるカンボジアにはどんな怪談があるのだろうか。

タイと戦争になりかけたカンボジア

二〇〇三年一月にタイの女優が「アンコール・ワットはタイのものだ」といった内容の発

アンコール・ワット、アンコール・トムの周辺にある遺跡群のひとつ「バプーオン」

言をしたとカンボジア側が騒ぎ立て、両国は戦争になりかけた。カンボジア国内ではタイ企業への暴動が相次ぎ、タイ空軍が救援機を飛ばしてタイ人を引き揚げさせた。また、当時のタクシン・チナワット首相は空軍に臨戦態勢での待機を命じていて、文字どおり一触即発の緊張状態にまで陥ったとされる。最終的にはカンボジアの首相が謝罪をして事態は収束した。

さらに二〇〇八年には、カンボジアとタイの国境にあるヒンズー教の遺跡「プレアビヒア」の領有権を巡って両国の軍が睨み合いとなった。

プレアビヒアの騒動は、ここが世界遺産に登録されることをきっかけにタイ側が反発して国境紛争になったわけだが、火種は第二次世界大戦以前にすでにあった。カンボジアがまだフランス領で、フランス領インドシナという名称だったときのことだ。当時のタイ「サイアム王国（日本ではシャム国とも呼ばれる）」とフランスの間で、一九〇四年に条約が結ばれている。そのときに国境を確定した地図では、プレアビヒアはフランス領インドシナ国内にあった。三〇年後にタイ側が再計測すると、実際にはタイ側にあることが判明する。ところが、タイがそれを主張しないまま一九四〇年にタイとインドシナが戦争になり、翌年の東京条約でプレアビヒアはタイ領土となった。

その後、第二次世界大戦が起こり、プレアビヒアは、一九四六年のワシントン条約で当初の条約の状態に戻ったものの、実質的支配はタイ側が行っていたという経緯がある。

カンボジアとタイは国境紛争が絶えないが、実生活上は、国境近辺の住民たちのいがみ合いというものはまずない。

タイ東北部の奥地で、プレアビヒア（タイ語ではカオ・プラウィハーン）に接するシーサケット県内の特に国境に近い村では公用語はタイ語で、住民はイサーン語（ラオス語にかなり近い言語）か、方言的なカンボジア語の三か国語を話す。二〇〇八年にプレアビヒアに駐屯していた両軍でさえ、足を運んだジャーナリストによれば一緒に食事をすることもあるし、兵士個人のレベルでは和気藹々《あいあい》だったとか。

最終的には国際司法裁判所による判決で、プレアビヒアはカンボジアのものであるという判決になった。

タイの悪霊のオリジナルがここに

そんな領土争いの絶えない両国であるが、タイの怪談はカンボジアに影響されている部分もある。

カンボジアの伝説的な悪霊に「アープ」というものがある。タイのピー・ポープのように人間に取り憑くが、対象は女性に限定される。日中は普通の人間の女性の姿で過ごし、夜になると宿主の胴体から頭と内臓が抜けて飛び回る幽霊だ。

タイの古典怪談で最も特徴的といえる霊に「ピー・ガスー」がいる。タイ語の正確な表記では「ピー・グラスー」であるが、発音上はガスーだ。このピー・ガスーは、カンボジアのアープと特徴がまったく同じだ。しかも、タイだけでなくマレーシアにも同じ種類の悪霊がおり、こちらは「ペナン・ガラン」と呼ばれる。同様に、ミャンマーでは「ケフィン」、フィリピンには「マナナンガル」がいる。

日本の怪談にもイメージが似ているものが存在する。それは「ろくろ首」である。一般的に知られるのは、首が長く伸びるものだろう。しかし、実はろくろ首には二種類ある。もうひとつは「抜け首」と呼ばれるタイプで、首と体が離れる。首が体から離れていくのが夜中

タイのサムットプラカン県に来た移動遊園地のお化け屋敷には右上にピー・ガスーの姿も見られた

であることや、後述する弱点、性別が女性であることが多い点など、抜け首とアープとの共通項も多い。どうも抜け首の方がろくろ首の怪談の原型らしく、まさに、カンボジアの妖怪アープが日本にまで伝わったという可能性もある。

アープは、タイの古典怪談においても生まれはカンボジアであるとされている。諸説あるものの、一四世紀のクメール王朝の王女の話が元になったという。

この王女がアユタヤ王朝の王族と結婚したが、ある兵士に恋をしてしまい、カンボジアの呪術のひとつ「スナエ」を使い、アープになってしまった、というあらすじだ。スナエは主に女性が使う呪術で、相手を自分に振り向かせるための恋愛の術だ。現代でも存在すると言われるが、これを使うと力が強い分、自分に跳ね返り、それが蓄積するとアープになってしまうと言い伝えられている。人を呪わば穴二つ、の典型である。この王女は、秘術スナエで兵士に振り向いてもらおうとしたが、それが夫にバレてしまい、火炙《ひあぶ》りの刑に処せられる。その際、火があまりに熱く、王女はアープとなり、頭部と内臓が身体から抜け出して逃げ出したという。これがアープ誕生説だ。

　アープは呪術を使うことでその姿になるが、タイのピー・ガスーは、死ぬ前に、子や孫の口に涎《よだれ》を入れることで継承されていると信じられていて、一度現れると根絶やしにすることは難しいともいわれる。いずれにしても、誕生秘話はアープと同じだ。ただ、他国はそれぞれのようで、マレーシアのペナン・ガランは出自が少し違い、悪魔と契約した助産婦が肉を食べないという約束を破ったためになってしまったとされる。

　アープは昼間こそ女性の姿で生活するが、夜になると身体から離れ、好物の排泄物や血を求めて彷徨《さまよ》う。弱点は日光なので、行動は夜になる。そのため、抜け出た身体を隠されてしまうと帰る場所がわからなくなり、日の出と共に死ぬ。

　アープはその印象的な姿から映画や漫画などによく登場する。弱点のひとつである身体を隠されると右往左往してしまうところや、首から内臓をぶら下げて浮遊するため、まれに木に引っかかり動けなくなってしまうといった、悪霊らしい狡猾《こうかつ》さがない、人間らしさすら感じる憎めない一面も魅力なのだろう。ちなみに、タイのピー・ガスーの場合でも、抜け出た身体の爪などに赤い印をつけるだけで自分の体がわからなくなり帰れなくなるという。間の抜けたところもまたおもしろい。

さらに女性らしく身だしなみに気をつかう面も持っている。好物の排泄物を食べたら、庭先に干してある洗濯物で口を拭いていくという。これによって人は村にアープやピー・ガスーが現れたことを知る。ちなみに、その汚された洗濯物を昼間に沸騰した湯に放り込めば、憑依されている女性はもがき苦しみ、「煮るのはやめてちょうだい」と懇願しに来るのだとか。正体を自らばらすあたりにかわいさすら感じられる。それにしても、日光といい煮え湯といい、妖怪の元が火炙りになった女王だから熱さに弱いのだろうか。

また、アープの好物のひとつに生き血があるが、生まれたばかりの赤子の血を求めることもあれば、出産直後の胎盤も好む。タイは田舎の家屋は高床式が一般的で、家の下に入り込まれる可能性もあるため、出産する際は床下に茨を敷いたという。ピー・ガスーが自分の弱点である引っかかりやすい刺をもつ茨を嫌うからだ。

しかし、こういった胎盤を好むあたりにも女性らしさを感じさせる。胎盤は現代ではプラセンタと呼ばれ、馬や豚、羊などの胎盤が美容サプリメントや点滴などにも利用されている。更年期障害の症状改善や、肌のシミ、アトピーなどアレルギーに効果があるのだとか。

このようにアープの人間らしさが際立ったところに愛おしさがあり、全面的に怖いとは思えないのだ。

4 東南アジア各国編

近代のカンボジアの汚点がスポット化

現代のカンボジアでも、アープを産み出した呪術スナエの噂はあとを絶たないし、呪術を利用した民間療法もある。しかし、かつてほど呪術師は多くない。それは一九七五年から七九年までの四年間、カンボジアを支配したポル・ポトによる虐殺が背景にあるからだ。

ポル・ポトは一九七六年にカンボジアの首相になると、国民に首都プノンペンを放棄させ、農村へと移住させる。その際、多数のカンボジア人を殺害していき、最終的には全国民の実に三割が虐殺されたとされる。教育を受けたインテリ層は問答無用で殺され、極端な例では肌の色が白いから、眼鏡をかけているからという見た目だけで頭がいい人と判断され、殺されてしまった。芸能人などの特技を持った人も対象だった。そのなかに呪術師も入っていたようで、昔ながらの能力を持つ人々はだいぶ減ってしまったのだ。

こういった虐殺の現場となった死刑場などはキリング・フィールドとして各地で公開されている。最も有名なのは首都プノンペンの真ん中にあるS21と呼ばれたトゥールスレン虐殺犯罪博物館と、首都近郊にあるチュンエク大量虐殺センターだ。

トゥールスレン博物館は元々学校だったという。ここにポル・ポト派の兵士が駐屯し、次々と収容者を処刑していった。処刑前に拷問された収容者は、嘘でもなんでも無理矢理友人や親戚の罪状を告白させられ、無実の友人らも逮捕された。最終的にはここで働いていた兵士たちも、いつ濡れ衣を着せられるかと疑心暗鬼に陥り、互いに処刑し合うことになった。ここに収容されたのは三年弱で推定二万人と言われ、生還者はわずか八人だったという。ここにベトナム軍が到達し、この収容所を解放したことで大虐殺が世界中に知られることになった。

一方のチュンエク大量虐殺センターは一見のどかな農村地帯にある。僕が初めて行ったときは天気もよく、一二月だったので気温もちょうどよくて平和的な雰囲気さえあった。しかし、ここでも虐殺が行われ、母胎から引きずり出された胎児や嬰児は、少年兵らによって、おもちゃを壊すように、あるいはバットを振るような気安さで木に叩きつけて殺された。ここで発見された骨は部位ごとに分けられて塔に飾られていた。その塔を見たとき僕には「なんでそれを塔にするかね」という、人間性に対する疑問が大きく湧き上がった。

実はトゥールスレンでも、ここで殺された人の頭蓋骨などを使い、カンボジアの地図を作って公開していた。批判が高まり、二〇〇四年に撤去したものの、僕が訪れた二〇一二年の時点でそのオブジェの写真はまだ館内に展示されていた。また、カンボジア語がわからないので詳細不明だが、絵柄を見る限り「笑ってはいけません」といった内容の注意書きが館内の各所に貼られており、トゥールスレンの展示品を見て笑える奴がいるのかと思うが、実際にいたから貼っているのだろう。骸骨マップもそうだが、モラルとセンスはポル・ポト時代から時が止まったような場所である。

上／S21の庭は、天気がいいとのどかにすら見えてしまう
下／拷問部屋のひとつ。発見されたときと同じような状態にされている

上／チュンエクの入り口　下／敷地内の至るところに死体が埋められていた

カンボジアではまさにここ、トゥールスレンが心霊スポットになっている。目撃談は多いらしい。言われてみれば、僕も訪れた際に身体が重くなり、強い悲しみというか無力感というか、言うに言われぬ感覚に襲われたことがある。こういったことは長崎の長崎原爆資料館でも体験した。たんにその歴史と命の重み、人間の残酷さを一気に目の当たりにしたショックで気分が悪くなっただけかとは思うが、のちのち調べてみると、長崎のその資料館や平和公園周辺も心霊目撃多発地帯であるという。

長崎もそうだが、カンボジアの虐殺関連の現場は生きている人間の残虐さが際立ちすぎていて、心霊現象の方がむしろ優しいのではないかと思えてしまいそうだ。

3―ミャンマー連邦共和国

ミャンマー人は日本でもバンコクでも、国外へと出稼ぎに出る人がたくさんいる。むしろ、タイは屋台などで店員がミャンマー人しかいないところも珍しくない。タイ政府は国境を接している三か国――ミャンマー・ラオス・カンボジアの出身者を安価な労働力と見て、日本人などの外国人とは違う基準で労働許可証やビザを発給する。ラオス人は元々タイ語の方

ミャンマーはちょっとしたものがちゃちなイメージを持たせつつ、味がある

言のようなものを話すのでコミュニケーションが必要な家政婦などの仕事に就きやすく、カンボジア人は肉体労働に就く。ミャンマー人は穏やかで勤勉なのでタイ語話者も多く、接客業でよく見かける。

ミャンマー人が特にタイに溶け込んでいるのは穏やかな性格のためだけでなく、精霊信仰が強いという共通項があるからなのではないかと僕は思っている。ミャンマーもタイのように仏教伝来以前から精霊信仰が存在し、いまもそれがミャンマーの文化に深く根ざしている。

子どもに宿った生まれ変わりの人物

東南アジアの心霊スポットには、太平洋戦争の、いわゆる南方戦線で通過した日本兵にまつわるものが少なくない。特にミャンマーは激戦地で、のちに太平洋戦争で最も無謀だったとされる愚策インパール作戦を日本軍は遂行した。この作戦は当初から武器や食料の補給に問題があり、戦闘よりも飢えて死んでいった日本兵が少なくない。作戦に投入された日本兵はおよそ九万人とされ、そのうちの戦死者は二万人超、餓死を含む戦病者は三万人を超えているとされる。

降伏して英国軍の捕虜になった日本兵たちもまた収容所での凄惨な生活を強いられた。英国軍は憎悪の感情から捕虜に食事を与えないか、家畜の飼料を与えるだけで重労働を強制し、気分次第で殺害した。

死んだ方がましという状況下、生還した人のなかにはミャンマー人に救われた人も多い。飢えに苦しんでいた捕虜たちにこっそりと握り飯をあげたり、収容所からの脱走兵を匿《かくま》ったりした人もいたという。そんな悲惨な状況をミャンマー人は知っているが、案外、ミャンマーで日本兵に関係した心霊話は多くない。その代わり、有名なのは生まれ変わりにまつわる話がある。アメリカの生まれ変わり現象の研究者イアン・スティーブンソン教授は、一九八三年に発表した論文で、ミャンマーのナツルという場所での生まれ変わりを報告している。この地名は論文にそうあるのだが、実際にどこかは不明だ。

一九四二年、三人の子を持つダウ・エイ・ティンという女性は村に駐屯する日本軍の厨房係として働いていた。このときに、ある日本人兵士とよく話したそうだが、ある日、ぷっつりと連絡が途絶えてしまった。その後、四人目の子供を妊娠しているとき、夢に三回、その日本兵が現れ、「あなた方と一緒に暮らす」と告げられたという。そして、一九五三年一二月二六日に娘マ・ティン・アウン・ミョーが生まれた。マは小さいときから飛行機恐怖症で、四歳のときに飛行機を見て泣き出した彼女に父が理由を訊ねると、「村に飛来したしっぽがふたつの飛行機に撃たれたから」と答えたそうだ。

たしかに、一九四五年にダウたちが暮らしていた家の近くを尾翼がふたつに見える戦闘機ロッキードP38ライトニングが機銃掃射したという。それをなぜマが知っているのか。また、マには生まれつきの傷があり、マはそれを、同年の機銃掃射の傷痕だと説明したという。

それからもマは、自分は北日本出身で子どもが五人いると言って日本に帰りたがった。服装も髪型も男性のものを好み、ときどき教わってもいない日本語を話したという。

一九七二年、マが一九歳のとき、生まれ変わり研究者のスティーブンソン教授に語ったところによると、男性を好きになれず、女性と交際したいと言った。実際に一九八一年、二八歳のときには女性と同棲していることが確認されている。その女性によれば、マは常々「男として生まれたからには軍人として戦いたい」と語っているという。

ミャンマーにはほかにも日本兵の生まれ変わりの事例がいくつかあるというが、それ以外で日本兵に関係した心霊話はあまり聞かれない。ミャンマーの迷信では、死期の近い人には霊が取り憑きやすく、食べものを貪り食うようになるというものがある。その姿を想像すると、飢餓に陥った敗残兵が取り憑いているようにも見えるが、ミャンマー人はそう受け取ってはいない。ミャンマーでは葬式の会場前を、食べものを持って歩いてはいけないという言い伝えもある。これは食べものにつられて死んだ者がついてきてしまうからだという。食べものを自宅に持ち帰らずにその場に捨てることで解決できるが、ミャンマーの幽霊は基本、食いしん坊なのかもしれない。

タイのピー信仰が優しく見える「ナッ信仰」

日本兵に関する心霊体験や幽霊目撃談があまりないのは、ミャンマー人は現代的な心霊現象よりも精霊信仰をより強く意識して生活しているからかもしれない。ミャンマーにおけるその精霊信仰は「ナッ信仰」と呼ばれる。

ビルマ族による最初の王朝は一一世紀に成立したパガン王朝だ。このときに仏教とナッ信仰が政治的に習合され、いまに至る。ナッ信仰は家の守護神マハーギリーを頂点にいただき、その下に三六の神々を配した信仰形態だ。パガン王朝の初代王アノーヤターは、仏教の神ダジャーミンの下にこの三七の「ナッ（神）」を置くことで信仰を許可した。仏教が優位にある点はタイの仏教と精霊信仰（ピー信仰）の関係に似ている。

ただ、ナッはタイのピーと違い、目で見ることはまずない。守護霊である反面、人々に取り憑いて殺してしまう怖い存在でもある。また三七の神々ナッは信仰される大きな神で、ほかにも森羅万象すべてに精霊としてナッが宿っていると信じられている。迂闊《うかつ》に道端や木々に立ち小便でもすれば、たちまち不幸に見舞われる可能性もある。

ナッ信仰の聖地はマンダレーにあるポッパ山だ。玄武岩《げんぶがん》の急な斜面を持った火山で、標高は一五〇〇メートルあるが、その突岩タウン・カラット（標高約七〇〇メートル地点）に建てられた天空の寺院が総本山になる。この山に関係したナッで特に「タウンビョン兄弟」と呼ばれる神々は重要な存在だ。この兄弟にまつわる伝説は次のような内容だという。

イスラム教徒の兄弟ビャッウィとビャッタが、幼いころにいまのミャンマーに流れ着いた。彼らは、育ててくれた僧侶が発見した「ゾージー」の死体を、僧侶の目を盗んで食べてしまう。ゾージーとは身体が黄金に輝く仙人で、芳《かんば》しい体臭を放つ。ゾージーの肉を食べると超人的なパワーを身につけることができるとされ、実際に兄弟は力を身につけるも、村で盗みを働くなどに悪用し、捕らえられた兄ビャッウィは国王に処刑された。

弟のビャッタはその後パガン軍に加勢し、アノーヤター王からポッパ山で花を摘み、毎日届ける仕事を授かる。そんななか、ビャッタは山に住む「花食い魔女」という悪霊に恋をし、結婚する。そこで生まれたのがタウンビョン兄弟だ。しかし、父となったビャッタは魔女に夢中になるあまり仕事をさぼり、王に処刑されてしまう。魔女はショックを受けて悶死し、ナッになる。そのナッは「ポッパ・メードー（ポッパ山の母）」と呼ばれるようになった。

上／ミャンマー最南端の祠に描かれた、ミャンマー国土を女性に見立てた像。ただ、足下には路上生活者が……　下／パガン王朝の王都だったパガンは、カンボジアのアンコール・ワット、インドネシアのボロブドゥールと世界３大仏教遺跡とされる

ナッ信仰の重要な聖地であるポッパ山（撮影：板坂真季）

アノーヤター王はその後、遺児であるタウンビョン兄弟と中国遠征に出かけ、仏陀《ぶっだ》の歯を探した。歯は見つからなかったが戦利品としてヒスイの仏像を得ての帰路、その仏像を載せた白象が立ち止まったところにアノーヤター王はなにかを感じ、そこにパゴダを建てる。その建設時に王は村人ひとりにひとつずつレンガを持ってくるように命令したのだが、タウンビョン兄弟は賭博に夢中で参加せず、ふたりとも処刑されてしまった。そして、兄弟もまた、母と同じくナッとなり、「タウンビョン・ミンニ・ナウン」になった。

しばらくして、アノーヤター王の前にタウンビョン・ミンニ・ナウンが現れ、王は先のパゴダが残る、いまのタウンビ

上／ポッパ山に祀られているポッパ・メードーの像（撮影：板坂真季）
下／神が憑依したナッカドーが踊る（撮影：板坂真季）

ョン村に祠を建立して兄弟を祀り、毎年ふたりのため「タウンビョン精霊祭」を開催するようになった。これは現在でも行われるナッ信仰のなかで最も有名な祭りだ。

こういったナッ信仰の祭りや儀式は「ナップエ」と呼ばれ、霊媒師「ナッカドー」が活躍する。ナッカドーはナッの妻という意味で女性が多く、なかには身体が男性で心が女性の性同一性障害者や男性の同性愛者もいるという。儀式の最中、ナッカドーは身体にナッを迎え入れて踊り狂う。踊りには小休止があり、その隙に民衆はナッカドーに近づき、内なるナッに悩みを打ち明ける。

踊りの際の音楽は、僕個人の感覚では音楽というよりも騒音だ。二〇一八年一〇月に、僕はミャンマー最南端の街コータウンにあるピー・ダウ・エー・パゴダで祭りに遭遇したことがある。ナッ信仰と関係しているかはわからないが、たしかにその音楽は耳に優しくない、巨大な雑音でしかなかった。

ナッの妻という意味のとおり、霊媒師ナッカドーはナッと婚姻関係にある者しかなれないとされる。婚姻がすなわち性交渉らしく、ナッが関係する逸話にはその手の話が多い。性別に関係なく、夢の中でナッに性的関係を強要されたという逸話がよくあるのだ。

基本的には女性が大半を占めるナッカドーだが、男性の場合にも女性のナッが肉体関係を迫り、ときにその男性は常に取り憑いたナッとの性交のことばかり考えるようになる。しまいには食べものも喉を通らなくなり、痩せこけて死んでしまうこともあるようだ。ナッに憑かれる年齢層も幅広い。決して若い人だけでなく、四〇代から五〇代も婚姻関係を迫られる。ナッカドーにまつわる話によく登場するのが「ウーミンジョー」と呼ばれる精霊だ。酒と賭博と女が好きで、女性に憑依することが多い。夫として見ると、ただただ悪条件が揃っているだけだ。人間だったなら確実に疫病神のような存在である。

そのため、ときにはナッとの性交を断る人もいるという。ところが、ナッを拒否した場合、全財産や家族など、大切なものを失い、さらには命を落とすこともある。

ミャンマーの精霊ナッは、タイのピーよりも人間に取り憑きやすく、受け入れても大変だし、拒否すれば死ぬという怖い存在である。タイの精霊でバナナの木に宿るナーング・ターニーも男性と婚姻関係を結ぶ場合があるが、裏切らない限りは殺されることもない。ミャンマーの精霊の方が厄介で気性が荒い。

亜細亜熱帯怪談の中でもミャンマーでは日本兵などの怨霊目撃談が少ないのは、ナッの存在が強烈すぎるわ厄介だわで、実話怪談なんか怖がっている場合ではないからなのかもしれない。

4 マレーシア

タイ在住の身からすると、「マレーシア」というと国自体より首都クアラルンプールだけを指すことが一般的な気がする。特にこのクアラルンプールと、大都会シンガポールは距離的にも近いことから、ワンセットというイメージがある。東南アジア内では格段に発展していて、マレーシアとシンガポールはそのほかの国々とは別物と思ってしまうのは僕だけではないと思う。ところが、そんな進んだマレーシアにも心霊体験に関する話がそこかしこにあり、そこに暮らすマレーシア人も霊的なものに敏感なようだ。

よく聞くのが住居に出る幽霊の話だ。家屋に限らず飲食店では客が入ってきたと思ったら誰もいなかったといった類いの話は山ほど存在する。それも、あまり霊的な体験を信じていなさそうな人がまじめに語るなど、東南アジアでは先進国に入る国なのに意外な感じがするのだ。

マレーシアのお国事情を先に紹介すると、信仰する宗教の割合は、イスラム教が国民の約六一パーセント、仏教は二〇パーセント、キリスト教が九パーセントとされる。建前ではあるが、イスラム教は強い一神教で、神のほかに霊的なものを信じないとされるようなので、僕の中でそのイメージもあって、マレーシア人(国籍としてのマレーシア人)は怪談をあまりしないのだと思い込んでいた。ところが、実際には正反対のようである。

ペナン島で起こった虐殺事件

観光でも長期滞在でも人気の高い、マレーシアの北方にあるペナン島に、有名な心霊スポットがある。ペナン島はマラッカ海峡の入り口に位置するため、イギリスの海峡植民地となっていた歴史がある。島内のジョージタウンは、イギリス統治時代の古い町並みが二〇〇八年に世界遺産に登録された。多民族国家のマレーシアは、タイの国境付近ではイスラム教徒の姿をよく見かけるが、ペナン島には華人が多い印象だ。

ペナン島の心霊スポットで知られるのは、ペナンで一番高い山のペナンヒルだ。ここは観光名所として有名で、標高八〇〇メートルからジョージタウンの夜景などが一望できる。ロープウェイも設置され、観光スポットとしては設備面でも申し分ない。そんなペナンヒルが、かつて大量虐殺の舞台になったため、マレーシア人が怖れる心霊スポットになったのだという。死者のうめき声が聞こえてくるというが、いったいどんな場所なのだろうか。

ペナンヒルが心霊スポットだと言われると、つい山の上がそれで、要因である虐殺もその辺りの出来事だったのかと勘違いしやすいが、現場は麓《ふもと》だった。しかも、日本が大きく関わっている。

ジョージタウンの夜景

太平洋戦争時、およそ四年にわたってペナン島は旧日本軍の軍事的支配下にあった。華人が多く暮らしていたこともあって、一九三七年に勃発した日中戦争時にはここでも抗日運動が始まっていた。そして、日本軍の占領下で、拷問などによって一般市民が殺害されているという。一九四二年四月六日と九月一五日に日本軍が大々的に粛清を行い、「鍾霊中学校」の教師や生徒など五〇〇〇人が逮捕され、そのうちの一〇〇〇人以上が行方不明となった。

この鍾霊中学校が件《くだん》のペナンヒルの近くにあった。戦後、五一年三月からこの虐殺事件など、日本の戦争犯罪に関わる事実調査が始まり、ペナン島各地から八〇〇体にもおよぶ遺体が発見されたが、どれも五体が揃わない不完全な状態ばかりだったという。その後、遺体は荼毘《だび》に付され、遺灰は「ペナン華僑抗日戦殉職整備工及び戦没同胞記念碑」の下に共同埋葬された。この記念碑がペナンヒル麓の登り口にあるため、ここが、怨みを飲んで亡くなった人々の遺恨が溜まった邪悪な心霊スポットであるとされているのだ。

一九九九年一〇月に、僕はタイからマレーシアへと陸路で入った。陸路入国にはさまざま

ペナン華僑抗日戦殉職整備工及び戦没同胞記念碑

なルートがある。鉄道も通っていて、バンコクからタイ国鉄の南本線を利用して入国することもでき、ペナン島の対岸にあるバターワースからペナンに来ることも容易だ。実際にはかなり時間がかかって疲労するため、言うほど簡単ではないけれども。

同じ鉄道旅ならば、欧州のオリエント急行のように、国境を越えていく豪華列車もある。「イースタン&オリエンタル・エクスプレス」で、バンコクからシンガポールを三泊四日程度で結ぶ。ただ、例年、運行は九月から翌年四月までの期間だけになる。

僕は長距離バスを乗り継いでバンコクから来た。国境の鉄道駅もあるパダンベサールで入国し、カンガーという街まで来たものの、すぐさまタイに戻った。というのは、安宿の多くが「日本人お断り」だったからだ。ご存じのようにタイは自他共に認める親日国で、国境に近いタイ南部の都市ハートヤイ（ハジャイ）でさえも、日本人だからといっていろいろと冷たいことを言われることはなかった。しかし、この街では華人だけでなくイスラム教徒などにも「日本人は恐ろしい人種だ」といったことを言われた。そのときにはそんなペナンの歴史があったことを知らず、初めてのマレーシアでこの扱いだったので、僕の印象も正直悪くなった。こんな国を観光するならタイの方がいいと、そのままとんぼ返りしたのだ。

ペナン島にはその五年後、二〇〇四年に訪れた。食事もおいしいし、よいイメージがある。マレーシア政府は日本人の年金受給者などを受け入れる方針があり、ロングステイという高齢の滞在者のほか、若い人の移住も盛んな国だ。タイも近年は多いものの、マレーシアも負けない人気移住先になっている。僕の初マレーシアはたまたま運が悪かっただけなのだろうが、こういった虐殺などの暗い歴史があったとされる土地柄であれば、それも仕方がなかったのかもしれない。

引っ越し先に霊がいたときの対処法

マレーシアの心霊話で、怖いというよりもおもしろいと感じるのは、ペナンのように歴史の暗黒面にまつわるものより、住宅に現れる霊の話だ。出現はごくありきたりなもので、ポルターガイスト現象が起こったり、見知らぬ人物が部屋にいたりといったものになる。

首都クアラルンプールではコンドミニアム（分譲マンション）や一軒家などさまざまな住居の形態がある。こういった住まいに霊が出るのは、そこが霊道であったり、土地に憑いていた霊が現れたり、あるいは建設中の事故で亡くなった作業者の霊だったりと、理由はいろいろとあるようだ。

そういった事情はマレーシアでなくても、どこも同じだ。ただ、東南アジアは全般的に精霊信仰が多いためか、理由なく浮遊している霊というのはあまり見ない気がする。ペナン島のペナンヒルもそうだが、大量虐殺があったとか、交通事故が起こった場所だとか、そういったいわく因縁が残る場所に霊が現れることが多いという印象がある。

しかし、マレーシアは引っ越した先にたまたま出るというような話が多く、東南アジアでは珍しいケースだなと感じる。

なによりもおもしろいのは、霊が出るという物件に引っ越してきてしまったときの対処法だ。日本で引っ越してきた部屋で心霊現象に遭遇したら、普通は再び引っ越すか、寺社仏閣関係者や霊能力者などに祓《はら》ってもらおうとするだろう。実際、そうするしか対処法もない。

しかし、マレーシアは簡潔だ。それは、「物件のオーナーにクレームをつける」というのだ。心霊話がそこかしこにあるマレーシアでは、住居に幽霊が自分たちより先に居座ってい

上／ペナンに近いバンコク南部最大の都市ハートヤイ（ハジャイ）は比較的親日だ
下／ペナンのジョージタウンの街並みが世界遺産に登録された（撮影：浜崎勇次）

近年、ペナンの古い家屋に描かれたアートが人気を呼んでいる（撮影：浜崎勇次）

たって驚くことではないのだ。新たに越してきた人は遠慮なく大家に伝えればいいだけだという。

もちろん、そんな要件は契約書のどこにも書いていないのだが、クレームをつけられた大家は、マレー語で「ボモ」と呼ばれる霊能者（祈禱師あるいは呪術師という意味もあるとのこと）に連絡を取り、除霊を行う。大家の方も慣れたもので、怪訝な顔をすることもなく、さぞそういった対応が当たり前だというように呼んでくれるのだとか。

それほどマレーシアでは心霊の案件が多いようだ。マレーシアにも精霊信仰が残るので、どこにでも霊がいるということもあるのだろう。それにしてもそこまで除霊案件が多いというのは、結局のところボモがちゃんと祓えていないからなのではないかと僕は思うのだが、これがマレーシアの常識なのである。

5―シンガポール共和国

東南アジアで目撃される心霊現象のなかには歴史をひもとけば日本が関係していることが少なくない。ここシンガポールもまた、日本に関係した霊やスポットが存在する。

シンガポールは、東京二三区よりもやや広い程度の国土の、小さな国だ。都市ひとつがまるまる国になっているようなもので、多民族国家ではあるが、圧倒的に中華系が多い。ビジネス的にかなり解放されていて、特に金融関係のビジネスマンが多く暮らす。中心地は先進国以上に発展していて、以前からゴミのポイ捨てやタバコの喫煙場所に関して厳しく取り締まりがあるので、ゴミがほとんど落ちておらずきれいだ。言語は英語が中心になるものの、シンガポール独特の「シングリッシュ」と呼ばれる発音と文法があり、使いこなすには慣れが必要だが、過ごしやすさはある。ただ、平均所得が高い分だけ物価も高く、富裕層でないと優雅に暮らしたり、楽しく旅行したりはできない。

この国は東南アジアでありながら、完全に先進国のひとつで、タイやベトナムにあるような法的にも感情的にもファジーな部分はあまり見られない。いい意味では法によってしっかりと権利が守られている法治主義国で誰でも平等に暮らせるものの、一方では窮屈で東南アジア的なおもしろみには欠ける。

だからこそ、霊的な話はすべて無視するような実利主義的な気質がありそうだと邪推してしまうが、ちゃんとシンガポールならではの実話怪談もあるのだ。

東京で喩えるなら銀座の真ん中が心霊スポット

シンガポールといえば、僕自身は真っ先にオーチャードを思い浮かべる。オーチャード・ロードのことで、東京で言うなら銀座に相当する場所になるだろう。

シンガポールでは二〇〇八年からカーレースの最高峰であるＦ１が開催されている。市街地で夜間に行われ、テレビ中継では東南アジア的な雰囲気がまったくない一戦だ。ライトアップやコースレイアウトが緻密に計算されているが、同じ市街地戦で有名なモナコ・グランプリとは違って自宅やホテルからレースをタダ見することができない。

そんなレース開催に合わせるかのように、巨大な船が空中で三つのビルに支えられているような外観でおなじみの、カジノを併設する商業施設マリーナベイ・サンズの建設も始ま

シンガポールの銀座はこのオーチャードだ（撮影：浜崎勇次）

っていた。二〇一〇年に開業しているが、建設時点でたくさんの雇用が創出され、外国企業が出張者用に年単位で部屋を押さえるようになってしまい、人気エリアのオーチャードのホテルは予約が取りにくくなったほどだ。

そのオーチャードには日系のデパートが二軒ある。伊勢丹スコッツ・ロード店と高島屋だ。このうち高島屋が入居する建物「義安城（ニーアンシティ）」が曲《くせ》者《もの》である。日本でいうならば、東京・池袋にあるサンシャイン・シティを彷彿とさせる。実際、僕自身は義安城が心霊スポットというのはだいぶあとになって知ったのだが、言われてみれば、初めてここを歩いたときに、サンシャイン・シティの広場の東池袋中央公園を思い出していた。どこか似ている感じがしたのでそう思ったわけだが、実は見た目ではなく、似ていたのはその空気だったのかもしれない。

ここは、義安城ができる前は刑務所跡地で処刑場があったところであるという話と、潮州系移民の墓地だったという話の、ふたつの説がある。

池袋のサンシャイン・シティは、旧日本陸軍参謀の東条英機が戦犯として処刑された巣鴨拘置所跡地であり、いわゆる「スガモ・プリズン」だった。僕の父は一九七八年の開業時はアジア最高層ビルだったサンシャイン60の前にあった教材系出版社の編集者だったので、父の職場を訪ねたりなど僕は子どものころからその辺りに何度も行ったことがあって、馴染みのある場所だ。義安城の説のうち本当なのが前者であれば、土地にまつわる歴史が似ていているという部分で、東池袋中央公園と同じ雰囲気を僕は感じ取ったのかもしれない。

一方で事実が後者の外国人墓地説だったとしても、広東省潮州県から来た潮州人はバンコクにいるタイ華人の大半の先祖にあたる。タイでもバンコク都内に潮州系の

日系デパートが入居する義安城（ニーアンシティ）

墓地はいまも残っているし、僕自身が所属する救急救命の慈善団体・華僑報徳善堂も潮州系移民が創設した団体だ。僕にとってはいずれにしても馴染みがあるということになる。

シンガポール人の知人数人にどちらの説が正しいのか訊いてみても意見は割れる。ただ、僕個人が有力と感じたのは後者の方である。というのは、墓地を潰して商業施設にしてしまう中華系の貪欲さがタイの華人にも共通するからだ。バンコクのビジネス街のひとつを担うシーロム通りにある墓地を潰してマハナコーンというビルを建てた呪いでオーナーがヘリコプターで墜死したと囁かれているし（四三四ページ参照）、ほかにもバンコクの古いエリアにあった墓地はすでに住宅街に造成するために大多数が消えている。

義安城は遠目には真っ赤なビルである。赤は中国人にとって厄払いの意味があるという。寺院なども、柱や壁の色を赤にする傾向にあるし、色と方角がカギとされる風水のような占いやまじないの類いを気にするのもまた東南アジアの華人の傾向だ。だからこそ義安城が元墓地だったという話に信憑性を持たせてくれる。

さらに、義安城は度重なる事故で一度建設工事が頓挫し、設計を変更したのちに完成に漕ぎつけたという噂もある。また、義安城を離れて遠目から見ると、ふたつの墓石に挟まれたようなデザインになっている。

ここはシンガポールだ。昔の情報が極端に少ないタイとは違い、歴史を調べれば義安城の真実がきっとわかる。

そして、運営会社のサイトなどを見てみると、簡単に情報が出てきた。まず、デザインは一九八〇年代にレイモンド・ウーという人物が描いている。彼は、万里の長城からインスピレーションを受けてデザインしたという。たしかに、墓石よりも橋に見えるではないか。

度重なる事故という点は事実が見当たらず、頓挫は政府がオーチャード・ロードを整備する、あるいはプロジェクトの資金繰りなどに時間がかかった可能性がある。実際、最初にこのエリアの再開発の計画が検討されたのが一九六〇年代後半なのだ。それから、なにより肝心な、ここがどんな土地だったかと言えば、やはり広大な墓地だった。これは間違いないようだ。かつて「義安公司」が管理していた墓地だったので、ビルの名前が義安城となり、一九九三年に開業している。

噂に尾ひれがついて、いろいろな説が飛び交ってしまっているが、芯の部分になる「墓地だった説」は事実だった。

そんな義安城の館内では、数々の霊現象が起こっているそうだ。霊の声が聞こえるという噂が流れているほか、墓地だったので、特に高島屋の地下で幽霊出現の目撃談が多い。こんな内容を書いているなか、二〇一九年七月一四日には三五歳の男性が五階から地下二階のフロアに転落し、死亡した事故も起こっている。

やはり地下にいわくがあるためか、高島屋の地下トイレはシンガポール人に怖がられており、いつも比較的空いているのだという話もある。オーチャードは平日でさえも人出が多く、特に週末は大混雑となる。法的にゴミの投げ捨てにさえ罰金刑がある厳しい国なので、ほかの東南アジアの国ように道端で用を足すわけにはいかない。トイレの個数が来客数に見合っていない商業施設もあるなか、幽霊トイレは急に催した際には逆に穴場になるので、ある意味「幽霊様々」なのだ。

ただ日本兵が歩いているだけの目撃例多数

ほかに、シンガポールの心霊スポットといえば、パシール・パンジャン・ロードを中心にしたパシール・パンジャンという地域が有名だという。エンターテインメント系の施設が集まり、近年だとユニバーサルスタジオ・シンガポールが開業したセントーサ島がほど近い。シンガポール人の友人によると、この辺りにある廃屋が心霊スポットになっているという。ネットで調べてみると、日本人の方がブログで「ここは霊気が強い」と紹介していたので、シンガポールでも屈指のスポットとされているのは間違いないようだ。

また、パシール・パンジャンの近くにラブラドール自然保護区がある。ここは、戦時中は軍事要塞だったことから日本兵の歩く姿が目撃されているのだとか。

このような日本兵の亡霊系怪談はシンガポール全土で多発している。戦争中のシンガポールは位置的に要所であったので、日本軍も多く駐留していたはずだ。

また、シンガポールは埋め立てにより年々国土が広がっているものの、今も小さな国であることに違いはない。そのため、深夜になるとシンガポール中の至るところで旧日本軍の兵士と見られる男が行進している姿が目撃されているという。ただ、特になにか悪さをするわけではなく、ただただ行進しているだけという話がほとんどのようだ。

ほかにシンガポール人に話を聞くと、住まいの中に出ることも少なくない。日本人の在住者の間でも、賃貸で住んでいるマンションの室内に幽霊らしき者が立っていたといった話が聞かれる。これはシンガポールの特徴で、国土が狭いために幽霊も出る場所が限られてしまい、しまいにはいわく因縁もないのに人の家に霊が上がり込んで顔を出しているよう

シンガポールにはタイのような祠が建物に併設されていた

である。

6 インドネシア共和国

インドネシアは二〇一八年の人口世界ランキングで、中国、インド、アメリカに次ぐ第四位となっている。二億六〇〇〇万人を超える国民を抱えるこの国は、およそ八七パーセントがイスラム教徒だ。

世界で最も多くのムスリムを抱える国ではあるが、中東などの国々ほど敬虔《けいけん》だというわけでもないようだ。敬虔なムスリムとは、イスラムの教えである『コーラン』に完全に従って生活する、混じりっけなしのイスラム教徒のことだ。

インドネシアはほかの東南アジア諸国と同じように、土着の宗教としての精霊信仰「ケジャウェン」があった。その後、インドの文化の影響を受け、ヒンズー教や仏教が伝わった。ヒンズー教が入ったのは紀元前一世紀ごろ、仏教は七世紀ごろで、一三世紀にイスラム教が入ってくる。これによって、インドネシアのムスリムには三種類あり、敬虔なムスリム、ヒンズーのしきたりも守っているムスリム、生活の大半はイスラム教の教えに従うものの豚も食べるし、土着のケジャウェンも信仰したままのムスリムがいる。

インドネシアの民族は、ほぼ半分がジャワ人だ。インドネシアの中心となるジャワ島に暮らす先住民族で、紀元前一五〇〇年から一〇〇〇年ごろに台湾近辺から渡ってきたとされる。このほとんどがイスラム教徒であり、しかも大半がケジャウェンも同時に信仰しているとされる。

このため、イスラム教は表向きは心霊などを否定しているものの、インドネシア人はわりと霊的なことに敏感である。特にデジタルカメラが普及した昨今、画像加工を疑うようになった日本とは逆に、心霊写真に興味を持つ人が増えてきているという話だ。

デジカメだからこそ心霊が見えるという説

科学的検証は聞いたことはないが、赤道に近づくほど心霊現象が多くなるという意見をときどき耳にする。その説に従えば、東南アジアでは赤道直下のインドネシアがどの国よりも心霊現象が多いということになる。大小合わせて一万を超える島々で構成される諸島国家なので必然的に国民も多民族となり、公用語はインドネシア語ではあるものの、言語は地域・民族別に六〇〇前後にのぼるという。そのため、言語的アイデンティティによって国家を統一することが難しく、同時に土着信仰や文化もそれぞれの民族や居住地域で異なってくる。

さまざまな意見やものの考え方があるなかで、インドネシアは特に若者たちの間で心霊写真のブームが起こっている。日本でもテレビ番組や雑誌が心霊特集を組むとすれば、それは夏場である。暑い季節や場所には、背筋が凍るような怪談がお似合いというわけだ。

インドネシアにも有名な心霊スポットはいくつもあるが、たとえばジャワ州の州都スマランにある「ラウン・セウ」だ。ラウン・セウは、オランダ統治時代の一九〇三年にオランダの鉄道会社によって建てられた大きな洋館のような建物だ。建設当初は鉄道駅として利用されていたが、一九四二年からの三年間は日本軍がこの建物の地下通路を牢獄に使った。このときにオランダ人やインドネシア人が投獄され、拷問も行われたとされる。ここが心霊スポットであるとされるのはこのためだ。

ジャカルタの大統領公邸「イスタナ・ムルデカ（ムルデカ宮殿）」もまた目撃談があとを絶たず、歴代大統領が怖れおののく建物だとして有名だ。

大統領と言えば、インドネシアの大統領たちはみな、南の海の女王と呼ばれる神「カンジエン・ラトゥ・キドゥル」を崇拝しているという。西ジャワを統治した王族の美しい娘ラトナ・スウィディ王女が呪いで醜く姿を変えられ、王家から追放されてしまった。王女は追い払われた山の中で瞑想し、その際、神に海の精霊になることを勧められる。そして、南の海の底に宮殿を建ててそこで暮らし、海を守る精霊になったという伝説だ。

一六世紀に、ある王朝の若い王子が海岸で瞑想していると、海の女神カンジェン・ラトゥ・キドゥルに出会い、海底の宮殿に招待された。王子はカンジェン・ラトゥ・キドゥルに気に入られ、守ってもらうことを約束する。その後、この王子はマタラム王国の王として君臨することができたという。

インドネシアの王族や歴代大統領は、このカンジェン・ラトゥ・キドゥルを崇拝することで加護を受けているとされる。一九九二年にはシャーマンがカンジェン・ラトゥ・キドゥルと対話した際、バリ島のホテル「バリビーチ・ホテル（現・イナ・グランド・バリビーチ・ホテル）」の三二七号室をある期限までにカンジェン・ラトゥ・キドゥルに捧げるように言われた。しかし、ホテルのオーナーらはその要求を無視する。そして、期限だった翌九三年一月二〇日、ホテルは火事に見舞われほぼ全焼してしまう。ところが、この三二七号室だけはいっさい燃えなかったそうだ。このホテルは日本の戦後賠償金を利用し、失脚直前のスカルノ大統領が一九六六年に建設した。一説ではこの三二七号室はスカルノが好んで泊まった部屋だったとも言われるが、燃えなかった理由は結局わかっていない。海の女神の怒りだったのか。また、いまもってこの部屋は常に空き部屋の状態にされているという。

このようにインドネシアはイスラム人口が多いなかにもたくさん怪談や伝説がある。そんななかで若者たちはカメラを片手に心霊写真らしきものを撮り、一喜一憂しているようだ。携帯電話やスマートフォンの端末についているカメラ機能を使うなど、特別なものを用意するわけでもなく気軽に始められることから、盛り上がっていると聞く。

日本ではデジタルカメラの普及に伴い、心霊写真のブームは去ったと言っても過言ではない。画像加工が誰にでも簡単にできる昨今、「これは本物」と思えるような心霊写真を見かけなくなってきたから、という理由もあるだろう。しかし、インドネシアの若者は日本とは正反対の考え方で、霊や心霊現象は人間の目には見えない光を発しているため、肉眼で見ることができず、むしろカメラの赤外線センサーなどが霊の放つ光をキャッチして本物の心霊写真が撮れるのだというスタンスなのである。

動画サイトの心霊映像がいまも大人気

インドネシアは人口が多いので、国内でなにかブームが起これば大きな市場になりえる。スマートフォンで撮影した写真を共有するアプリケーションの「インスタグラム」で、僕はインドネシアの女優やモデルをフォローしているのだが、国内でしか知られていないような世界的には無名のモデルでも何万人というフォロワーがいたりするほどだ。霊現象や幽霊らしきものを写真あるいは動画で撮影に成功したと投稿すれば、少しでも話題に上るだけで、あっという間に再生回数が伸びていくだろう。

動画サイト「ユーチューブ」に二〇〇九年四月に初投稿されたと見られる、全編で四分四五秒の短い動画が、おそらくインドネシアの心霊関係映像のなかで最も有名なものだろう。

イスラム教徒の墓地は昼間はのどかに見える

一〇年経った現在、執筆時の確認では再生回数はおよそ九八三万回以上。まもなく一〇〇〇万回を超える勢いでいまも人気だ。この映像はインドネシア国内で撮影されたものとされ、そこにインドネシアの幽霊「ポチョン」が映っている。

ポチョンは悪霊ではないし、妖怪というわけでもない。イスラム教の霊で、通説ではインドネシア式の白い死に装束に身を包んでいる。

インドネシアの葬式は、国民の多くがムスリムであることから、よく見かけるものはだいたいがイスラム式葬儀になる。そこでは白装束を死者に着させるが、その際、頭からつま先まですっぽりと覆い、衣装はしっかりとひもで結んでおく。イスラム教で、死者は死亡から二四時間以内に土葬する必要があり、また、死者の魂はおよそ四六日間地上に残ったのちに成仏していくとされる。死後二四時間以内の葬儀というのは、だいぶ手際よく行ってもなかなかクリアできそうにないタイムリミットだが、そうしなければ死者は天国に行けなくなるらしい。

　また、インドネシアで人が成仏する瞬間というのは、先の白装束のひもがほどけることが前提になるそうだ。ところが、まれに白装束のひもがほどけずに成仏できなくなってしまう場合がある。これがポチョンになるのだ。つまり、ポチョンはたんに衣装のひもをほどいてもらおうと墓から出てくる死者に過ぎない。ちゃんとほどいてあげればすぐさま成仏するそうで、人間には基本的に害のない幽霊なのだ。

　ポチョンは埋葬時に死に装束によって足まですっぽり布で覆われており、足も出せないので、日本で八〇年代に子どもたちに大流行した中国の妖怪「キョンシー」のようにぴょんぴょんと跳ねながら追いかけてくる。そんな状態ではそもそも埋葬された墓から出られないだろうという矛盾を突きたい人もいるだろうが、ポチョンには瞬間移動の能力もあることをつけ加えておこう。

　さて、件《くだん》の一〇〇〇万回再生に到達しようという動画「リアル・ポチョンを目撃(Penampakan Nyata hantu Pocong)」に話を戻す。この動画では若者数人が暗闇の中を進んでいく。ときどき墓石のようなものが見えるので、墓地内でのポチョン撮影を目的に若者たちが来たと推測される。二分四秒あたりでそれらしきものが一瞬映り、同四五秒目で、木の間から白い布に覆われたポチョンが、無言、かつ無表情で立っている様子が映し出された。僕はインドネシア語がわからないのだが、おそらく撮影者が「アクバル！（偉大だ）」と、ムスリムの「ああ神様！」というような言葉を何度も叫んでいるので、彼らはカメラを介してではなく、肉眼でポチョンを認識していることが窺える。

そのポチョンは数秒間ほど無表情で棒立ちになったままだったのだが、急に動き出し、画角から消えていく。画面からいなくなった瞬間に若者たちもまた一斉に逃げ出すが、三分五五秒目に再びポチョンが映像に現れ、こちらをずっと見ていた。以降は、同じようにポチョンが移動し、若者たちが逃げ出すというパターンが繰り返される。

この動画はインドネシアでも賛否両論らしい。結局のところ、このポチョンは全身が見えないし、木の枝（あるいは幹）の間から青年たちを覗き込み、振り返るように横を向いて消えてしまう。その消え方が不自然という意見もあるのだ。

先述のとおり、ポチョンは瞬間移動の能力があるとされているので消えることは大目に見るとして、最大の特徴であるぴょんぴょん跳ねるような歩き方が、この動画から見ることができないので、これがポチョンだ！　と断言できる材料ではないのは残念だ。さらに、ポチョンと撮影者との距離感に疑問が残る。画面で見る限りではかなり接近しているが、肉眼で確認できる幽霊にあそこまで堂々とカメラを向けられるだろうか。暗すぎることと解像度もよくないことから、サイズ感もわかりにくいうえ、合成に見えなくもない。

以上の点からはフェイク動画にも見えるが、それでもインドネシアの若者たちの心霊現象や幽霊に対する考え方や気持ちがそこにかいま見られる。その点では真偽は別にしても、ある種の優れた動画だと感じた。

7—フィリピン共和国

フィリピンは敬虔《けいけん》なキリスト教カトリック信者が多い国として知られるが、やはりタイなどの東南アジア諸国と同じように、スペインによってキリスト教が持ち込まれる以前は精霊信仰のようなものがあった。そのため、霊的なスポットと言われる場所も少なくない。

心霊現象が起こるかどうかは別として、有名なスポットではルソン島にある「ミイラ洞《どう》窟《くつ》」や、サガダ地方の「崖の墓場」が挙げられる。

ミイラ洞窟は、カバヤンという村にある。そこには数百年以上も前のものと見られるミイラが六〇体ほど安置されている。これらのミイラは保存状態がよく、かなりきれいな姿だ。というのは、自然にミイラ化したものではなく、死ぬ間際に塩水を大量摂取させ、死後に火で炙って人工的に作ったとされるためだ。このミイラには呪いがあり、直接素手で触ってはいけないという。

　サガダ地方にある崖の墓場は、この地に暮らすイゴロット族に死者を納めた棺桶《かんおけ》を崖に吊す風習があることからこの名がついた。岩の壁にいくつもの棺桶が吊り下げられている風景が見られる。ここはキリスト教徒が多い地域だが土着宗教の影響も強く、死者をより天国に近づけてあげるための方法として、この「懸《かけ》棺葬《かんそう》」が行われているのだ。これはここに限られた風習でなく、インドネシアのスラウェシ島や中国のいくつかの地域でも行われている。

上／カバヤンにあるミイラ洞窟　下／サガダ地方の崖の墓場

　タイ人は基本的に墓を持たないことから、こういったフィリピンの有名スポットは、僕には珍しい場所に見える。イタリアなどで見られるカタコンベ（地下納骨堂）のような、どこかヨーロッパのスポットに似た印象も受ける。

やはり東南アジアでは殊に心霊に限っては、フィリピンは特殊な場所のような気がする。

洋風な女性の幽霊が多いフィリピン

フィリピンはアセアンでは唯一のキリスト教国で、カトリックが国民の八三パーセント、その他のキリスト宗派が一〇パーセントで、合算すれば実に九〇パーセント超がキリスト教を信仰している。これだけでも、やはりフィリピンは東南アジア諸国では特に異色であると考えてもいい。

そのため、目撃される幽霊もまたどこか欧米的な雰囲気がある。タイやミャンマーのような森に宿る精霊といったものとは違って、出現スポットも廃病院や道端、墓地など、日本の怪談のような近代的、あるいは実話怪談的な場所が少なくない。

近年のフィリピンでよく目撃される幽霊は主に女性霊のようだ。白いドレスを着た霊がフィリピン全体で目撃され、「ホワイトレディー」と名づけられている。日本で都市伝説の走りとして流行った「口裂け女」などに似た都市伝説めいたところがあり、各地で様子が異なる。顔面がのっぺらぼうであるとか、目はあって鋭い眼光でこちらを睨んでいただとか、髪の毛で顔が見えず身体は半透明だったとか、「白い服を着た髪の長い女性」という共通点以外は容姿の描写は多岐にわたる。ケソンには、かつてスペイン人が暮らした洋館が建ち並ぶ古い町並みのエリアがあり、ここは昔からこの地で亡くなったとされるスペイン人の霊が彷徨《さまよ》っているという噂が絶えなかったが、最近はこのホワイトレディーの目撃例も加わったという。

では、なぜホワイトレディーが出現するのか、という理由もまた曖昧だ。交通事故で亡くなった女の霊だとされることもあれば、殺された女の怨霊ともいう。取り憑かれると女が死んだのと同じようなシチュエーションで命を落とすといった物騒な噂も流れる一方で、ホワイトレディーを見かけたら幸せになれる、という平和な噂も存在する。

さらに、フィリピンにはほかにも女性の霊がいる。「ブラックレディー」や「レッドレディー」といった、なぜか色で区別された幽霊たちである。これらの霊も目撃情報は広範囲で、出現の原因もまたさまざまである。

まず、ブラックレディーはその色合いからも察することができると思うが、目撃者に幸せを運んでくるようなよい性質の霊ではなく、基本的には悪霊と考えられている。もしくは魔術師や魔女そのものだとも噂される。主にビーチリゾートとして知られるセブ島を中心に出現しているそうだ。

一方、レッドレディーは性暴力などひどい仕打ちを受けて亡くなった女性の霊だとされる。タイにも女性の精霊はいるが、民族衣装を着ているなどタイらしさ、それから昔ながらの霊であることを想起させる姿をしている。フィリピンのこの女性霊たちはどちらかといえば今風である。たとえば、先のホワイトレディーも服装は洋服なのだ。

もちろん古典的な霊も存在しないわけではない。四六九ページのカンボジアの幽霊として紹介した「アープ」とほぼ同じ「マナナンガル」がその一例だ。アープやタイのピー・ガスーは首と内臓が身体から抜けてふらりと飛び立てる一方、マナナンガルはというと、下半身と上半身に分かれ、上半身はコウモリのものに似た羽が生えて飛行する。そのほかの特徴や弱点はアープと同じである。ただし、マナナンガルの正体はシキホル島に伝えられる魔女だという。シキホル島はフィリピンの中部にあり、この辺りは黒魔術が有名な地域だとされる。

フィリピンは日本と同じように、陸上で隣国と国境を接していない島国である。それでも陸続きのアジアの国々に伝わる悪霊譚と類型と思われる怪談が伝わっているとは、この国もなんだかんだ言っても東南アジアの一国なのだ。

心霊療法が盛んだが、果たして本物なのか

フィリピンにはいまも霊能力を利用した「心霊療法」あるいは「心霊手術」が存在している。西洋医学で治せなかった病気が心霊の力で治癒できると、世界中からたくさんの病人がフィリピンを訪れる。

この心霊療法は、実は世界中で行われていることだが、特にフィリピンとブラジルが盛んなのだそうだ。土着の信仰など、特に浸透しやすい土壌がこのふたつの国にあったことがその要因である。心霊手術の権威として世界的に有名だった霊能者もいるし、フィリピンの北の方にあるルソン島の聖なる山「バナハウ山」には今も一〇〇人超の霊能者が、日々心霊療法で多くの人を救っている。

心霊療法とはその名のとおり、霊能力を使い、患者の病気を治す民間療法である。霊能者が神や精霊と手を組み、その力を使って病気の源を治療することだ。薬草や呪術、除霊などさまざまな手法があり、なかには癌《がん》や血腫などの病気患部に手をかざしたり撫でたりして病巣を摘出する心霊手術というのもある。手をかざすと、その皮膚から血が流れ出したり吹き出たり、さらには病源と思われる組織を体外に取り出す。再びそこに霊能者が手をかざせば、血のような液体が大量に流れ出たにもかかわらず、皮膚は傷ひとつない元の状態に戻る。

心霊療法は、患者側の信仰心のレベル、霊能者の霊界と通じるための能力レベルで治癒の進み具合が変わると言われている。身体からなにか物体を摘出する心霊手術トリックがあるともされる。要するに手品のひとつである。俗世間的な自称霊能者は金儲けをしようと企み、マジックショーのようなタネを仕込んで手術に見せかける偽者もいる。本当に霊能力がある人が言うには、心霊療法は人を助けたいという気持ちだけで行うもので、悪いことを考え始めると、人を治せる能力は一瞬にして神に奪われてしまうのだそうだ。

また、心霊療法を求めて霊能者の元を訪れる人の多くは、西洋医学による治療では治らないと医師に見放された大病を抱えていることが多い。要するに最後の頼みの綱として霊能者に会いに来る。そうして、実際に目の前でなにか物体が身体から出てきて、悪い部分はなくなったと言われ、気持ち的に調子もよくなってきたとなれば、心霊手術のおかげで完治したと思うことだろう。

しかし、当然ながら西洋医学ではなんら根拠もないので、心霊治療は医学のなかではセラピーやヒーリングの一種となる。中国伝統医学のように身体のバランスを整えることが最終的な目的地なのだ。また、心霊療法では、病気は「カルマ（業）」のせいで起こっていると考える。となると、もし心霊手術でいったんは病気が治ったように見えても、元からその患者が抱えているカルマが正されない限りは、その病気は再び発症することになる。要するに治らないのだ。

心霊手術がトリックかどうかは別として、患者側も施術者側も信じることがフィリピンの心霊療法で病気を治してもらうコツなのである。

8 ラオス人民民主共和国

ラオスは一九七五年の王政廃止から社会主義国になった。それ以降、霊的なものは政府が完全否定している、と在住の知人から聞いた。出版物には占いさえ掲載されないそうだ。霊媒師や呪術師も迫害されているが、南部にはいまも隠れて生活している人がいるという。特に南部のサーラワン県、アッタプー県、チャンパサック県は、タイの呪術にも影響力があるといわれるカンボジアに接しており、クメール系ラオス人が隠れて呪術を継承しているそうだ。実際にいまもそういった類《たぐ》いの話は多く、ラオス人男性はこの三県の女性と結婚することを恐れるという。妻の機嫌を損ねれば呪いをかけられるからだ。

ビエンチャンは市街が古いせいか、心霊を否定する国の首都でありながら、そこかしこで霊的な現象や霊障がよく起こり、目撃談もあとを絶たない。

ラオスはタイや中国と歴史的に密接な関係があるので、特にタイからビエンチャンに入ると、別の国でありながらタイの田舎町を想像させる風景を目の当たりにする。タイほどきらびやかではないが上座部仏教の寺院もあるし、大昔からある精霊信仰においてはタイ語と同じ「ピー」が通じる。それほど文化的に似ている部分も多いのだ。

ラオス人はタイ人と比較すると、気質は穏やかでおとなしい。内陸国で産業といえば発電

ビエンチャンの象徴でもある凱旋門、パトゥーサイ

とコーヒー豆とビールくらいしかない貧しい国ともいわれるが、人柄はみな温和で、金はなくとも心豊かな暮らしをしているようにさえ見える。

そんなラオスの心霊ネタをいくつか紹介したい。

ラオスに遺っている戦争の爪痕

ラオスの現首都ビエンチャンは一二世紀には都市形成が始められており、一九四七年にラオス王国が成立しても、引き続き首都として認められた。しかし、歴史においてはタイやベトナムに振り回され、長らく内戦が続いたこともあって、苦労を味わってきた。優しいラオス人気質と過酷な歴史はまったく結びつかないように思われるほどだ。

ラオス国土の東側は三日月状のベトナム国土に完全に寄り添う形状をしている。ベトナム戦争時、米軍は北ベトナムを爆撃機で攻撃していたついでに、実はラオス南部にも大量の爆弾を落としている。北ベトナム軍はハノイ近辺から直線的に南下するために、ホーチミンルートを国内ではなくラオス南部に構築していたからだ。そのため、地理的にベトナムと接しているラオス南部や、当時北ベトナム政府と密接に関係していた共産主義グループのパテト・ラオが拠点としていたラオス北部のシェンクワン県には、合計で二〇〇万トンもの爆弾が投下された。

百歩譲って、戦時中の作戦である以上爆撃は仕方がなかったとしても、問題はその爆弾がいまもラオスに深い爪痕を遺していることだ。

陸上自衛隊の元爆弾処理担当官だった人物に聞いた話では、投下された爆弾は、統計的に三割が必ず不発になるという。第二次大戦で焼土となった東京や沖縄でも、戦後七〇年を過ぎたというのに不発弾が見つかるのはそういった理由からだ。ベトナム戦争に関係して爆弾を投下されたラオス国内にも、大量の不発弾が眠る。特に南部は山岳地帯のため、カンボジアのクメール遺跡であるアンコール・ワット周辺に眠る地雷を撤去したような特殊なブルドーザーを導入することはほぼ不可能だ。人海戦術で人の手に頼るしかなく、ラオスの不発弾撤去には、あと二〇〇年もかかるとさえ言われている。

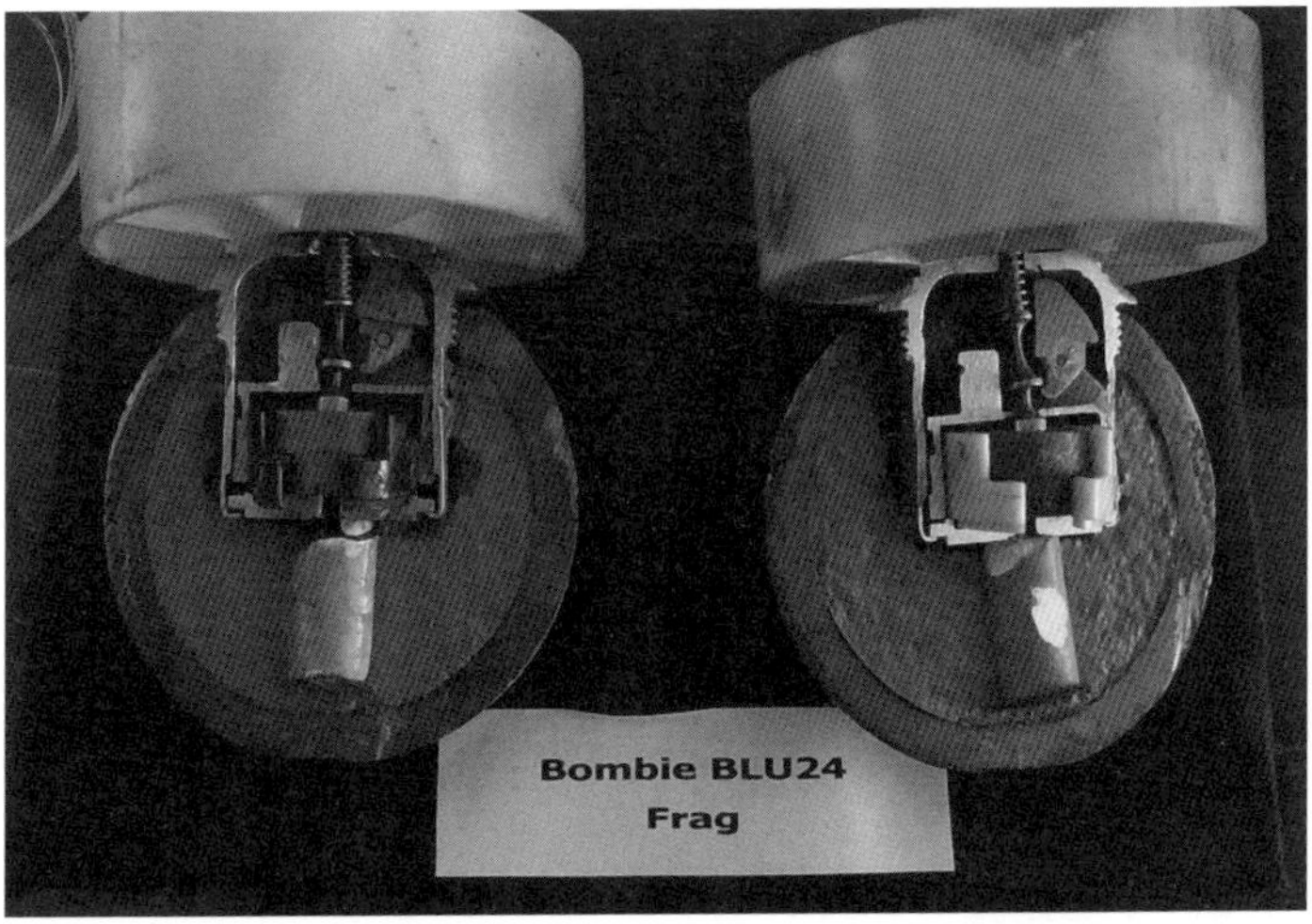

JMASという元自衛官で構成された団体が公開する、クラスター爆弾の子爆弾の構造

特に危険なのはクラスター爆弾だ。構造としては、「親」になる筒の中にテニスボール大の子爆弾をいくつも入れたもので、投下速度など、一定の条件が整うと親筒が開き、なかの数百個の子爆弾が広範囲に散っていく仕組みだ。

このときに不発となった子爆弾が地面に埋もれ、気づかず農民が開墾のために鍬《くわ》を地面に叩きつけたときや、雨などで土が流れて地面から顔を出していたり木に引っかかっていたりした不発弾を子どもが発見して手に取ったときに暴発事故が起こる。興味深いのは、子爆弾は特殊な形状をしていることから、不発弾に興味を持ってしまうのが男児であることだ。子爆弾の不発弾暴発で死亡する子どもは男児が圧倒的に多いのだ。

二〇〇〇年から一一年にラオス国内で不発弾が原因で亡くなった人は二六〇〇人に上る。つまり年間で二〇〇人超が爆弾で死んでいることになる。国内の交通事故死者数が一一年の統計では九〇二人であることから考えても、ラオスの不発弾による死者は異様な数である。

ラオス政府はいまも土地開発の際には不発弾の有無を調査することを義務づけている。これが足かせになり、東南アジア全体が成長をしているなか、ラオスは貧困から抜け出せない。

ビエンチャンはどこでも出る街

ラオスはベトナムとカンボジアと共にインドシナとしてフランスの統治下にあった時代がある。そんな歴史に関係するスポットもある。たとえば中央部の南寄りにあるタークケークという、メコン河沿いにある街ではフランス人によるラオス人の虐殺があった井戸があるとされ、そこは夜な夜な殺された人々が彷徨《さまよ》っているという噂もある。

東南アジアは全体的にヨーロッパの列強国に翻弄された国が多くあり、ラオスはベトナム戦争の最中や、終戦後の王政廃止という革命以後もソビエトとの繋がりも強く、ビエンチャンには旧ソ連に関係した古い建物も遺っている。

そんなビエンチャンもいまはだいぶ発展したが、それでも外資系のファストフード店はほとんどないし、コンビニエンスストアに並ぶ商品は多くがタイ製で、一部が中国や韓国の製品になる。二〇〇〇年代初頭ですら市内の信号機などほぼ機能しておらず、あってないようなものだった。

そういった事情もあり、いまも昔ながらの雰囲気が残るのは当然だ。タイ人の年寄りはビエンチャンに来るとノスタルジックな気分になるという。

そんな街を気に入ってラオスに移住してきた日本人女性に話を聞くと、彼女自身もなにかを感じることがあるし、彼女の友人のラオス人もみなビエンチャンは「出る街」だと言うそうだ。

たしかに、僕自身もゲストハウスと呼ばれる安宿に入ると、奇妙な空気を感じることがあった。国の産業のほぼすべてが輸入に頼りきりの国なので、隣国タイと比較すると関税の分だけ物価が高く、安宿といっても一泊あたり二〇〇〇円近くはする。その分、部屋は広いが、古い感じが否めないし、常に誰かに見られているような印象を受ける部屋もある。

ビエンチャンは中国から流れてくるメコン河に隣接している。対岸はタイのノンカイ県だ。特に川沿いエリアはゲストハウスやホテル、バーやレストランが建ち並び、高い建物といってもせいぜい四、五階建てくらい。そんなに低い建物の上にあるレストランでも、タイ領土に沈んでいく夕日と、それに美しく反射するメコン河の水面を眺めることができる。僕が泊まるのはそういったエリアだ。ここだとタイ国内の携帯電話の電波が届くので、わざわざラオス国内の通信手段を確保する必要がないためである。

しかし、古いゲストハウスも多く、メコン河という水辺に近いこと、戦争などで人の生き死にが多かった古都となれば、心霊スポットの発生要件を満たしているようなものではないか。

僕自身の経験では、長年空き地となっている土地が隣にある宿では、深夜になると窓の外から叫び声がときに聞こえることもあった。ラオスの夜は早い。いまは飲食店なども遅くまで営業しているが、それでも深夜〇時を回れば街は静まりかえる。近隣を徘徊する不良外国人たちが酔って叫んでいることもあるものの、窓外や宿の廊下からなにか物音がするとき、僕は妙に寒気を感じる。

夢か現実かわからないなかで見たリアル

初めて僕がビエンチャンに来たのは二〇〇四年七月のことだ。いまでこそ一国の首都らしく街は明るいが、そのころは対岸のタイの田舎町であるノンカイ県の空の方が明るく見えた。夜も一〇時になれば市内は真っ暗闇で、メコン河沿いの公園で毎夜開催されるナイトマーケットもなく、当時は道路のすぐ脇まで川面が迫っていた。

市中で流通するのもラオスの通貨であるキップでなく、タイのバーツ紙幣か米ドル紙幣だけだった。ごく最近まではベトナムもカンボジアも自国通貨より米ドルが流通していたことを見れば珍しいことではないが、いま現在の日本では考えられないことがたくさんあった。

それがだいぶ変わって、二〇一〇年前後には革命時に欧米に亡命していたラオス人が戻り始めたらしく、ビエンチャンは不動産バブルに沸き、富裕層が急増した。その相乗効果で街も、僕が初めて来たときよりは発展し、新しい建物が次々とできあがっていく。これにより、初めて宿泊した古いホテルは二〇一一年に再訪したときにはすでに取り壊されていたが、初ラオスの最初の夜にそのホテルで奇妙な体験をした。

ホテルとゲストハウスの中間といったその宿は、床から天井まで四メートルはあり、部屋も五〇平米はありそうな広さだった。ただ、それだけ広いのに、部屋は蛍光灯二本しかなく、夜は薄暗い。当時は街にバーなど飲める店はないし、スマートフォンもなければ、本だって読めるような明るさではなく、早めに就寝した。

翌朝、目が覚めるとすでに日が昇っている時間で、カーテンの外が明るかった。カーテンレールの上の天井に、外で待機している三輪バイクのトゥクトゥクが走り、徒歩で歩く人たちの姿が映し出されていた。カーテンの小さな隙間がピンホールレンズの役目をして、外の様子が映画のように天井に反射されていたのだ。

僕は寝起きが非常に悪く、目は開いているものの、いつもどおり、なかなか動くことができないでいた。すると、部屋のドアが開いた。そこから、白いワンピースを着た黒髪が長く、瞳は黒目だけで口のない、青ざめたような肌の女が入ってきた。部屋の天井には細い棒で支

上／ラオスを代表するとされる仏塔のタート・ルアン
下／タイほどきらびやかでも洗練されてもいないが、ラオスにも仏教寺院は多い

昔ながらのゲストハウス。こういったところは徐々に淘汰されている

えられた扇風機ががらがらと回っている。季節的にはかなり暑いはずだが気温はちょうどいいほどで、寒気がすることもなかった。

　ゆさゆさと身体を左右に揺らしながら女が歩いてくる。まるで両脚の長さが違うかのような奇妙な歩き方だ。まっすぐに僕に向かってきた。このときに僕は自分自身が金縛りにかかっていることに気がついたが、夢の続きで、まだ目覚めてはいないのかもしれないと、むしろ冷静で怖さはなかった。

　女はベッドの横に立つと腰だけを曲げ、なぜか僕の爪先のにおいを嗅《か》いでいた。ほんの二、三〇秒だろうか。ふいに女は立ち去っていった。

　ドアが閉まると身体が動くようになっ

た。夢から覚めるという感じではなく、あくまでも自分の中では意識ははっきりしていて、寝ていたわけではないと思う。起き上がってカーテンを開けると、天井に映っていた映像を反転したままの風景があった。

たしかにかけたはずのドアチェーンとノブの鍵は開いていたが、僕は夢だったのか、現実に見た霊だったのか、あるいは実在する人間だったのか、いまも判断がつけられない。これが在住者たちが言う、ビエンチャンは出る、ということだったのだろうか。

おわりに

バンコクで心霊現象多発スポットを問われたら、現状、僕は自宅の書斎を挙げたい。

僕の住まいはバンコクと南側で隣接するサムットプラカン県にある。タイ人中流層向けに建設されたコンドミニアム（マンション）を二〇〇八年に手に入れた。いまでこそスカイトレインの路線延長で便利になったが、引っ越し当時はただただ辺鄙《へんぴ》な場所だった。当時はこの近辺の地理に疎《うと》かったので不確かだが、いまになって思うと、本書冒頭で紹介した救急救命ボランティアの報徳堂で初めて見た殺人「一二歳の少女の強姦焼死体現場」の付近だったような気がする。

住み始めた当初は特にこれといった現象はなかった。その後、二〇一二年ごろから徐々に怪談などの情報収集を本格化し、自宅で変なことが起こることに最初に気がついたのは、日本のラジオに電話出演をしたときだ。

二〇一五年の年の瀬に、ラジオに電話越しで録音出演した際のことである。タイ生活の魅力をひとりでハイテンションに語るよう依頼されたのだが、これが結構難しい。日本のスタジオにいる担当者の合図で録音が開始される。僕も気を遣い、妻が子どもたちを学校に送っている時間帯に予定を組み、念には念を入れて、居間のテレビが消えていることを確認し、書斎のドアと窓はしっかりと閉め、さらにエアコンも消して、できるだけ無音の状態を作り上げた……はずだった。

何度かつまずきながら台本を読み進めていくと、ふいに担当者の声が耳に入ってきた。

「すいません、テレビとかオーディオは全部消してもらえますか？」

一瞬、なにを言っているのかが理解できなかった。言われなくてもすべてやっているのだから。ほんの少しだけカチンと来たくらいである。

「え、全部消していますよ。ドアも窓も閉めているし」

「いやいや。髙田さんのすぐ横で女の人がめちゃくちゃ笑ってるじゃないですか」

自宅内を徘徊する謎の女性

霊感はない方だと思うが、実際に霊としか思えないようなものに遭遇することはよくある。

以前使っていたパソコンはディスプレイ周囲が光沢のある黒いプラスチックだった。はっきり見えないにしても光沢が鏡の役目をはたし、背後に動きがあるとすぐにわかる。書斎のドアを開け放っていれば、居間までぼんやりと見えた。

そのディスプレイの縁に、ときどき女性が居間を右往左往しているところが反射で見えることがある。長い黒髪の女性で、白い長いワンピースのようなものを着ている。僕の妻の髪は長いが黒ではなく、白いワンピースは持っていない。

その女性が僕の書斎の前に立っていたこともある。一度などは、僕の耳のうしろにまで接近して来たこともあった。顔を近づけて、僕ではなくパソコンの画面を覗き込んでいるような姿勢だったので、娘が見に来たのかと思っていた。娘は日本語に興味があるのか、ときどき画面を見に来ることがあるからだ。僕はそのとき閲覧していたウェブサイトの内容を指し、これはこうでああだと、娘にしているつもりで説明をした。なんの反応もなかったので振り返ると、誰もいなかった。

いまこれを書きながらふと思ったのだが……。まさか、ラオスのホテルでベッドの横に現れたあの女性霊ではないよな?

有名な心霊スポットに出かけたとき

二〇一八年二月のある日、バンコクの北西で隣接するノンタブリー県にある心霊スポットに足を運んだ。午前中の明るい時間だった。車を運転し、スマートフォンのナビゲーションに場所を入力し、それを頼りに進んでいた。

目的地は「ワット・プラサート」というアユタヤ王朝時代の半ばにできた古い寺だ。三〇〇年も前に造られた赤い塀の周囲を、深夜、この世の者ではない誰かが徘徊しているという話だった。到着してみれば、残念ながらそんな塀は存在していなかった。一一年の洪水で木製の壁が腐り、白いコンクリートの塀に作り替えられていたからだ。

取材としては空振りだが、しかし、思い返せば異変は寺院到着前に起こっていた。

タイは運転マナーが非常に悪く、ドライブレコーダー搭載が当たり前になってきているので、僕も後付けで購入していた。ところが安物で、カメラは問題ないが、フロントガラスに取りつける吸盤とカメラを支える支柱の接合部分に不具合があった。車が強い振動を受けたり、直射日光でフロントガラスが熱を持ったりするとゴムの吸盤からプラスチックの支柱が外れてしまい、ルームミラーに巻きつけた電源コードにカメラが支柱ごと垂れ下がってしまうのだ。ただ、電源コードだけはしっかりしていて、抜けることはなかったのだが。

それが寺院到着の直前にも起こった。周辺は洪水で大打撃を受けたため、再開発で道路は新しく、不快な振動などなかったにもかかわらず、突然ドライブレコーダーが目の前で弾け飛んだ。

いつもなら支柱が吸盤から外れるが、弾け飛んだのはカメラ本体だけだった。支柱より軽いカメラだけが、支柱を吸盤に残したまま、深々と挿さった電源コードまで抜けるほどぶっ飛んでいる。車の中心線に設置したカメラを、僕は右手でキャッチしたほどの勢いだった。

カメラと支柱の鉤状の接続部からしても、ありえない方向に、まるで手で払ったかのように真横に飛んだのだ。

ただ、このときも怖いというよりも、不良品を売りつけたディーラーへの怒りの方が勝っていて、僕は怒り心頭のまま寺を通過し、近くのコンビニエンスストアで瞬間接着剤を購入して、液体を一気に吸盤へと流し込んでやった。

勝ち誇ったつもりで僕はワット・プラサートに到着したが、赤い壁はなく、タイの心霊スポット巡りではよくある空振りに終わった。

テレビにも出演する悪霊祓い

車でもそんなことが起これば、もはや家ではなく僕自身になにか憑いているのだろうか、とさえ思えてくる。では、タイで霊を祓《はら》ってもらう場合、どうすればいいのか。二〇一九年時点で最も有名で、人気があるのは除霊師モー・プラー（プラー先生）である。

モー・プラーはバンコクから西に向かって車でおよそ二時間のペッブリー県にいる。霊媒師はモー・ピーと呼ぶが、タイのテレビ番組ではモー・プラーを「ムープラープ・サンパウエーシー（悪霊祓い師）」と名づけ、彼自身も便乗して職業を「悪霊祓い」と名乗る。

マスコミにも積極的に顔を出し、その顔つきは妙に厳《いか》つく、正直、胡散臭《うさんくさ》さを感じてしまう。しかし彼は、彼に縋《すが》る者から報酬をいっさい受け取っていない。

「二四歳のとき、原因不明の激しい頭痛に見舞われて、そのときに霊がはっきりと見えるようになった」

彼が二四歳というと、二〇〇一年ごろだ。強い頭痛が去ったとき、彼は除霊活動を自分の使命と悟った。

いま、ペッブリー県の彼の元には毎日一〇〇人以上が助けを求めてやってくる。医者に見放され、原因不明の症状に悩まされている人々だ。除霊に時間がかかる場合は自宅裏に増設した建物に滞在させる。僕が見に行ったときには三〇〇人近くが除霊を待っていた。一泊で済む場合もあれば、一か月以上かかることもあるそうだ。それでもモー・プラーは彼らから一銭も取っていない。

モー・プラーの除霊方法は、仏教的な儀式に則ったもの、サムンプライ（薬草）を併用したもの、背中（首の付け根付近）を強く叩いてサンパウェーシー（悪霊）を追い払う方法が用いられる。普段は自宅で相談を受けるが、土地に憑いている悪霊が強い場合は現地へも赴く。

モー・プラーが言うには、霊障や心霊現象は宗教と関係がないのだそうだ。仏教徒が仏教的な霊障に悩まされているとしたら、それはおそらく心の病であるという。だから、ムスリムであっても、外国人であっても、彼を訪ねていけば霊障を祓ってくれる。

取材中、背後で悪霊に取り憑かれうなり声を上げる男性がモー・プラーの助けを待っていた。また、バンコクで購入したコンドミニアムでおかしな現象が起こると相談に来た家族もいた。相談者たちがみなまで言わないうちに、モー・プラーは助言を始める。それから、モー・プラーの奥さんは祓うことはできないものの、忙しいモー・プラーに代わって、電話で対応していた。聞いていると、タイ北部から首吊りをした親戚の件で話したいというものであった。

「俺に祓えないピー(霊)やサンパウェーシー(悪霊)はいない。体調不良がピーの仕業なら俺が助けてやる。いつでも俺に会いに来てくれ」

モー・プラーは自信を持って言った。バンコクにも霊媒師や呪術師がいる。残念なことに霊感商法として信心を悪用する詐欺師《さぎし》もいる。見分けることは難しいが、タイで霊障に悩まされたら、モー・プラーのような人に出会う必要がある。

インタビュー後、重症の患者をモー・プラーが除霊する様子を見ることができた。五、六〇代の男性は座っていることもできず、床に寝転がって、ただ叫んでいた。モー・プラーが話しかけても、その声が届いていないらしく、叫ぶだけで応えてはくれない。

次の瞬間だ。

モー・プラーがその患者の頰を数回ほど平手打ちした。それもかなり強く。我に返る患者はモー・プラーに圧倒されながらも質問に答えた。モー・プラーは薬草の飲みものを与え、様子を見るように指示した。

そして、僕に向かって「いつもこんな感じだ」と笑った。除霊してほしいが、かといってあれだけ殴られるのも考えものだと、ちょっと思った。

占い師に言われた意外な一言

本書の執筆が終わり、細かい箇所を修正していこうという段になって、タイ在住の友人から電話がかかってきた。古典怪談で有名なメーナークが祀《まつ》られる、ワット・マハーブットの祠《ほこら》は宝くじの祈願で有名である一方、祠の裏手にある広場もまた人気らしい。

その前日、友人は知り合いに連れられて、広場に行ったそうだ。そこは占い師が集まっている場所で、知り合いが会いに行った五〇代と見られる女性占い師に友人も診てもらったところ、名前と生年月日を言っただけなのにもかかわらず、たくさんのことを言い当てられたのだという。

その知り合いは、本当は友人にある写真を見てもらいたかったらしい。彼が以前見た、この占い師の写真だ。この広場はメーナークの祠が建て替えられたのを機にそこに移転してきた。ただ、新ブースはやや狭くなったらしく、その占い師は写真を自宅に持ち帰ってしまい、友人は見ることができなかったという。

その写真はその占い師と娘がふたりで写っているだけなのだが、見る人によって、占い師の顔そのものや、顔色、表情が違って見えるのだという。

早速その電話の次の日、僕も会いに行ってみた。やはり写真はなかったが話を聞くと、この女性占い師アージャーン・ドゥアンネート（ドゥアンネート先生）は霊視こそできないが、霊や人のオーラを感じることができるという。受け答えが優しく、一五六ページで紹介したジュタラット先生同様、話すだけで落ち着くような人柄だ。

占いは一回三〇〇バーツ（約一〇〇〇円）で、名前と生年月日、生まれた曜日を伝えると、細かく字が書かれた本からなにかを拾っていき、数字を導き出す。その間、独り言のように、僕の素性を呟く。子どもや家族、兄弟の人数、僕の実父の病気など、次々と言い当てていった。そうして、導き出したものから運気を示す折れ線グラフを書き出し、総合運をまず教えてくれた。

あとはタロット占いを組み合わせて、なんでも好きな質問を九つまでさせてもらえる。子どもたちの将来や、実父の病気の今後などのほかに、僕はひとつ、最も気になることを尋ねてみた。いろいろと言い当てるので、僕はかなり信用し始めていた。

「僕になにか憑いていますか」

ドゥアンネート先生は僕の顔を見て、折れ線グラフを見て、タロットカードを視て、言った。

「なにも。ピーも悪霊も、水子もなにも憑いてない。金運も仕事運もなにもないね」

そこまでなにもないなら、せめて呪われでもしていれば心霊記事を書くライターとしてはメリットだったのに。だとすると、自宅で気配を感じる白い服の女はなんなのだろうか……。しかし、逆に考えればこれは僕の強みだ。

本書では数多くの心霊情報を紹介した。それなりにボリュームはあるが、これらはタイや東南アジア全体から見ればほんの一粒程度の話や体験でしかない。心霊体験は常に人々の間から湧き出てくる。これからも。そう考えれば、本書冒頭で述べたように、タイを中心に東南アジアの心霊スポットを巡る「ゴースト・ツーリズム」はどうやら成立しそうである。そうなれば、僕のライフワークも充実する。しかも、僕は憑依されにくいときた。今後、どんなスポットでも安心して巡ることができそうだ。

みなさんも、本書を参考に、タイや東南アジアの旅行の際には自分なりの実話怪談を蒐集することも楽しんでいただければ幸いである。

二〇一九年八月

高田胤臣

【著 者】髙《たか》田《だ》胤《たね》臣《おみ》

1977年、東京都出身。98年に初訪タイ後、タイ語留学を経て2002年からタイ在住。現地採用者として会社員をしながら執筆活動を続け、11年『バンコク 裏の歩き方』（彩図社）からライターを専業に。現在はタイを中心に東南アジア各国で取材を進め、書籍、雑誌、ウェブ、電子書籍などで執筆する。著書に『バンコクアソビ』（イーストプレス）、『ベトナム 裏の歩き方』（彩図社）などがある。

【監修者】丸《ま》山《るやま》ゴンザレス

1977年、宮城県出身。考古学者崩れのジャーナリスト、編集者、國學院大學学術資料センター共同研究員。國學院大學大学院修了後、出版社勤務を経て独立。現在は世界各地で危険地帯やスラムなどの取材を続ける。主な著作に『世界の危険思想 悪いやつらの頭の中』（光文社新書）などがある。

亜《あ》細《じ》亜《あ》熱《ねっ》帯《たい》怪《かい》談《だん》

2019年9月25日 初版

著者 髙田胤臣

発行者 株式会社晶文社

東京都千代田区神田神保町一－一一 〒一〇一－〇〇五一

電話 〇三－三五一八－四九四〇（代表）・四九四二（編集）

URL http://www.shobunsha.co.jp

印刷・製本 株式会社太平印刷社

ISBN978-4-7949-7054-1 Printed in Japan